Hendrik Schoen

Interkommunale Abstimmung in der Bauleitplanung

Zentralinstitut für Raumplanung
der Deutschen Akademie
für Städtebau und Landesplanung

Herausgeber: Hans D. Jarass

In der Schriftenreihe Beiträge zum Raumplanungsrecht werden Ergebnisse von wissenschaftlichen Untersuchungen des Zentralinstituts für Raumplanung an der Westfälischen Wilhelms-Universität Münster veröffentlicht.

Schriftleitung: Heike Schoen

Zentralinstitut für Raumplanung
an der Universität Münster
Beiträge zum Raumplanungsrecht

240

Hendrik Schoen

Interkommunale Abstimmung in der Bauleitplanung

Der juristische Verlag
lexxion
Berlin

Bibliografische Informationen der Deutschen Nationalbibliothek

Die Deutsche Nationalbibliothek verzeichnet diese Publikation in der Deutschen Nationalbibliografie; detaillierte bibliografische Daten sind im Internet über <http://dnb.d-nb.de> abrufbar.

ISBN Print: 978-3-86965-127-9
ISBN E-Book: 978-3-86965-128-6

www.lexxion.de

Vorwort

Das vorliegende Gutachten beleuchtet zum einen das traditionelle Verständnis des Gebotes interkommunaler Abstimmung auf der Grundlage der so genannten »Krabbenkamp«-Formel des Bundesverwaltungsgerichts. Zum anderen werden die Implementierung der Ziele der Raumordnung sowie der Auswirkungen auf zentrale Versorgungsbereiche in § 2 Abs.2 S.2 BauGB in das Blickfeld genommen. Das Ergebnis ist eine konturenscharfe Einordnung der interkommunalen Abstimmung in das System der Bauleitplanung und – damit verwoben – der überörtlichen Gesamtplanung.

Der Verfasser war über viele Jahre wissenschaftlicher Referent und stellvertretender Geschäftsführer des Zentralinstituts für Raumplanung. Nach einer Referententätigkeit für das Eisenbahn-Bundesamt wurde er Anfang 2008 als Professor für Staats- und Verwaltungsrecht an die Fachhochschule für öffentliche Verwaltung Nordrhein-Westfalen berufen.

Münster, im März 2010

Professor Dr. Hans D. Jarass, LL.M.

Direktor des Zentralinstituts
für Raumplanung an der
Universität Münster

Inhaltsübersicht

Inhaltsverzeichnis

Abkürzungsverzeichnis

a.A.	anderer Auffassung
ABl	Amtsblatt
Abs.	Absatz
a.F.	alte Fassung
Amtl.	Amtliche
ARL	Akademie für Raumforschung und Landesplanung
Art.	Artikel
Aufl.	Auflage
Az	Aktenzeichen
BauGB	Baugesetzbuch (BauGB) idF der Bek. v. 23.09.2004 (BGBl I S.2414), zul. geänd. durch Gesetz v. 29.07.2009 (BGBl I S.2542)
BauGB a.F.	Baugesetzbuch (BauGB) in der bis zum Inkrafttreten des EAG Bau 2004 geltenden Fassung
BauNVO	Verordnung über die bauliche Nutzung der Grundstücke (Baunutzungsverordnung – BauNVO) idF der Bek. v. 23.01.1990 (BGBl I S.132), zul. geänd. durch Gesetz v. 22.04.1993 (BGBl I S.466)
BauR	Zeitschrift für das gesamte öffentliche und zivile Baurecht
BayVBl	Bayerische Verwaltungsblätter – Zeitschrift für öffentliches Recht und öffentliche Verwaltung
Bbg	Brandenburg, brandenburgisch
Bd.	Band
Bearb.	Bearbeiter
Begr.	Begründung, Begründer
Bek.	Bekanntmachung
ber.	berichtigt
Beschl.	Beschluss
BGBl	Bundesgesetzblatt
BImSchG	Gesetz zum Schutz vor schädlichen Umwelteinwirkungen durch Luftverunreinigungen, Geräusche, Erschütterungen und ähnliche Vorgänge (Bundes-Immissionsschutzgesetz) idF der Bek. v. 26.09.2002 (BGBl I S.3830), zul. geänd. durch Gesetz v. 11.08.2009 (BGBl I S.2723)
BImSchV, 16.	Sechszehnte Verordnung zur Durchführung des Bundes-Immissionsschutzgesetzes (Verkehrslärmschutzverordnung – 16. BImSchV) v. 12.06.1990 (BGBl I S.1036), zul. geänd. durch Gesetz v. 19.09.2006 (BGBl I S.2146)
BMVBW	Bundesministerium für Verkehr, Bau- und Wohnungswesen
BRS	Baurechtssammlung

BT-Drs.	Bundestags-Drucksache
BVerfG	Bundesverfassungsgericht
BVerfGE	Entscheidungssammlung des Bundesverfassungsgerichts
BVerwG	Bundesverwaltungsgericht
BVerwGE	Entscheidungssammlung des Bundesverwaltungsgerichts
BW	Baden-Württemberg, baden-württembergisch
BWGZ	Zeitschrift für die Städte und Gemeinden, für Stadträte, Gemeinderäte und Ortschaftsräte – Organ des Gemeindetags Baden-Württemberg
dies.	dieselbe(n)
drs.	derselbe
DVBl	Deutsches Verwaltungsblatt
DÖV	Die Öffentliche Verwaltung – Zeitschrift für öffentliches Recht und Verwaltungswissenschaft
EAG Bau 2004	Gesetz zur Anpassung des Baugesetzbuchs an EU-Richtlinien (Europarechtsanpassungsgesetz Bau – EAG Bau) v. 24.06.2004 (BGBl I S.1359)
EHE Bbg	Bauplanungsrechtliche Beurteilung von großflächigen Einzelhandelsvorhaben (Einzelhandelserlass), Runderlass Nr.23/2/1999 des Ministeriums für Stadtentwicklung, Wohnen und Verkehr v. 15.08.1999 (ABl S.645)
EHE BW	Verwaltungsvorschrift des Wirtschaftsministeriums zur Ansiedlung von Einzelhandelsgroßprojekten – Raumordnung, Bauleitplanung und Genehmigung von Vorhaben (Einzelhandelserlass) v. 21.02.2001 – Az.: 6-2500.4/7
EHE NW	Ansiedlung von Einzelhandelsbetrieben – Bauleitplanung und Genehmigung von Vorhaben (Einzelhandelserlass NRW), Gemeinsamer Runderlass des Ministeriums für Bauen und Verkehr (V.4/VI A 1 – 16.21 –) und des Ministeriums für Wirtschaft, Mittelstand und Energie (322/323-30.28.17) v. 22.09.2008
Erg.	Ergebnis
EU	Europäische Union
f, ff	folgende
Fn.	Fußnote
FOC	Factory Outlet Center
geänd.	geändert
GewArch	Gewerbearchiv (Zeitschrift)

GG	Grundgesetz für die Bundesrepublik Deutschland v. 23.05.1949 (BGBl I S.1), zul. geänd. durch Gesetz v. 29.07.2009 (BGBl I S.2248)
GVBl	Gesetz- und Verordnungsblatt
Hg.	Herausgeber
Hs.	Halbsatz
idF	in der Fassung
insb.	insbesondere
iSd	im Sinne des/im Sinne der
IzR	Informationen zur Raumentwicklung (Zeitschrift)
Jura	Juristische Ausbildung (Zeitschrift)
JuS	Juristische Schulung (Zeitschrift)
krit.	kritisch
LEP BW	Verordnung der Landesregierung über die Verbindlicherklärung des Landesentwicklungsplans Baden-Württemberg 2002 v. 23.07.2002 (GVBl S.301)
LEP IV RP	Verordnung über das Landesentwicklungsprogramm Rheinland-Pfalz vom 07.10.2008 vom 14.10.2008 (GVBl S.285)
LEPro NW	Gesetz zur Landesentwicklung (Landesentwicklungsprogramm – LEPro) idF der Bek. v. 05.10.1989 (GVBl S.485, ber. S.648), zul. geänd. durch Gesetz v. 19.06.2007 (GVBl S.225)
LEPro NW a.F.	Gesetz zur Landesentwicklung (Landesentwicklungsprogramm – LEPro) in der bis zum 04.07.2007 geltenden Fassung
lit.	littera (Buchstabe)
LKV	Landes- und Kommunalverwaltung (Zeitschrift)
LPlG NW	Landesplanungsgesetz (LPlG) idF der Bek. v. 03.05.2005 (GVBl NW S.430), zul. geänd. durch Gesetz v. 24.06.2008 (GVBl NW S.514)
LROP Nds	Verordnung über das Landes-Raumordnungsprogramm Niedersachsen (LROP) idF der Bek. v. 08.05.2008 (GVBl S.132)
MBl	Ministerialblatt
NdsVBl	Niedersächsische Verwaltungsblätter
n.F.	neue Fassung
Nr.	Nummer
NuR	Natur und Recht (Zeitschrift)

NVwZ	Neue Zeitschrift für Verwaltungsrecht
NVwZ-RR	Neue Zeitschrift für Verwaltungsrecht – Rechtsprechungsreport
NW, NRW	Nordrhein-Westfalen, nordrhein-westfälisch
NWVBl	Nordrhein-Westfälische Verwaltungsblätter
OVG	Oberverwaltungsgericht
Rn.	Randnummer
ROG	Raumordnungsgesetz v. 22.12.2008 (BGBl I S.2986), zul. geänd. durch Gesetz v. 29.07.2009 (BGBl I S.2542)
RP	Rheinland-Pfalz
RuR	Raumordnung und Raumforschung (Zeitschrift)
S.	Satz, Seite
u.a.	und andere, unter anderem
Urt.	Urteil
UPR	Umwelt- und Planungsrecht (Zeitschrift)
v.	vom
VBlBW	Verwaltungsblätter für Baden-Württemberg
VerfGH	Verfassungsgerichtshof
VG	Verwaltungsgericht
VGH	Verwaltungsgerichtshof
vgl.	vergleiche
VwGO	Verwaltungsgerichtsordnung idF der Bek. v. 19.03.1991 (BGBl I S.686), zul. geänd. durch Gesetz v. 21.08.2009 (BGBl I S.2870)
WiVerw	Wirtschaft und Verwaltung (Zeitschrift)
ZfBR	Zeitschrift für deutsches und internationales Bau- und Vergaberecht
zit.	zitiert
zul.	zuletzt

Erster Teil: Einleitung

§ 1 Ausgangspunkte der Untersuchung

I. Interkommunaler Wettbewerb

Die Institution der Gemeinde und das kommunale Selbstverwaltungsrecht haben in Deutschland eine lange Tradition.[1] In dieser Tradition wurde die Gemeinde in der Regel als isolierte Einheit verstanden, die – gleichsam autark – den Gemeindebürgern die Möglichkeit verschafft, ihren Grundbedarf an Wohnraum, Arbeitsplätzen, Konsum sowie sozialen und kulturellen Einrichtungen zu befriedigen. Dieses Verständnis der Gemeinde als jedenfalls im Hinblick auf die Befriedigung der grundlegenden Bedürfnisse isolierte Einheit hat dazu geführt, dass bei kommunalen Planungen – insbesondere auch bei Ansiedlungsbestrebungen im Rahmen der Bauleitplanung – allenfalls die Auswirkungen der Planung auf das Gemeindegebiet betrachtet wurden. Etwaige Auswirkungen der eigenen Planung auf die Struktur und die Entwicklung von Nachbargemeinden bildeten hingegen grundsätzlich keinen Planungs- und Prüfungsmaßstab.

Unabhängig von der Frage, ob das tradierte Verständnis von der Kommune als isolierter Einheit jemals vollständig die Realität widergespiegelt hat, haben sich doch jedenfalls die gesellschaftlichen Rahmenbedingungen in mehrfacher Hinsicht gewandelt. Zu nennen sind in diesem Zusammenhang insbesondere die zunehmende Mobilität im Individualverkehr, der erhebliche demographische Wandel oder die massiven Veränderungen im Konsum- und Freizeitverhalten.

Gerade mit dem Massenkonsum hat sich auch ein Wandel in den Betriebsstrukturen der Unternehmen im Einzelhandel vollzogen. Der früher vorherrschende Familienbetrieb wurde durch erheblich größere Unternehmensformen mit immensen Verkaufsflächen weitestgehend abgelöst. Diese Unternehmensformen waren und sind dabei häufig nicht auf die Befriedigung des Bedarfes innerhalb der ansiedelnden Gemeinde beschränkt. Sie

---

1 Vgl. nur *Nierhaus,* in: Sachs, GG, 2009, Art.28 Rn.32 f; *Dreier,* in: Dreier, GG, 2006, Art.28 Rn.7 ff.

weisen vielmehr oft eine gebietsübergreifende Attraktivität auf,[2] die speziell den individuell mobilen Konsumenten dazu veranlassen kann, auch größere Distanzen in Kauf zu nehmen, um in den Genuss eines jedenfalls vermeintlich ebenso größeren Kauferlebnisses zu gelangen.

Die Ansiedlung von Einzelhandelsbetrieben der vorstehend genannten Art ist für die Gemeinden häufig äußerst reizvoll. Neben den zu vergebenden Planungs- und Bauleistungen, die bereits die Errichtung des Betriebes mit sich bringt, werden dauerhaft Arbeitsplätze geschaffen und – nicht zuletzt durch direkte oder indirekte Steuereinnahmen – die Wirtschaftskraft der Gemeinde gestärkt.

In der Konsequenz werden die Gemeinden zu Wettbewerbern. Dieser Wettbewerb konterkariert das Bild von der Gemeinde als isolierter Einheit. Es sind vielmehr zahlreiche zwischengemeindliche Wechselwirkungen möglich, die es in Teilbereichen eher gerechtfertigt erscheinen lassen, das Bild der kommunizierenden Röhren zu bemühen.

II. Folgen des interkommunalen Wettbewerbs

Bei einer ansiedlungswilligen Gemeinde, die um einen potentiellen (Groß-)Investor buhlt, besteht fast zwangsläufig die erhöhte Gefahr, dass sie eben dieses Ziel bei ihren Planungen einseitig in den Vordergrund stellt und gleichzeitig andere innergemeindliche Interessen sowie vor allem auch die strukturellen und entwicklungspolitischen Interessen ihrer Nachbargemeinde aus den Augen verliert. Die Folge ist eine häufig gleichsam als »ruinös« zu bezeichnende Ansiedlungspolitik, die nicht nur die Attraktivität und Funktionsfähigkeit der eigenen innergemeindlichen Zentren in Frage stellt, sondern durch größere Kaufkraftverschiebungen auch auf die Strukturen und die Entwicklung benachbarter Gemeinden ausstrahlen kann. Da sich gerade für den großflächigen Einzelhandel zumeist keine ausreichend dimensionierten, gut erreichbaren und kostengünstig verfügbaren Flächen in einer so genannten städtebaulich integrierten Lage finden, folgt daraus als häufiger Missstand eine Verödung der Innenstädte.

---

2 Wesentliche Bedeutung kommt hier auch der Werbung zu, die – insbesondere in der Gestalt von Beilagen zur Tageszeitung oder in Form von gesonderten Werbezeitschriften und -prospekten – die Interessen der Käufer entsprechend gezielt lenkt.

III. Rechtliche Steuerungsinstrumente

Für rein innergemeindliche Konflikte ist charakteristisch, dass ihre Lösung grundsätzlich ausschließlich dem Selbstverwaltungsrecht der planenden Gemeinde zuzuordnen ist,[3] es sich also letztlich um einen Konflikt innerhalb eines Rechtssubjektes handelt. Bei gemeindeübergreifenden Differenzen stellt sich die Lage hingegen anders dar. Da die kommunale Bauleitplanung unstreitig dem Schutz des Art.28 Abs.2 S.1 unterfällt,[4] stehen sich hier unterschiedliche Rechtsträger gegenüber, die sich jeweils auf ein durch die Verfassung gewährleistetes Selbstverwaltungsrecht berufen können. Vor diesem Hintergrund ist auch das Regelwerk zu sehen, mit dem der Gesetzgeber versucht, die konfligierenden Interessen benachbarter Gemeinden zu einem Ausgleich zu führen.

Innerhalb des gesetzgeberischen Regelwerkes ist zwischen speziellen Abstimmungsformen und dem allgemeinen Abstimmungsgebot des § 2 Abs.2 BauGB zu differenzieren:

1. Spezielle Abstimmungsformen

a) Freiwillige Zusammenschlüsse und freiwillige gemeinsame Planungen

Unbeschadet der soeben skizzierten Gefahrensituation wäre es allerdings verfehlt, benachbarte Gemeinden automatisch als Konkurrenten zu betrachten. Es sind vielmehr auch solche Konstellationen denkbar, in denen eine Gemeinde insbesondere aufgrund ihrer Lage und/oder Größe ein erhebliches Eigeninteresse an der Kooperation mit ihren Nachbarn hat. Die Kooperation dient dann dazu, bestehende »Wettbewerbsnachteile« zu kompensieren oder einen solchen Nachteil von vornherein zu verhindern.

---

3 Das schließt nicht aus, dass der Gesetzgeber – gleichsam zum Selbstschutz der Kommunen – auch steuernd in innergemeindliche Konflikte eingreift; vgl. zB § 9 Abs.2a und § 34 Abs.3 BauGB.

4 *BVerfG,* Beschl. v. 07.10.1980 – 2 BvR 584 u.a./76 –, BVerfGE 56, 298 (317); *BVerfG,* Beschl. v. 23.06.1987 – 2 BvR 826/83 –, BVerfGE 76, 107 (118); *BVerfG,* Beschl. v. 07.05.2001 – 2 BvK 1/00 –, BVerfGE 103, 332 (366). Streitig ist allerdings, ob und inwieweit die Planungshoheit dem unantastbaren Kernbereich der Selbstverwaltungsgarantie zuzuordnen ist; vgl. dazu *Nierhaus,* in: Sachs, GG, 2009, Art.28 Rn.56.

Die freiwilligen Kooperationsformen reichen von der gemeinsamen Flächennutzungsplanung (§ 204 Abs.1 BauGB) über die einvernehmliche Aufgabenübertragung nach § 203 Abs.1 BauGB bis hin zur Bildung von Planungsverbänden nach § 205 Abs.1 BauGB.

aa) Gemeinsame Flächennutzungsplanung

Das Gesetz unterscheidet in § 204 Abs.1 BauGB zwischen dem gemeinsamen Flächennutzungsplan im engeren Sinne, der von den benachbarten Gemeinden für die gesamte Fläche aufgestellt wird und diese hinsichtlich aller Darstellungen bindet, und dem gemeinsamen Flächennutzungsplan, der sich nur auf einzelne räumliche oder sachliche Teilbereiche erstreckt, so dass unter den beteiligten Gemeinden nur eine Teilbindung eintritt.[5] Beiden Planungen ist gemein, dass es sich um gemeinsame Planungen auf freiwilliger vertraglicher Grundlage handelt, die verfahrensmäßig von den beteiligten Gemeinden getrennt, aber inhaltlich übereinstimmend durchgeführt werden.[6] Die Planungshoheit der beteiligten Gemeinden bleibt insoweit erhalten und geht nicht etwa auf die Gemeinschaft der benachbarten Gemeinden über.[7] Voraussetzung für die Aufstellung eines gemeinsamen Flächennutzungsplans ist in beiden Fällen der Bedarf benachbarter Gemeinden, ihre Planung an einer gemeinschaftlichen Grundlage auszurichten.[8]

Nach den in § 204 Abs.1 S.1 BauGB benannten Varianten besteht die Notwendigkeit einer koordinierten Planung zunächst dann, wenn die städtebauliche Situation durch gemeinsame Voraussetzungen und Bedürfnisse geprägt ist. Unter diese Variante fallen insbesondere solche Planungsschwierigkeiten, die durch eine einheitliche Lage im Raum oder gemeinsame Umwelt- und Strukturprobleme bedingt sind.[9] Die zweite Alternative des § 204 Abs.1 S.1 BauGB setzt voraus, dass der städtebauliche Ausgleich verschiedener Belange die Aufstellung eines gemeinsamen Flächennutzungsplans erforderlich macht. Diese Form der Zusammenarbeit kommt

5 *Reitzig,* in: Bunzel/Reitzig/Sander, Interkommunale Kooperation im Städtebau, 2002, S.42.
6 *Runkel,* in: Ernst u.a., BauGB, Stand: Oktober 2008, § 204 Rn.4.
7 *Runkel,* in Ernst u.a., BauGB, Stand: Oktober 2008, § 204 Rn.5.
8 Vgl. *Battis,* in Battis/Krautzberger/Löhr, BauGB, 2009, § 204 Rn.3.
9 *W. Schrödter,* in: Schrödter u.a., BauGB, 2006, § 204 Rn.3.

etwa dann in Betracht, wenn ein zwischengemeindlicher Wettbewerb um Einwohner, Gewerbebetriebe und Einrichtungen der Infrastruktur verhindert werden soll.[10] Beide Varianten werden in § 204 Abs.1 S.2 BauGB durch eine beispielhafte Aufzählung konkretisiert. Danach sind die jeweiligen Voraussetzungen erfüllt, wenn die Ziele der Raumordnung oder Einrichtungen und Anlagen der öffentlichen oder sozialen Infrastruktur eine gemeinsame Planung erfordern.[11]

Ergänzend zu dieser Regelung ist § 8 Abs.4 ROG in Verbindung mit den einzelnen Landesplanungsgesetzen zu beachten, der die Aufstellung eines regionalen Flächennutzungsplans ermöglicht, durch welchen die Raumordnung auf der Stufe der Regionalplanung in verdichteten Räumen oder bei sonstigen raumstrukturellen Verflechtungen mit der Bauleitplanung verzahnt werden kann. Da es sich bei diesem Plan gleichwohl um einen Flächennutzungsplan im Sinne des Baugesetzbuchs handelt, müssen dafür neben den raumordnungsrechtlichen Anforderungen die Bestimmungen des Bauplanungsrechts beachtet werden.[12]

bb) Einvernehmliche Aufgabenübertragung nach § 203 Abs.1 BauGB

In § 203 Abs.1 BauGB ist vorgesehen, dass die einer Gemeinde nach dem Baugesetzbuch obliegenden Aufgaben durch eine landesrechtliche Rechtsverordnung einvernehmlich auf andere Gebietskörperschaften oder Verbände übertragen werden können. Jedes Bundesland kann also vom Regelfall abweichende Zuständigkeitsregelungen treffen und die Bauleitplanung insbesondere kleinerer Gemeinden auf Verbandsgemeinden, Verwaltungsgemeinschaften oder vergleichbare gesetzliche Zusammenschlüsse von Kommunen mit örtlichen Selbstverwaltungsaufgaben übertragen. Diese Regelung dient neben dem Ausgleich unzureichender kommunaler Verwaltungskraft einer wirkungsvolleren Koordinierung der Bauleitplanung benachbarter Gemeinden.

---

10 *W. Schrödter,* in: Schrödter u.a., BauGB, 2006, § 204 Rn.4.

11 *Reitzig,* in: Bunzel/Reitzig/Sander, Interkommunale Kooperation im Städtebau, 2002, S.43.

12 *Reidt,* in: Gelzer/Bracher/Reidt, Bauplanungsrecht, 2004, Rn.24.

cc) Bildung von Planungsverbänden

Der Planungsverband nach § 205 Abs.1 BauGB kommt grundsätzlich freiwillig zustande. Er wird durch den Abschluss eines öffentlich-rechtlichen Vertrags zwischen zwei oder mehreren Planungsträgern begründet und verfolgt den Zweck, durch eine gemeinsame, zusammengefasste Bauleitplanung den Ausgleich widerstreitender Belange zu erreichen.[13] Der Verband gibt sich eine Satzung, die nur durch übereinstimmende Entscheidung aller Beteiligten zustande kommen kann. Durch die Bestellung von Organen wird er handlungsfähig und kann im Rahmen seiner Autonomie und nach Maßgabe der Satzung anstelle der einzelnen Gemeinden die Bauleitplanung beschließen und durchführen.[14]

b) Zwangsweise Zusammenschlüsse

aa) Aufgabenübertragung durch Landesgesetz gemäß § 203 Abs.2 BauGB

Während nach § 203 Abs.1 BauGB die Aufgabenübertragung nur im Einvernehmen mit der Gemeinde erfolgen darf, eröffnet § 203 Abs.2 BauGB die Möglichkeit einer zwangsweisen Verpflichtung der Gemeinde. Dabei ergeben sich jedoch Grenzen durch eine Beschränkung auf bestimmte Übertragungsempfänger sowie vor allem durch den Umstand, dass eine Übertragung nur durch ein Landesgesetz erfolgen kann.[15] Von der Möglichkeit des § 203 Abs.2 BauGB, kleineren Gemeinden durch Landesgesetz die gemeinsame Flächennutzungsplanung mit ihren Nachbarn in einem ohnehin vorhandenen kommunalen Verwaltungsverbund aufzuerlegen, haben bislang die Länder Baden-Württemberg, Brandenburg, Mecklenburg-Vorpommern, Niedersachsen, Rheinland-Pfalz und Sachsen Gebrauch gemacht.[16]

---

13 *Battis,* in Battis/Krautzberger/Löhr, BauGB, 2009, § 205 Rn.4; *W. Schrödter,* in: Schrödter u.a., BauGB, 2006, § 205 Rn.4.

14 *W. Schrödter,* in: Schrödter u.a., BauGB, 2006, § 205 Rn.4.

15 Der damit einhergehende Eingriff in die kommunale Planungshoheit ist nicht unwesentlich. Zur Verfassungsmäßigkeit siehe *BVerfG,* Beschl. v. 09.12.1987 – 2 BvL 16.84 –, BVerfGE 77, 288 (301 ff).

16 Vgl. *Battis,* in: Battis/Krautzberger/Löhr, BauGB, 2009, § 203 Rn.7.

bb) Zwangsweise Bildung von Planungsverbänden gemäß § 205 Abs.2 und Abs.3 BauGB

Unter engen Voraussetzungen ist gemäß § 205 Abs.2 und Abs.3 BauGB auch die Gründung eines Zwangsverbandes durch staatlichen Hoheitsakt möglich.[17] Dazu bedarf es des Antrags eines Planungsträgers, der für den zu bildenden Planungsverband verbandsfähig und -willig ist.[18] Nach § 205 Abs.2 BauGB ist weitere Voraussetzung für die Gründung eines solchen Planungsverbandes, dass ein zuvor unternommener Versuch eines freiwilligen Zusammenschlusses gescheitert und die Gründung des Zweckverbands zum Wohl der Allgemeinheit dringend geboten ist. Als unabdingbare gesetzliche Aufgabe ist auch dem Zwangsverband die zusammengefasste Bauleitplanung übertragen.[19] In welchem Umfang sie erfolgen soll, bestimmt sich wie bei freiwilligen Verbänden nach der Satzung. Demnach ist auch denkbar, dass der Verband allein die vorbereitende Bauleitplanung durch Aufstellung eines Flächennutzungsplans für das gesamte Gebiet des Verbandes betreibt und die Entwicklung des Bebauungsplans den einzelnen Gemeinden ganz oder teilweise überlässt.[20] Im Rahmen der ihm in der Satzung gestellten Aufgaben tritt auch der Zwangsverband an die Stelle der Gemeinden und nimmt deren hoheitliche Befugnisse in eigener Zuständigkeit wahr.[21] Grundsätzlich soll die Satzung von den Verbandsmitgliedern selbst aufgestellt und beschlossen werden. Können sich die Mitglieder des Verbandes jedoch nicht über eine Satzung einigen, wird diese gemäß § 205 Abs.3 BauGB von der Landesregierung festgesetzt.

---

17 Neben den freiwilligen oder pflichtigen Planungsverbänden ermöglicht § 205 Abs.6 BauGB auch die Schaffung von Zusammenschlüssen nach den Zweckverbandsgesetzen der einzelnen Bundesländer oder nach Maßgabe besonderer Landesgesetze. Diese Regelung ist so zu verstehen, dass derartige Zusammenschlüsse dieselben Kompetenzen haben können wie ein freiwilliger oder pflichtiger Planungsverband. Sie unterliegen bei der Wahrnehmung von Aufgaben aus dem Bereich der Bauleitplanung jedoch auch denselben Pflichten. Vgl. zu § 205 Abs.6 BauGB auch *BVerwG,* Urt. v. 03.07.1998 – 4 CN 5.97 –, DVBl 1998, 1294 (1298); *Reidt,* in: Gelzer/Bracher/Reidt, Bauplanungsrecht, 2004, Rn.28.

18 *Battis,* in Battis/Krautzberger/Löhr, BauGB, 2009, § 205 Rn.7; *W. Schrödter,* in: Schrödter u.a., BauGB, 2006, § 205 Rn.5.

19 *W. Schrödter,* in: Schrödter u.a, BauGB, 2006, § 205 Rn.10.

20 *W. Schrödter,* in: Schrödter u.a., BauGB, 2006, § 205 Rn.10.

21 *Bunzel,* in: Bunzel/Reitzig/Sander, Interkommunale Kooperation im Städtebau, 2002, S.35.

2. Allgemeine Abstimmungsverpflichtung nach § 2 Abs.2 BauGB

Die bisher skizzierten Instrumente zur Steuerung gemeindeübergreifender Konflikte sind dadurch gekennzeichnet, dass entweder die Gemeinden freiwillig kooperieren[22] oder aber die jeweiligen Voraussetzungen für einen zwangsweisen Zusammenschluss erfüllt sind.[23] Die Schwächen beider Alternativen liegen auf der Hand: Während eine freiwillige Kooperation voraussetzt, dass der Motivationsdruck (oder Leidensdruck) für mindestens zwei Kommunen so groß ist, dass sie sich ohne rechtliche Zwänge aufeinander zu bewegen, unterliegt die zwangsweise Begründung von Zusammenschlüssen hohen rechtlichen Anforderungen.

Da die beiden soeben dargestellten Konstellationen nur die Extremfälle einer freiwilligen Zusammenarbeit einerseits und eines zwangsweisen Zusammenschlusses andererseits erfassen, bedarf es einer ergänzenden Bestimmung, die gleichsam auch den Regelfall – nämlich die isolierte Aufstellung von Bauleitplänen durch benachbarte Gemeinden – erfasst. Die Lücke wird geschlossen durch den § 2 Abs.2 BauGB. Dort heißt es:

»Die Bauleitpläne benachbarter Gemeinden sind aufeinander abzustimmen. Dabei können sich Gemeinden auch auf die ihnen durch Ziele der Raumordnung zugewiesenen Funktionen sowie auf Auswirkungen auf ihre zentralen Versorgungsbereiche berufen.«

22 Siehe oben S.3 ff.
23 Siehe oben S.6 f.

§ 2 Ziel und Gang der Untersuchung

Bis zum Inkrafttreten des Gesetzes zur Anpassung des Baugesetzbuches an EU-Richtlinien (Europarechtsanpassungsgesetz Bau – EAG Bau) beschränkte sich der § 2 Abs.2 BauGB auf die Aussage, dass die Bauleitpläne benachbarter Gemeinden aufeinander abzustimmen sind. Obgleich sich sowohl im Raumordnungsrecht als auch im Städtebaurecht ergänzende Rechtsnormen finden, die darauf abzielen, umfangreiche Kaufkraftabflüsse aus den Innenstädten in die von großflächigen Betrieben bevorzugten Standorte in der Peripherie zu verhindern und die Innenstädte vor raumstrukturellen Schäden zu bewahren,[1] wurden die Qualität und die Effektivität der Steuerung von gemeindeübergreifenden Konflikten gerade auf diesem Feld immer wieder in Frage gestellt. Insbesondere die Klagebefugnis von Nachbargemeinden stand regelmäßig zur Debatte.

Unbeschadet der vornehmlich seit Mitte der 1980er Jahre geführten Diskussion um die Ansiedlung großflächiger Einzelhandelsbetriebe hat der § 2 Abs.2 BauGB a.F. aber auch im Übrigen wiederholt für Furore gesorgt. Insbesondere im Hinblick auf ihren hohen Abstraktionsgrad sowie die Frage nach der drittschützenden Wirkung war die Bestimmung immer wieder Gegenstand gerichtlicher Entscheidungen und wissenschaftlicher Diskussion. Beispielhaft seien an dieser Stelle nur die Stichworte »Krabbenkamp«[2] oder »Schlachthof-Fall«[3] genannt.

Die Ergänzung des allgemeinen Abstimmungsgebotes in § 2 Abs.2 BauGB um die Aussage, dass sich Gemeinden im Rahmen der Abstimmung auch auf die ihnen durch Ziele der Raumordnung zugewiesenen Funktionen sowie auf Auswirkungen auf ihre zentralen Versorgungsbereiche berufen können,[4] bietet Anlass, sich einmal grundlegend mit den Anforderungen an ein Abstimmungserfordernis und mit der inhaltlichen Ausgestaltung der Abstimmung zu befassen. Nach der Bestimmung des Anwendungsbereiches des § 2 Abs.2 BauGB (*Zweiter Teil*), sollen daher im Hauptteil dieser

1 Zu nennen sind hier zB § 24 LEPro NW, § 1 Abs.6 Nr.4 und Nr.8 lit.a BauGB, § 11 Abs.3 BauNVO.

2 *BVerwG,* Urt. v. 08.09.1972 – IV C 17.71 –, BVerwGE 40, 323 ff.

3 *BVerwG,* Urt. v. 15.12.1989 – 4 C 36.86 –, BVerwGE 84, 209 ff.

4 Die Ergänzung findet sich in Art.1 Nr.4 lit.b EAG Bau.

Untersuchung die einzelnen inhaltlichen und verfahrensrechtlichen Anforderungen an die interkommunale Abstimmung betrachtet werden (*Dritter Teil*). Im *vierten Teil* schließt sich eine Analyse der Folgen einer fehlerhaften Abstimmung – einschließlich der Rechtsschutzmöglichkeiten betroffener Gemeinden – an. Mit einer thesenartigen Zusammenfassung der wesentlichen Ergebnisse schließt die Untersuchung ab (*Fünfter Teil*).

Zweiter Teil: Anwendungsbereich des Abstimmungsgebotes

§ 3 Abstimmungsgebot bei der Aufstellung von Bauleitplänen

1. Statische Bauleitpläne und dynamische Bauleitplanung

Nach dem Wortlaut des § 2 Abs.2 S.1 BauGB »(sind) die Bauleitpläne benachbarter Gemeinden (...) aufeinander abzustimmen«. Nach Maßgabe der Legaldefinition des § 1 Abs.2 BauGB wird das interkommunale Abstimmungserfordernis also durch Flächennutzungspläne und Bebauungspläne ausgelöst.

So klar dieser Wortlaut auf den ersten Blick auch sein mag, birgt er doch schon erste Tücken in sich. Denn Bauleit*pläne* haben einen statischen Charakter. Sie sind das Ergebnis einer vorangegangenen, dynamischen Bauleit*planung*. Wenn der Gesetzgeber angesichts dieses Befundes benachbarten Gemeinden die Pflicht auferlegt, ihre Bauleitpläne aufeinander abzustimmen, legt das durchaus den Schluss nahe, dass die Gemeinden einer permanenten Abstimmungspflicht unterliegen, sie also gegebenenfalls auch noch nach Erlass ihres Flächennutzungs- oder Bebauungsplanes zu einer Umplanung verpflichtet sein können, wenn sich die rechtlichen oder tatsächlichen Umstände in der benachbarten Kommune verändern.

Eine derart isolierte Betrachtung alleine des Wortlauts des § 2 Abs.2 S.1 BauGB greift indessen zu kurz. Die Vorschrift ist in den § 2 BauGB eingeordnet, der die amtliche Überschrift »Aufstellung der Bauleitpläne« trägt. Entsprechend geht es auch in den unmittelbar benachbarten § 2 Abs.1 und Abs.3 BauGB nicht um das Produkt Bauleitplan, sondern um den Vorgang seiner Aufstellung.[1]

Dass der § 2 Abs.2 S.1 BauGB auf die (anderweitig motivierte) Aufstellung der Bauleitpläne abhebt und nicht seinerseits eine dynamische

1 Gem. § 2 Abs.1 S.1 BauGB sind die Bauleitpläne von der Gemeinde in eigener Verantwortung *aufzustellen*. Der § 2 Abs.3 verlangt bei der *Aufstellung* der Bauleitpläne die Belange, die für die Abwägung von Bedeutung sind, zu ermitteln und zu bewerten.

Anpassungspflicht statuiert, verdeutlicht darüber hinaus ein Vergleich mit § 1 Abs.4 BauGB. Die in dieser Vorschrift enthaltene Verpflichtung, die Bauleitpläne den Zielen der Raumordnung anzupassen, ist dynamischer Natur, das heißt, die Gemeinden sind verpflichtet, ihre Bauleitpläne im Nachgang zu einer Änderung der Ziele der Raumordnung ihrerseits fortzuschreiben.[2] Während aber § 1 Abs.4 BauGB zur Betonung dieses dynamischen Charakters den Begriff »anpassen« verwendet, wird in § 2 Abs.1 S.1 BauGB auf eine derartige Formulierung gerade verzichtet. Es ist daher festzuhalten, dass die Abstimmungspflicht nach § 2 Abs.1 S.1 BauGB nicht schlicht durch die Existenz von Bauleitplänen, sondern vielmehr vom Prozess der Aufstellung eines Bauleitplanes, also durch eine Bauleit*planung,* ausgelöst wird.

Allerdings ist das Abstimmungserfordernis durchaus nicht auf die erstmalige Aufstellung eines Bauleitplanes beschränkt. Der § 1 Abs.8 BauGB stellt insoweit klar, dass die Vorschriften des Baugesetzbuches über die Aufstellung von Bauleitplänen – mithin auch der § 2 Abs.2 BauBG – ebenfalls für die Änderung, Ergänzung und Aufhebung solcher Pläne gelten.[3]

2. Schutzobjekt der Abstimmungsverpflichtung

Schutzobjekt der Abstimmungsverpflichtung nach § 2 Abs.2 S.1 BauGB sind nach dem Wortlaut der Vorschrift ebenfalls Bauleitpläne, namentlich die Bauleitpläne benachbarter Gemeinden. Unter welchen konkreten Voraussetzungen eine interkommunale Abstimmung im Einzelfall erforderlich wird und welchen Inhalt die Abstimmung haben muss, sind wegen der finalen Struktur planungsrechtlicher Normen[4] allerdings keine Fragen des tatbestandlichen Anwendungsbereiches der Vorschrift. Sie werden daher erst im Rahmen der Anforderungen des Abwägungsgebotes behandelt.[5]

---

2 *Dirnberger,* in: Spannowsky/Uechtritz, BauGB, 2009, § 1 Rn.67; *W. Schrödter,* in: Schrödter, BauGB, 7, Aufl. 2006, § 1 Rn.35; *Erbguth,* Öffentliches Baurecht, 2009, § 5 Rn.90.

3 Im Folgenden wird entsprechend der Terminologie des Baugesetzbuches grundsätzlich nur noch von der Aufstellung der Bauleitpläne gesprochen.

4 Siehe dazu unten S.25 f.

5 Siehe dazu unten S.80 ff.

Hinsichtlich des Anwendungsbereiches der interkommunalen Abstimmungsverpflichtung nach § 2 Abs.2 S.1 BauGB ist daher an dieser Stelle zunächst nur festzustellen, dass das Erfordernis einer interkommunalen Abstimmung durch die Aufstellung eines Bauleitplanes ausgelöst werden kann.

§ 4 Abstimmungsgebot bei der Zulassung von Einzelvorhaben

Der § 2 Abs.2 S.1 BauGB begrenzt den Anwendungsbereich des Abstimmungsgebotes auf die Aufstellung von Bauleitplänen. Mit den Bauleitplänen wird die bauliche und sonstige Nutzung der Grundstücke in der Gemeinde nach Maßgabe des § 1 Abs.1 BauGB indessen nur vorbereitet und geleitet. Die abschließende Entscheidung über die zulässige Grundstücknutzung wird hingegen erst mit der nach Maßgabe der Bauordnungen der Länder im Regelfall erforderlichen Baugenehmigung getroffen. Anders als im Fachplanungsrecht, wo die Planfeststellung die Raumnutzungs- und die Zulassungsentscheidung jedenfalls teilweise[1] vereint, ist im Baurecht das Verfahren also prinzipiell zweistufig angelegt. Es stellt sich daher die Frage, ob und inwieweit auch bei der Zulassung von Einzelvorhaben eine interkommunale Abstimmung möglich und erforderlich ist.

I. Existenz eines qualifizierten Bebauungsplanes

1. Festsetzungskonforme Vorhaben

Wenn ein Vorhaben im Geltungsbereich eines qualifizierten oder vorhabenbezogenen Bebauungsplanes[2] dessen Festsetzungen nicht widerspricht und die Erschließung gesichert ist, hat der Antragsteller gemäß § 30 Abs.1/ Abs.2 BauGB unter planungsrechtlichen Gesichtspunkten[3] einen Anspruch auf die begehrte Baugenehmigung. Für eine (neuerliche) Berücksichtigung der Belange von Nachbargemeinden ist kein Raum. Vielmehr haben diese Belange bereits bei der Aufstellung des Bebauungsplanes, welcher der zu erteilenden Genehmigung zu Grunde liegt, Berücksichtigung gefunden.

Eine andere Frage ist, ob und inwieweit sich eine Nachbargemeinde gegen die auf Grundlage eines qualifizierten Bebauungsplanes erteilte Baugeneh-

---

1 Zum eingeschränkten planerischen Charakter der Planfeststellung vgl. *Schoen,* Die Planfeststellung zwischen Kontrollerlaubnis und Planungsentscheidung, 2003, S.231 ff.

2 Für den einfachen Bebauungsplan gelten hingegen gemäß § 30 Abs.3 BauGB die Maßstäbe der §§ 34 und 35 BauGB; siehe dazu sogleich unten S.18 ff.

3 Eine andere, hier nicht zu behandelnde Frage ist, ob bauordnungsrechtliche oder sonstige öffentlich-rechtliche Vorschriften dem Vorhaben entgegenstehen.

migung zur Wehr setzen kann, wenn der Bebauungsplan unter einem rechtlichen Mangel leidet, der auf einer Verletzung des interkommunalen Abstimmungsgebotes nach § 2 Abs.2 BauGB bei der Aufstellung des Bebauungsplanes fußt. Da es sich hierbei jedoch ausschließlich um eine Rechtsschutzfrage handelt, die der Fehlerfolgenseite zuzuordnen ist, wird auf sie erst später zurückzukommen sein.[4] An dieser Stelle ist zunächst einmal von einer rechtmäßigen Bauleitplanung auszugehen.

2. Ausnahmen und Befreiungen

Die vorstehenden Ausführungen gelten entsprechend, wenn im Bebauungsplan im Sinne des § 31 Abs.1 BauGB nach Art und Umfang bestimmte Ausnahmen ausdrücklich vorgesehen sind. Auch hier gilt, dass diese Ausnahmen bereits Gegenstand der interkommunalen Abstimmung gemäß § 2 Abs.2 BauGB bei der Aufstellung des Bebauungsplanes waren. Die positive Bescheidung der Ausnahme im Rahmen des Baugenehmigungsverfahrens ist also bereits im Bebauungsplan angelegt und bezieht sich nicht auf einen Sachverhalt, der einer (weiteren) Abstimmung bedürfte.

Anders liegt es hingegen, wenn eine Befreiung nach § 31 Abs.2 BauGB in Rede steht. Für die Befreiung ist charakteristisch, dass für das zur Genehmigung beantragte Vorhaben eben noch keine abstrakte Bewertung seiner Zulässigkeit in Gestalt eines Bebauungsplanes vorliegt. Entsprechend hat auf dieser abstrakten Ebene auch noch keine Abstimmung nach § 2 Abs.2 BauGB stattgefunden.

Allerdings verlangt § 31 Abs.2 BauGB neben den alternativen Voraussetzungen, die in den Nr.1 bis 3 für eine Befreiung aufgestellt werden, dass »die Abweichung auch unter Würdigung nachbarlicher Interessen mit den öffentlichen Belangen vereinbar ist«. Gerade die Inbezugnahme der nachbarlichen Interessen könnte dazu geeignet sein, die auf der Ebene der Bauleitplanung bis dahin unterbliebene interkommunale Abstimmung nachzuholen.

Für eine solche Sichtweise spricht sicherlich der Wortlaut der Vorschrift. Aus der Sicht der Gemeinde, in deren Gebiet ein Vorhaben auf der Grundlage einer Befreiung nach § 31 Abs.2 BauGB angesiedelt werden soll, sind

4 Siehe unten S.153 f.

jedenfalls die Kommunen, deren Territorium unmittelbar an das Gemeindegebiet angrenzt, als Nachbarn zu qualifizieren.

Gleichwohl griffe eine derart eng am Wortlaut der Vorschrift ausgerichtete Auslegung zu kurz. Die Dispensregelung in § 31 Abs.2 BauGB zielt darauf ab, ohne vorherige Änderung des Bebauungsplanes eine einfache und schnelle Lösung für solche Bauvorhaben zu finden, die zwar formal nicht als Regel- oder Ausnahmebebauung zulässig sind, bei denen aber dennoch eine Konfliktlösung im Rahmen eines »normalen« Baugenehmigungsverfahrens auf der Grundlage der konditionalen Struktur der Norm[5] möglich und sinnvoll erscheint. Bei Bauvorhaben, die zwischengemeindliche Konflikte hervorrufen, dürfte dieses hingegen grundsätzlich nicht der Fall sein. Sie bedürfen der planerischen Bewältigung. Das Baugenehmigungsverfahren und die rein konditionale Normstruktur des § 31 Abs.2 BauGB sind hierfür nicht geeignet.[6]

Es ist somit festzuhalten, dass die Dispensregelung des § 31 Abs.2 BauGB eine interkommunale Abstimmung nicht ermöglicht. Die Vorschrift ist vielmehr auf die Lösung kleinräumiger Konfliktsituationen zugeschnitten, die einer übergreifenden Betrachtung im Rahmen eines bauleitplanerischen Verfahrens nicht bedürfen. Entsprechend ist auch der Begriff des Nachbarn in dieser Vorschrift eng auszulegen. Gemeint ist der Eigentümer, dessen Grundstück entweder unmittelbar an das zu bebauende Grundstück angrenzt oder zumindest in enger räumlicher Nähe hierzu liegt.

II. In Aufstellung befindlicher Bebauungsplan

Auch wenn ein Vorhaben gemäß § 33 BauGB auf der Grundlage eines in Aufstellung befindlichen Bebauungsplanes zugelassen werden soll, muss – jedenfalls bei rechtmäßiger Handhabung der Vorschrift – eine Prüfung auf der Grundlage des § 2 Abs.2 S.1 BauGB stattfinden. Denn § 33 BauGB trägt nur dem Umstand Rechnung, dass das Planaufstellungsverfahren als notwendige Durchgangsstation zu einem wirksamen Bebauungsplan

5 Zur Unterscheidung zwischen konditionaler und finaler Normstruktur siehe unten S.25 f.

6 Vgl. *Löhr*, in: Battis/Krautzberger/Löhr, BauGB, 2009, § 31 Rn.39. Zur Ungeeignetheit von konditional strukturierten Normen für die Integration planerischer Erwägungen siehe auch unten S.21.

zwangsläufig von einer gewissen Dauer ist.[7] Von der Beachtung der maßgeblichen materiellen Vorschriften bei der Aufstellung des Bebauungsplanes befreit die Vorschrift die planende Gemeinde hingegen nicht. Entsprechend verlangt § 33 Abs.1 Nr.1 BauGB für die Erteilung einer vorzeitigen Baugenehmigung unter anderem, dass »die Öffentlichkeits- und Behördenbeteiligung nach § 3 Abs.2, § 4 Abs.2 und § 4a Abs.2 bis 5 durchgeführt worden ist«. Die möglicherweise von den Auswirkungen des zu genehmigenden Vorhabens betroffene Gemeinde muss also bereits in das Verfahren zur Aufstellung des Bebauungsplanes einbezogen worden sein.[8] Wenn die benachbarte Gemeinde im Rahmen dieser Beteiligung auf der Grundlage des § 2 Abs.2 S.1 BauGB durchgreifende Bedenken gegen den in Aufstellung befindlichen Bebauungsplan geltend machen kann, fehlt es an der gemäß § 33 Abs.1 Nr.2 BauGB für eine vorzeitige Vorhabenszulassung erforderlichen Planreife.

Eine andere, hier nicht zu vertiefende Frage ist, ob und inwieweit sich der Genehmigungstatbestand des § 33 Abs.1 BauGB im Einzelfall der Gefahr einer rechtsmissbräuchlichen Anwendung ausgesetzt sieht. Da ein Normenkontrollantrag gegen einen noch nicht bekannt gemachten Bebauungsplan regelmäßig unzulässig ist,[9] hatte sich in der Vergangenheit eine Praxis entwickelt, die den § 33 Abs.1 BauGB dazu (aus-)genutzt hat, um vor Abschluss des Bebauungsplanverfahrens vollendete Tatsachen zu schaffen und dann gegebenenfalls das Verfahren sogar ganz »einschlafen« zu lassen.[10] Das *Bundesverwaltungsgericht* ist einer derart dysfunktionalen Anwendung der Vorschrift allerdings im Jahre 2002 in seinem Urteil zum Factory-Outlet-Center Zweibrücken nachdrücklich entgegen getreten. Das Gericht führt insoweit zutreffend aus, dass die Vorschrift von der planenden Gemeinde erfordert, »dass die Voraussetzungen für das Inkrafttreten

---

7 *BVerwG,* Urt. v. 01.08.2002 – 4 C 5/01 –, BVerwGE 117, 25 (39).

8 Zur verfahrensmäßigen Absicherung des materiellen Abstimmungsgebotes durch die Beteiligungsvorschriften siehe auch unten S.122 ff. Im vereinfachten Verfahren (§ 13 BauGB) muss der Nachbargemeinde gemäß § 33 Abs.3 S.2 BauGB vor Erteilung der Genehmigung Gelegenheit zur Stellungnahme innerhalb angemessener Frist gegeben werden.

9 Vgl. *BVerwG,* Beschl. v. 02.06.1992 – 4 N 1.90 –, NVwZ 1992, 1088 (1089); *Kuschnerus,* in: Jarass, Interkommunale Abstimmung in der Bauleitplanung, 2003, S.1 (12).

10 Vgl. zu diesem »Griff in die juristische Trickkiste« *Kuschnerus,* in: Jarass, Interkommunale Abstimmung in der Bauleitplanung, 2003, S.1 (12 f).

eines Bebauungsplans unverzüglich geschaffen werden, um die Verwirklichung von Vorhaben zu ermöglichen, die nach den §§ 30, 34 oder 35 unzulässig sind«. Nur in dem dadurch gezogenen Rahmen finde die Vorschrift Anwendung. Sie sei hingegen unanwendbar, wenn der für diese Regelung typische Vorgriff auf einen Bebauungsplan in Leere geht oder als taktisches Mittel herhält.[11]

III. Unbeplanter Innenbereich

Innerhalb der im Zusammenhang bebauten Ortsteile, also im so genannten unbeplanten Innenbereich, ist ein Vorhaben gemäß § 34 Abs.1 BauGB zulässig, wenn es dem Einfügungsgebot genügt, die Erschließung gesichert ist, die Anforderungen an gesunde Wohn- und Arbeitsverhältnisse gewahrt bleiben und das Ortsbild nicht beeinträchtigt wird. Sofern der im Zusammenhang bebaute Ortsteil einem Baugebiet im Sinne der Baunutzungsverordnung entspricht, gelten hinsichtlich der Art der baulichen Nutzung gemäß § 34 Abs.2 BauGB ihre Maßstäbe.

1. Schutz zentraler Versorgungsbereiche

Für § 34 Abs.1 und Abs.2 BauGB ist charakteristisch, dass beide Tatbestände – jedenfalls nach überwiegender Auffassung – eine Berücksichtigung nachbargemeindlicher Belange grundsätzlich nicht ermöglichen.[12] Aus diesem Grunde hat der Gesetzgeber mit dem Gesetz zur Anpassung des Baugesetzbuches an EU-Richtlinien die gesetzlichen Anforderungen durch § 34 Abs.3 BauGB dahingehend erweitert, dass nunmehr »von Vorhaben nach Absatz 1 oder 2 (...) keine schädlichen Auswirkungen auf zentrale Versorgungsbereiche in der Gemeinde *oder in anderen Gemeinden* zu erwarten sein (dürfen)«.[13] Es wird bei der Zulassung des Vorhabens also nicht mehr ausschließlich auf den unmittelbaren (optischen) Eindruck der Umgebungsbebauung abgestellt, sondern es kommt – allerdings be-

11 *BVerwG,* Urt. v. 01.08.2002 – 4 C 5/01 –, BVerwGE 117, 25 (39).

12 Vgl. *BVerwG,* Urt. v. 22.05.1987 – 4 C 6 u. 7.85 –, ZfBR 1987, 257 (257); *BVerwG,* Urt. v. 11.02.1993 – 4 C 15.92 –, BauR 1987, 531 (532); *BVerwG* Beschl. v. 20.04.2004 – 4 B 25.00 –, ZfBR 2001, 142; *Jäde,* in: Jäde/Dirnberger/Weiß, BauGB/BauNVO, 2007, § 34 BauGB Rn.85.

13 Hervorhebung durch den Verfasser.

schränkt auf den Sektor der zentralen Versorgungsbereiche – auch auf die (Fern-)Wirkungen des Vorhabens auf andere Teile des Gemeindegebietes und vor allen Dingen auch Nachbargemeinden an. Lässt das Vorhaben insoweit schädliche Auswirkungen erwarten, ist es unzulässig. Die Baugenehmigung muss aus Gründen der Binnenkoordination oder aber unter interkommunalen Gesichtspunkten versagt werden.

Allerdings vollzieht sich die Berücksichtigung gemeindenachbarlicher Belange im Rahmen des § 34 Abs.3 BauGB gerade nicht auf der Grundlage des § 2 Abs.2 BauGB. Auch wenn die Bezugnahme auf die zentralen Versorgungsbereiche der gesetzlichen Regelung in § 2 Abs.2 S.2 Hs.2 BauGB angenähert ist, findet doch keine Bauleitplanung statt, sondern das für zentrale Versorgungsbereiche der Nachbargemeinde schädliche Vorhaben ist unmittelbar kraft Gesetzes unzulässig. Die Baugenehmigungsbehörde hat diese gesetzliche Anordnung (nur) zu vollziehen. Ein Ermessens- oder Beurteilungsspielraum steht ihr nicht zu.[14] Dass dennoch der § 2 Abs.2 S.2 Hs.2 BauGB einerseits und der § 34 Abs.3 BauGB andererseits bei der Auslegung Wechselbezüglichkeiten aufweisen, liegt auf der Hand und wird bei den weiteren Betrachtungen zu berücksichtigen sein.

2. Entscheidung des Bundesverwaltungsgerichts zum Gewerbepark Mülheim-Kärlich

Allerdings hatte das *Bundesverwaltungsgericht* auch vor der Neufassung des § 34 BauGB nachbargemeindliche Belange bei der Zulassung von Vorhaben im unbeplanten Innenbereich keinesfalls für gänzlich unbeachtlich erklärt. In seinem Urteil zum Gewerbepark Mülheim-Kärlich stellt das Gericht insoweit fest, dass das gemeindliche Planungsermessen sich im unbeplanten Innenbereich zu einer strikten (Erst-)Planungspflicht auf der Grundlage des § 1 Abs.3 BauGB verdichten könne, wenn qualifizierte städtebauliche Gründe von besonderem Gewicht vorliegen.[15] Dabei sei auch das interkommunale Abstimmungsgebot geeignet, einen derartigen

---

14 Das *BVerwG,* Beschl. v. 12.02.2009 – 4 B 3/09 –, UPR 2009, 193 (194, Abs.9), hat insoweit allerdings schon betont, dass die Vermutungsregel des § 11 Abs.3 S.3 und S.4 BauNVO auf § 34 Abs.3 BauGB weder unmittelbar noch entsprechend Anwendung findet.

15 *BVerwG,* Urt. v. 17.09.2003 – 4 C 14.01 –, BayVBl 2004, 377 (378).

qualifizierten städtebaulichen Handlungsbedarf zu begründen.[16] Bei der Bestimmung des »städtebaulich Erforderlichen« im Sinne von § 1 Abs.3 BauGB sei insoweit eine gemeindegebietsübergreifende Sichtweise zutreffend und geboten.[17]

Auch wenn die vorstehend skizzierte Rechtsprechung, mit der letztlich die im Urteil zum Factory-Outlet-Center Zweibrücken entwickelten Grundsätze zum Erfordernis einer förmlichen Planung bei der Vorhabenszulassung im Außenbereich[18] auf den unbeplanten Innenbereich übertragen werden, auf das interkommunale Abstimmungsgebot rekurriert, besteht ihre unmittelbare Schlussfolgerung doch zunächst einmal (nur) darin, dass die Standortgemeinde einer Planungspflicht aus § 1 Abs.3 S.1 BauGB unterliegt. Wie bei der Anwendung des § 34 Abs.3 BauGB gilt, dass der auf der Grundlage des § 1 Abs.3 S.1 BauGB eine Planungspflicht auslösende, qualifizierte Abstimmungsbedarf gerade nicht im Rahmen des Baugenehmigungsverfahrens befriedigt werden kann. Vielmehr ist zuvor ein Bebauungsplan aufzustellen, in dem das interkommunale Abstimmungserfordernis – dann in unmittelbarer Anwendung des § 2 Abs.2 BauGB – abgearbeitet werden kann.[19] Das Planungsgebot, welches sich bei einem qualifizierten Abstimmungsbedarf für Vorhaben im unbeplanten Innenbereich aus § 1 Abs.3 S.1 BauGB ableitet, kann mit Mitteln der Kommunalaufsicht durchgesetzt werden.

IV. Außenbereich

Privilegierte Vorhaben im Sinne des § 35 Abs.1 BauGB sind im Außenbereich nur dann zulässig, wenn öffentliche Belange nicht entgegenstehen und die ausreichende Erschließung gesichert ist. Sonstige Vorhaben können gemäß § 35 Abs.2 BauGB im Einzelfall zugelassen werden, wenn ihre Ausführung oder Benutzung öffentliche Belange nicht beeinträchtigt und die Erschließung gesichert ist. Im Rahmen beider Genehmigungstatbestän-

---

16 *BVerwG,* Urt. v. 17.09.2003 – 4 C 14.01 –, BayVBl 2004, 377 (379).

17 *BVerwG,* Urt. v. 17.09.2003 – 4 C 14.01 –, BayVBl 2004, 377 (378).

18 Dazu sogleich unten S.21 ff.

19 Der Frage, ob und inwieweit für vorstehend skizzierte Rechtsprechung nach dem Inkrafttreten des § 34 Abs.3 BauGB überhaupt noch ein Anwendungsbereich eröffnet ist, soll an dieser Stelle nicht nachgegangen werden; vgl. dazu *Uechtritz,* DVBl 2006, 799 (802); *Zierau,* DVBl 2009, 693 (698, Fn.53).

de für den Außenbereich kommt dem Begriff der öffentlichen Belange somit entscheidende Bedeutung zu.

1. »Herkömmliche« öffentliche Belange im Sinne des § 35 Abs.3 BauGB

Unter Bezugnahme auf § 35 Abs.2 BauGB stellt § 35 Abs.3 S.1 BauGB fest, dass eine Beeinträchtigung öffentlicher Belange insbesondere vorliegt, wenn das Vorhaben eines der dann in den Nr.1 bis Nr.8 folgenden Kriterien erfüllt. Bei einem genaueren Blick in den Katalog des § 35 Abs.3 S.1 BauGB wird rasch deutlich, dass nachbargemeindliche Interessen dort nicht genannt werden. Nach Maßgabe des ersten Anscheins sind damit sowohl § 35 Abs.1 BauGB als auch § 35 Abs.2 BauGB einer Berücksichtigung nachbargemeindlicher Belange nicht zugänglich.

2. Erfordernis einer förmlichen Planung als entgegenstehender öffentlicher Belang

a) Entscheidung des Bundesverwaltungsgerichts zum Factory-Outlet-Center Zweibrücken

Bei näherem Hinsehen fällt jedoch auf, dass der in § 35 Abs.3 S.1 BauGB aufgezählte Katalog öffentlicher Belange, deren Beeinträchtigung die Zulassung des Vorhabens ausschließt, nicht abschließend ist. Durch das Wort »insbesondere« verdeutlicht der Gesetzgeber insoweit, dass es neben den explizit genannten Belangen noch andere Interessen geben kann, die im Einzelfall die Zulässigkeit des Vorhabens im Außenbereich verhindern können.

In einer grundlegenden Entscheidung zum Factory-Outlet-Center Zweibrücken führt das *Bundesverwaltungsgericht* im Kontext des interkommunalen Abstimmungsgebotes insoweit aus:

»Die öffentlichen Belange, die der Gesetzgeber in § 35 Abs.3 S.1 BauGB aufzählt, haben indes nur beispielhaften Charakter. Zu den nicht benannten öffentlichen Belangen gehört auch das Erfordernis einer förmlichen Planung. Dieser Belang hat allerdings eine andere Qualität als die in § 35 Abs.3 BauGB genannten. Er bringt zum Ausdruck, dass die in § 35 BauGB selbst enthaltenen Vorgaben nicht ausreichen, um im Sinne des erwähnten

Konditionalprogramms eine Entscheidung über die Zulässigkeit des beabsichtigten Vorhabens treffen zu können. (...)

Auch im Verhältnis der Gemeinden zueinander ist § 35 BauGB nicht uneingeschränkt als Zulässigkeitsmaßstab tauglich. Das Bedürfnis nach einer planerischen Koordinierung und damit das eine Zulassung nach § 35 Abs.2 BauGB hindernde Erfordernis einer förmlichen Planung kann sich aus § 2 Abs.2 BauGB ergeben. Danach sind die Bauleitpläne benachbarter Gemeinden aufeinander abzustimmen. Die Vorschrift richtet sich zwar in erster Linie an die Gemeinde, die im Begriff ist, einen Bauleitplan aufzustellen. Der darin enthaltende Rechtsgedanke kommt indes auch dann zum Zug, wenn ein Vorhaben ohne förmliche Planung nach § 35 BauGB zugelassen werden soll. Handelt es sich um ein Vorhaben, das im Fall einer Bebauungsplanung nur nach Abstimmung mit einer Nachbargemeinde gemäß § 2 Abs.2 BauGB als zulässig festgesetzt werden könnte, so darf das Abstimmungsgebot nicht dadurch umgangen werden, dass eine förmliche Planung unterbleibt. (...)

Besteht ein derartiger qualifizierter Abstimmungsbedarf im Sinne des § 2 Abs.2 BauGB, so ist dies ein starkes Anzeichen dafür, dass die Zulassungsschranken, die § 35 Abs.3 BauGB aufrichtet, nicht ausreichen, um ohne planerische Abwägung eine Entscheidung über die Zulässigkeit des beabsichtigen Vorhabens treffen zu können.«[20]

Unbeschadet der Frage, wann denn ein qualifizierter Abstimmungsbedarf im Sinne des § 2 Abs.2 BauGB vorliegt,[21] machen die vorstehenden Ausführungen des Bundesverwaltungsgerichts deutlich, dass auch im Rahmen der Genehmigungstatbestände des § 35 BauGB eine interkommunale Abstimmung, wie sie in der Bauleitplanung durch § 2 Abs.2 BauGB ermöglicht und gefordert wird, nicht stattfinden kann. Vielmehr ist es gerade so, dass das Erfordernis einer qualifizierten Abstimmung unter dem Gesichtspunkt der gemeindeübergreifenden Auswirkungen zwingend die Unzulässigkeit des Vorhabens nach sich zieht. Der in § 2 Abs.2 BauGB zum Ausdruck kommende Rechtsgedanke[22] enthält insoweit ausschließ-

20 *BVerwG*, Urt. v. 01.08.2002 – 4 C 5/01 –, BVerwGE 117, 25 (30 ff).

21 Dazu ausführlicher unten S.101 ff.

22 *Zierau*, DVBl 2009, 693 698), spricht insoweit vom interkommunalen Abstimmungsgebot als allgemeinem Rechtsprinzip.

lich eine Einschränkung der Genehmigungsfähigkeit von Vorhaben im Außenbereich.

b) Exkurs: Übertragbarkeit der bundesverwaltungsgerichtlichen Rechtsprechung auf andere Fallkonstellationen

Im Nachgang zu dem vorstehend zitierten Urteil wurde in Rechtsprechung und Literatur diskutiert, ob und inwieweit die vom *Bundesverwaltungsgericht* für den Anwendungsbereich des § 35 Abs.2 BauGB aufgestellten Thesen auf andere Fallkonstellationen, insbesondere auf Vorhaben im Geltungsbereich eines qualifizierten Bebauungsplanes oder im unbeplanten Innenbereich, übertragbar sind.[23] Auf diese Diskussion soll hier nicht vertieft eingegangen werden. Es sei nur Folgendes angemerkt:

Soweit das *Oberverwaltungsgericht Lüneburg* in einem Beschluss vom 15.11.2002 im Anschluss an die Feststellung, dass ein großflächiges Einzelvorhaben mit Blick auf § 11 Abs.3 S.1 Nr.2 BauNVO in einem festgesetzten Mischgebiet objektiv rechtswidrig sei, auf die Rechtsprechung des *Bundesverwaltungsgerichts* im Urteil zum Factory-Outlet-Center Zweibrücken Bezug nimmt,[24] erfolgt das ausschließlich vor dem Hintergrund, dass damit die Verletzung eines subjektiven Rechtes und damit die Klagebefugnis einer Nachbargemeinde hergeleitet werden soll. Die obigen Ausführungen zu den objektiv-rechtlichen Anforderungen an die Vorhabenszulassung im Geltungsbereich eines qualifizierten Bebauungsplanes bleiben daher durch die Aussagen in dem Beschluss des Oberverwaltungsgerichtes Lüneburg unberührt.

Im Hinblick auf den unbeplanten Innenbereich, also den Zulassungstatbestand des § 34 BauGB, hat der Gesetzgeber zwischenzeitlich mit dem § 34 Abs.3 BauGB eine Regelung geschaffen, die die Möglichkeit eröffnet, Belange von Nachbargemeinden – in Gestalt eines Versagungstatbestandes – in die Entscheidung einfließen zu lassen. Darüber hinaus hatte das *Bundesverwaltungsgericht* bereits in seinem Urteil zum Gewerbepark

23 Vgl. nur *Böttcher,* in: Jarass, Interkommunale Abstimmung in der Bauleitplanung, 2003, S.31 ff.

24 *OVG Lüneburg,* Beschl. v. 15.11.2002 – 1 ME 151/02 –, NVwZ-RR 2003, 486 (490 f).

Mülheim-Kärlich seine Rechtsprechung zum Factory-Outlet-Center Zweibrücken auf den unbeplanten Innenbereich übertragen.[25]

25 Siehe dazu oben S.18 ff.

Dritter Teil: Inhaltliche Anforderungen an die Abstimmung

Bei der Bestimmung der inhaltlichen Anforderungen an die Abstimmung nach § 2 Abs.2 BauGB ist entsprechend der spezifischen Systematik des Bauplanungsrechts zu differenzieren. Während nämlich zum Beispiel die Vorschriften des Ordnungsrechts oder des Zuwendungsrechts durch eine konditionale Struktur in Gestalt von Tatbestand und Rechtsfolge geprägt werden, ist für das Recht der Bauleitplanung charakteristisch, dass hier eine so genannte finale Normstruktur vorherrscht. Der Gesetzgeber gibt (nur) bestimmte Ziele[1] vor und überlässt den Zeitpunkt sowie die Art und Weise der Verwirklichung dieser Ziele der Gestaltungsfreiheit der planenden Gemeinde.

Da eine Bauleitplanung allerdings in erheblichem Umfang auf Interessen und Rechte Dritter einwirken kann, liegt auf der Hand, dass die soeben skizzierte Gestaltungsfreiheit der planenden Gemeinden nicht grenzenlos sein kann. Aus diesem Grunde hat der Gesetzgeber nicht nur Zielvorstellungen formuliert, sondern der planenden Gemeinde gleichzeitig auch Handlungsmaximen auferlegt, die die Gestaltungsfreiheit steuern und kanalisieren. Unbeschadet der verfahrensrechtlichen Anforderungen[2] kann man dabei auf der materiell-rechtlichen Ebene zwischen dem Gebot der Erforderlichkeit der Bauleitplanung, den zwingenden Rechtssätzen und dem Abwägungsgebot differenzieren.

Nach nahezu einhelliger Auffassung in Rechtsprechung[3] und Literatur[4]

---

1 § 1 Abs.1 BauGB: »Aufgabe der Bauleitplanung ist es, die bauliche und sonstige Nutzung der Grundstücke in der Gemeinde (...) vorzubereiten und zu leiten.«

2 Siehe dazu unten S.122 ff.

3 *BVerwG,* Urt. v. 17.09.2003 – 4 C 14.01 –, BVerwGE 119, 25 (34). Vgl. auch *BVerwG,* Urt. v. 15.12.1989 – 4 C 36.86 –, BVerwGE 84, 209 (218); *BVerwG,* Urt. v. 03.05.1999 – 1 N 98.1024 –, BauR 1999, 1140 (1143); *BVerwG,* Urt. v. 01.08.2002 – 4 C 5.01 –, BauR 2003, 55 (57); OVG Weimar, Beschl. v. 19.12.2002 – 1 N 501/01 –, DÖV 2003, 636 (636); *OVG* Lüneburg, Urt. v. 23.11.1982 – 6 C 7.79 –, BauR 1983, 220 (220); OVG Koblenz, Beschl. v. 08.01.1999 – 8 B 12650/98 –, BauR 1999, 367 (369); *OVG Koblenz,* Urt. v. 25.02.2001 – 8 A 11441/00 –, BauR 2002, 577 ff.; *VGH München,* Urt. v. 03.05.1999 – 1 N 98.1024 –, BayVBl 2000, 273 (275); *VGH Kassel,* Beschl. v. 03.11.2004 – 9 N 2247/03 –, ZfBR 2005, 189 (189); *OVG Münster,* Urt. v. 06.06.2005 – 10 D 148/04.NE –, BauR 2005, 1587 (1589).

handelte es sich bei der Pflicht zur interkommunalen Abstimmung nach § 2 Abs.2 BauGB a.F. um eine besondere Ausprägung des allgemeinen planerischen Abwägungsgebots[5]. Dieses hatte zur Konsequenz, dass nachbargemeindliche Belange von der planenden Gemeinde grundsätzlich im Wege der Abwägung überwunden werden konnten, wenn andere gewichtige Belange für die konkrete Planung sprachen. Denn das Abwägungsgebot wird nicht schon dann verletzt, wenn sich die Gemeinde im Rahmen der ihr zustehenden Gestaltungsfreiheit bei der Kollision verschiedener Belange für die Bevorzugung des einen und damit notwendig für die Zurückstellung des anderen entscheidet. Das Vorziehen und Zurücksetzen bestimmter Belange innerhalb des vorgegebenen Rahmens ist vielmehr gerade die elementare planerische Entschließung der Gemeinde über die städtebauliche Entwicklung und Ordnung und kein aufsichtlich oder gerichtlich nachvollziehbarer Vorgang.[6]

Im Folgenden soll der Frage nachgegangen werden, ob und inwieweit die (ausschließliche) Zuordnung des interkommunalen Abstimmungsgebotes zum Rechtsinstitut der Abwägung (noch) gerechtfertigt ist. Dabei stehen etwaige Veränderungen bei der rechtlichen Einordnung aufgrund der Neufassung des § 2 Abs.2 BauGB durch das EAG Bau 2004 selbstverständlich im Vordergrund.

---

4 *Bönker,* in: Hoppe/Bönker/Grotefels, Öffentliches Baurecht, 2004, § 5 Rn.174; *Erbguth,* Öffentliches Baurecht, 2009, § 5 Rn.170; *Jäde,* in: Jäde/Dirnberger/Weiß, BauGB/BauNVO, 2007, § 2 BauGB Rn.4; *Janning,* Städte- und Gemeinderat 12/1999, 34 (36); *Reidt,* in: Gelzer/Bracher/Reidt, Bauplanungsrecht, 2004, Rn.631; *Söfker,* in: Ernst u.a., BauGB, Stand Oktober 2008, § 2 Rn.99.

5 A.A. *Brohm,* Öffentliches Baurecht, 2002, § 9 Rn.16, § 12 Rn.21 und § 16 Rn.19, der die Grundsätze des Abwägungsgebots nach § 1 Abs.7 BauGB bei der Abstimmung nach § 2 Abs.2 BauGB für nicht maßgeblich hält.

6 *BVerwG,* Urt. v. 12.12.1969 – IV C 105.66 –, BVerwGE 34, 301 (309); *Dirnberger,* in: Spannowsky/Uechtritz, BauGB, 2009, § 1 Rn.177; *Krautzberger,* in: Battis/Krautzberger/Löhr, BauGB, 2009, § 1 Rn.94.

§ 5 Erforderlichkeit der Bauleitplanung

Gemäß § 1 Abs.3 S.1 BauGB »(haben) die Gemeinden (...) die Bauleitpläne aufzustellen, sobald und soweit es für die städtebauliche Entwicklung und Ordnung erforderlich ist«. Dabei beinhaltet die Vorschrift zwei Maximen: Zum einen ist die Gemeinde – im Sinne eines Verbotstatbestandes – gehalten, nicht erforderliche Planungen zu unterlassen. Zum anderen kann die Gemeinde aber auch eine Planungspflicht treffen, wenn qualifizierte städtebauliche Gründe von besonderem Gewicht vorliegen.[7]

I. Verbietende Komponente

Betrachtet man zunächst die verbietende Komponente des § 1 Abs.3 S.1 BauGB, so ist festzustellen, dass das interkommunale Abstimmungsgebot des § 2 Abs.2 BauGB ihr nicht zuzuordnen ist. Denn so streng der Tatbestand und die Rechtsfolge des § 1 Abs.3 S.1 BauGB insoweit auch formuliert sein mögen, ist doch zu beachten, dass für die Frage, ob ein Bauleitplan im Sinne dieser Vorschrift erforderlich ist, entscheidend auf die planerische Konzeption der handelnden Gemeinde abgestellt werden muss.[8] Steht eine Bauleitplanung zur städtebaulichen Entwicklung und Ordnung in Beziehung, so ist sie *generell* zulässig[9] und damit im Sinne des § 1 Abs.3 S.1 BauGB erforderlich. Die verbietende Komponente des § 1 Abs.3 S.1 BauGB stellt daher für die planerische Gestaltungsfreiheit eine nur sehr grobe Begrenzung dar. Mit ihr werden letztlich nur solche Bauleitplanungen verboten, die – mehr oder weniger offensichtlich – jeglicher planerischen Konzeption entbehren. Für die – wie auch immer geartete – Berücksichtigung von nachbargemeindlichen Belangen lässt der in § 1 Abs.3 S.1 BauGB angelegte Verbotstatbestand indessen keinen Raum.

---

7 *BVerwG,* Urt. v. 17.09.2003 – 4 C 14.01 –, BayVBl 2004, 377 (378).

8 *BVerwG,* Urt. v. 07.05.1971 – IV C 76.68 –, DÖV 1971, 633 (634); *BVerwG,* Urt. v. 26.03.2009 – 4 C 21.09 –, ZfBR 2009, 463 (464); *BVerwG,* Beschl. v. 01.11.2007 – 4 BN 43.07 –, BRS 71 Nr.22; *VGH Mannheim,* Urt. v. 30.01.2006 – 3 S 1259/05 –, BRS 70 Nr.11 (S.82 ff); *Dirnberger,* in: Spannowsky/Uechtritz, BauGB, 2009, § 1 Rn.35; *Krautzberger,* in: Battis/Krautzberger/Löhr, BauGB, 2009, § 1 Rn.28.

9 *BVerwG,* Urt. v. 12.12.1969 – IV C 105.66 –, BVerwGE 34, 301 (305); *BVerwG,* Urt. v. 05.07.1974 – IV C 50.72 –, BVerwGE 45, 309 (312).

II. Gebietende Komponente

Einen engeren Bezug zur interkommunalen Abstimmungsverpflichtung nach § 2 Abs.2 BauGB weist jedoch die ebenfalls in § 1 Abs.3 S.1 BauGB angelegte Pflicht auf, eine Bauleitplanung zu initiieren, wenn qualifizierte städtebauliche Gründe von besonderem Gewicht vorliegen. Wie bereits an anderer Stelle ausgeführt wurde, kann sich das Planungsermessen einer Gemeinde gerade dann zu einer Planungspflicht im Sinne des § 1 Abs.3 BauGB verdichten, wenn das interkommunale Abstimmungsgebot einen qualifizierten städtebaulichen Handlungsbedarf auslöst.[10]

Trotz dieser engen Verknüpfung zwischen dem interkommunalen Abstimmungsgebot und der Verpflichtung, erforderliche Bauleitpläne aufzustellen, vollzieht sich die interkommunale Abstimmung jedoch keinesfalls im Rahmen des § 1 Abs.3 S.1 BauGB. Vielmehr beschränkt sich die insoweit aus § 1 Abs.3 S.1 BauGB in Verbindung mit § 2 Abs.2 BauGB folgende Erkenntnis letztlich auf das Verbot, ein Vorhaben auf der Grundlage der §§ 34 und 35 BauGB zuzulassen. Nur in diesem Sinne stellt das interkommunale Abstimmungsgebot (auch) eine besondere Ausprägung der Erforderlichkeitsmaxime in § 1 Abs.3 S.1 BauGB dar.

Wann das interkommunale Abstimmungsgebot im Einzelfall einen qualifizierten städtebaulichen Handlungsbedarf in Gestalt einer Planungspflicht nach § 1 Abs.3 S.1 BauGB auslöst, ist im Rahmen der weiteren Betrachtung des § 2 Abs.2 BauGB in seinem eigentlichen Anwendungsbereich – nämlich dem Vorgang der Aufstellung von Bauleitplänen – herauszuarbeiten.

---

10 Siehe oben S.18 ff.

§ 6 Zwingende Rechtssätze

Wenn eine Bauleitplanung nicht (ausnahmsweise) schon jeden Bezug zur städtebaulichen Ordnung und Entwicklung vermissen lässt, ist auf einer zweiten Ebene danach zu fragen, ob die Planung mit sonstigen zwingenden Rechtssätzen vereinbar ist. Zwingende Rechtssätze – in der Terminologie des Bundesverwaltungsgerichts wird auch von »Planungsleitsätzen« gesprochen[1] – sind dadurch gekennzeichnet, dass sie der planerischen Gestaltungsfreiheit eine unüberwindbare Grenze ziehen.

A. Berufungsfähigkeit der Funktionszuweisung durch Ziele der Raumordnung

Indem der § 2 Abs.2 S.2 Hs.1 BauGB es benachbarten Gemeinden gestattet, sich im Rahmen der interkommunalen Abstimmung auf die ihnen durch Ziele der Raumordnung zugewiesenen Funktionen zu berufen, könnte das interkommunale Abstimmungsgebot jedenfalls hinsichtlich dieser Komponente zum zwingenden Rechtssatz aufgewertet worden sein.

I. Ziele der Raumordnung – Begriff und Rechtmäßigkeitsanforderungen

Ziele der Raumordnung werden nach der Legaldefinition des § 3 Nr.2 ROG begrifflich dadurch gekennzeichnet, dass es sich um verbindliche Vorgaben in Form von räumlich und sachlich bestimmten oder bestimmbaren, vom Träger der Landes- oder Regionalplanung abschließend abgewogenen textlichen oder zeichnerischen Festlegungen in Raumordnungsplänen zur Entwicklung, Ordnung und Sicherung des Raums handelt. Die Ziele der Raumordnung sind abzugrenzen einerseits von den Grundsätzen der Raumordnung, bei denen es sich um Aussagen zur Entwicklung, Ordnung und Sicherung des Raumes als Vorgaben für nachfolgende Abwägungs- oder Ermessensentscheidungen handelt (§ 3 Nr.3 Hs.1 ROG), sowie andererseits von den sonstigen Erfordernissen der Raumordnung, die sich aus den in Aufstellung befindlichen Zielen der Raumordnung, den Ergebnissen förmlicher landesplanerischer Verfahren wie dem Raumord-

---

1 *BVerwG,* Urt. v. 22.03.1985 – 4 C 73.82 –, BVerwGE 71, 163 (164).

nungsverfahren und den landesplanerischen Stellungnahmen zusammensetzen (§ 3 Nr.4 ROG).

Erst wenn eine Aussage alle Merkmale des § 3 Nr.2 ROG erfüllt, handelt es sich *begrifflich* um ein Ziel der Raumordnung. Fehlt hingegen auch nur eine der durch den Gesetzgeber benannten Komponenten, so kann es sich allenfalls noch um einen Grundsatz oder ein sonstiges Erfordernis der Raumordnung handeln. Die Frage, ob die Aussage überhaupt den formellen und materiellen Anforderungen an die *Rechtmäßigkeit* von Zielen der Raumordnung genügt, stellt sich in dieser Konstellation erst gar nicht.[2]

Andererseits bedeutet der Umstand, dass eine Festlegung in einem Raumordnungsplan alle Begriffsmerkmale des § 3 Nr.2 ROG erfüllt, nicht zwangsläufig die Rechtmäßigkeit dieses Zieles der Raumordnung. So ist zum Beispiel denkbar, dass ein Raumordnungsplan und damit auch das in ihm enthaltene Ziel der Raumordnung unter einem Abwägungsmangel leidet. Sofern sich nicht im Einzelfall aus den gesetzlichen Planerhaltungsvorschriften[3] etwas anderes ergibt, führt dieser Abwägungsmangel ausschließlich zur Nichtigkeit des Zieles der Raumordnung. Die gesetzlichen Bindungswirkungen, die an ein wirksames Ziel der Raumordnung anknüpfen,[4] werden nicht ausgelöst. Die begriffliche Existenz des Zieles der Raumordnung bleibt gleichwohl unberührt.

Zu beachten ist allerdings, dass die begrifflichen Merkmale der Ziele der Raumordnung in § 3 Nr.2 ROG teilweise mit den Rechtmäßigkeitsanforderungen zusammenfallen.[5] So handelt es sich zum Beispiel bei dem Begriffsmerkmal der Bestimmtheit bzw. Bestimmbarkeit der Festlegung um einen Aspekt, der unter rechtsstaatlichen Gesichtspunkten eigentlich erst bei der Frage nach der Rechtmäßigkeit einer Rechtsnorm[6] wesentliche Bedeutung erlangt. Diese gesetzgeberische Verknüpfung von Begriffsmerkmalen und Rechtmäßigkeitsanforderungen führt dazu, dass bei der

2 So zutreffend *Heemeyer,* Flexibilisierung der Erfordernisse der Raumordnung, 2006, S.14.

3 Vgl. § 12 ROG.

4 Dazu sogleich unten S.32 ff.

5 Vgl. *Runkel,* in: Bielenberg u.a., Raumordnungs- und Landesplanungsrecht, Stand 2008, K § 3 Rn.23; *Heemeyer,* Flexibilisierung der Erfordernisse der Raumordnung, S.13.

6 Zur Rechtsnormqualität von Zielen der Raumordnung vgl. zB *Kment,* DÖV 2003, 349 (350).

Bestimmung der Bindungswirkungen, die von einer Festlegung in einem Raumordnungsplan ausgehen, bereits auf der Begriffsebene ein Ziel der Raumordnung zu verneinen sein kann, obwohl das begriffliche Kriterium typischerweise erst auf der Ebene der Rechtmäßigkeitsprüfung Relevanz erlangt.

Im Rahmen der vorliegenden Untersuchung soll keine umfassende Darstellung und Würdigung der einzelnen Begriffsmerkmale und Rechtmäßigkeitsanforderungen erfolgen. Denn der § 2 Abs.2 S.2 Hs.1 BauGB nimmt die Ziele der Raumordnung nur in Bezug. Die Ziele der Raumordnung stellen also keine Besonderheit der interkommunalen Abstimmung dar, sondern es handelt sich um Festlegungen einer der Bauleitplanung vorgelagerten Planungsebene, auf die im Verfahren der Bauleitplanung grundsätzlich kein Einfluss mehr genommen werden kann.[7] Insoweit sind die Ziele der Raumordnung nicht Gegenstand, sondern ausschließlich ein – gleichsam »externer« – Maßstab für die interkommunale Abstimmung.

Für die weiteren Betrachtungen ist daher von Festlegungen in Raumordnungsplänen auszugehen, die sowohl begrifflich als auch im Hinblick auf die Rechtmäßigkeit den Anforderungen an Ziele der Raumordnung genügen. Dies schließt nicht aus, dass auf die spezifischen Probleme, die insbesondere im Zusammenhang mit dem Begriff der Ziele der Raumordnung gerade im Rahmen des § 2 Abs.2 S.2 Hs.1 BauGB diskutiert werden, an geeigneter Stelle hingewiesen wird. Eine vertiefte Befassung mit diesen originär raumordnungsrechtlichen Fragestellungen scheidet jedoch aus. Insoweit ist auf andere Werke der Fachliteratur zu verweisen.[8]

7 Dies schließt nicht aus, dass ein bauleitplanerisches Verfahren den Anlass für die Änderung eines Raumordnungsplanes oder für eine Zielabweichung iSd § 6 Abs.2 ROG darstellt. Auch eine Konkretisierung von Zielen der Raumordnung ist im Rahmen der Bauleitplanung nicht grundsätzlich ausgeschlossen; vgl. dazu auch sogleich S.33 f.

8 Siehe nur *Heemeyer,* Flexibilisierung der Erfordernisse der Raumordnung, 2006, passim; *Erbguth,* Öffentliches Baurecht, 2009, § 5 Rn.79 ff.

II. Bindungswirkungen der Ziele der Raumordnung gegenüber der Bauleitplanung

1. Anpassungsgebot des § 1 Abs.4 BauGB

a) *Anpassungspflicht als abwägungsresistente Rechtspflicht*

Die Bindungswirkungen[9] der (rechtmäßigen) Ziele der Raumordnung gegenüber der Bauleitplanung fanden ihren gesetzlichen Ansatzpunkt im Baugesetzbuch bis zur Neufassung des § 2 Abs.2 BauGB ausschließlich in § 1 Abs.4 BauGB. Nach dieser Vorschrift sind »die Bauleitpläne (…) den Zielen der Raumordnung anzupassen«. Die Anpassungspflicht nach § 1 Abs.4 BauGB beinhaltet zwei Komponenten:

(1) Zum einen verlangt der § 1 Abs.4 BauGB von den Gemeinden, bei der Aufstellung der Bauleitpläne die ihnen durch die Ziele der Raumordnung vorgegebenen Handlungs- und/oder Unterlassungspflichten zu erfüllen. Eine Überwindung des Zieles der Raumordnung im Wege der Abwägung kommt hingegen nicht in Betracht.[10] Insoweit ist die aus § 1 Abs.4 BauGB resultierende Anpassungspflicht mit dem allgemein für raumbedeutsame Planungen geltenden Gebot des § 4 Abs.1 S.1 Alt.1 ROG, die Ziele der Raumordnung zu beachten, deckungsgleich.[11]

Die Verpflichtung zur Anpassung an die einschlägigen Ziele der Raumordnung besteht bei der Aufstellung jedes Bauleitplanes. Ein Bauleitplan, der dem Anpassungsgebot nicht genügt, ist nichtig.[12]

(2) Die Anpassungspflicht nach § 1 Abs.4 BauGB beschränkt sich aber nicht darauf, bei der (Neu-)Aufstellung von Bauleitplänen eine Beachtung der Ziele der Raumordnung zu verlangen. Vielmehr enthält die Vorschrift auch das weitergehende Gebot, existente Bauleitpläne geänderten Zielen

---

9 In der Sache handelt es sich bei den Bindungswirkungen – so der Terminus in § 4 ROG – um nichts anderes als die Rechtsfolgen eines wirksamen Zieles der Raumordnung.

10 *BVerwG,* Beschl. v. 20.08.1992 – 4 NB 20.91 –, BVerwGE 90, 329 (332 f); *OVG Koblenz,* Urt. v. 07.12.2006 – 1 C 10901/06 –, BRS 70 Nr.42 (S.27). Zur Konkretisierbarkeit von Zielen der Raumordnung siehe auch sogleich unten S.33 f.

11 Vgl. *BVerwG,* Beschl. v. 20.08.1992 – 4 NB 20.91 –, BVerwGE 90, 329 (332 f); *Krautzberger,* in: Battis/Krautzberger/Löhr, BauGB, 2009, § 1 Rn.33; *Heemeyer,* Flexibilisierung der Erfordernisse der Raumordnung, 2006, S.104.

12 *Krautzberger,* in: Battis/Krautzberger/Löhr, BauGB, 2009, § 1 Rn.42.

der Raumordnung nachträglich anzupassen[13] bzw. gegebenenfalls einen Bauleitplan sogar erstmals aufzustellen.[14] Damit geht die in § 1 Abs.4 BauGB vorgesehene Anpassungspflicht über die allgemeine Zielbeachtungspflicht nach § 4 Abs.1 S.1 Alt.1 ROG hinaus. Denn der letztgenannten Bestimmung lässt sich eine grundsätzliche Verpflichtung der zielgebundenen Planungsträger, ihre existenten Planungen geänderten Zielen der Raumordnung nachträglich anzupassen oder gar eine Erstplanung zu initiieren, gerade nicht entnehmen.[15]

Soweit der § 1 Abs.4 BauGB die bereits in § 4 Abs.1 S.1 Alt.1 ROG statuierte Pflicht zur Beachtung der Ziele der Raumordnung erweitert, handelt es sich um eine weitergehende Bindungswirkung der Ziele der Raumordnung, die vom Gesetzgeber des Raumordnungsgesetzes in § 4 Abs.3 S.3 ROG ausdrücklich für zulässig erklärt wird.

b) Kommunale Konkretisierungsbefugnis im Rahmen des Zieles der Raumordnung

Wie bereits erwähnt, bedeutet die Anpassungspflicht nach § 1 Abs.4 BauGB bzw. die Zielbeachtungspflicht nach § 4 Abs.1 S.1 Alt.1 ROG, dass die durch die Zielfestlegung festgeschriebene Unterlassungs- oder Handlungspflicht abwägungsresistent ist. Es handelt sich um einen zwingenden Rechtssatz, den die planende Gemeinde nicht unter Verweis auf andere – auch äußerst gewichtige – Belange zu überwinden vermag. Will sich die Gemeinde über das sie bindende Ziel der Raumordnung hinwegsetzen, bleibt ihr nur die Möglichkeit, eine Zielabweichungsentscheidung im Sinne des § 6 Abs.2 ROG oder aber eine Änderung des maßgeblichen Raumordnungsplanes zu erwirken.

---

13 *BVerwG,* Urt. v. 17.09.2003 – 4 C 14.01 –, BVerwGE 119, 25 (39); *Runkel,* in: Bielenberg u.a., Stand 2008; K § 4 Rn.284; *Heemeyer,* Flexibilisierung der Erfordernisse der Raumordnung, 2006, S.115; *Backhaus,* Gemeinden in der Landesplanung, 2001, S.144 ff; *Brohm,* Öffentliches Baurecht, 2002, § 12 Rn.8; *Koch/Hendler,* Baurecht, Raumordnungs- und Landesplanungsrecht, 2009, § 8 Rn.5.

14 Die Frage, ob aus § 1 Abs.4 BauGB eine materielle Erstplanungspflicht resultiert, wird kontrovers diskutiert; zum Streitstand siehe nur *Krautzberger,* in: Battis/Krautzberger/Löhr, BauGB, 2009, § 1 Rn.32 sowie *Heemeyer,* Flexibilisierung der Erfordernisse der Raumordnung, 2006, S.116 ff.

15 Vgl. dazu *Heemeyer,* Flexibilisierung der Erfordernisse der Raumordnung, 2006, S.77 ff.

Der rigorose Inhalt der Anpassungs- bzw. Zielbeachtungspflicht bedeutet allerdings nicht, dass ein wirksames Ziel der Raumordnung nicht auch einen inhaltlichen Gestaltungsspielraum bei der Aufstellung der Bauleitpläne einschließen kann. Vielmehr müssen raumordnerische Vorgaben ihrerseits dem Verhältnismäßigkeitsgrundsatz genügen, also insbesondere auch der durch Art.28 Abs.2 S.1 GG geschützten kommunalen Planungshoheit Rechnung tragen. Daraus folgt, dass Ziele der Raumordnung schon aus diesem Grunde[16] nicht zu detailliert sein dürfen und sich auf »rahmenhafte Vorgaben« beschränken müssen.[17] Ziele der Raumordnung dürfen die kommunale Planungshoheit nur in dem Umfang und in der Intensität einschränken, wie dies durch überörtliche Belange von höherem Gewicht gefordert wird.[18]

2. Neuregelung in § 2 Abs.2 S.2 Hs.1 BauGB und ihr Verhältnis zu § 1 Abs.4 BauGB

Da die Verpflichtung zur Anpassung an die einschlägigen Ziele der Raumordnung – wie ausgeführt – bei der Aufstellung jedes Bauleitplanes gilt, stellt sich nahezu zwangsläufig die Frage, ob die Neuregelung in § 2 Abs.2 S.2 Hs.1 BauGB überhaupt einen eigenständigen Regelungsgehalt hat. Denn die Bindungswirkungen in Gestalt der strikten Zielbeachtungspflicht und die Sanktionen, die an die Verletzung dieser Pflicht anknüpfen (Nichtigkeit des Bauleitplanes), können durch § 2 Abs.2 S.2 Hs.1 BauGB gar nicht mehr verschärft werden. Der § 1 Abs.4 BauGB bedeutet insoweit schon eine maximale Einschränkung der planerischen Gestaltungsfreiheit.

Andererseits ist noch einmal in Erinnerung zu rufen, dass das interkommunale Abstimmungsgebot nach § 2 Abs.2 BauGB a.F. nach ganz über-

16 Zu weiteren Gründen vgl. *Heemeyer,* Flexibilisierung der Erfordernisse der Raumordnung, 2006, S.180 ff.

17 Vgl. *OVG Münster,* Urt. v. 07.12.2000 – 7 aD 60/99.NE –, DVBl 2001, 657 (660); *OVG Frankfurt (Oder),* Urt. v. 27.08.2003 – 3 D 5/99.NE –, LKV 2004, 319 (323); *Heemeyer,* Flexibilisierung der Erfordernisse der Raumordnung, 2006, S.184; *Hendler,* UPR 2003, 256 (257).

18 Vgl. *BVerfG,* Beschl. v. 23.06.1987 – 2 BvR 826/83 –, BVerfGE 76, 107 (118 ff); *BVerwG,* Beschl. v. 20.08.1992 – 4 NB 20.91 –, BVerwGE 90, 329 (335 f); *BVerwG,* Urt. v. 15.05.2003 – 4 CN 9.01 –, BVerwGE 118, 181 (185); *Reidt,* in: Gelzer/Bracher/Reidt, Bauplanungsrecht, 2004, Rn.72; *Heemeyer,* Flexibilisierung der Erfordernisse der Raumordnung, 2006, S.184.

wiegender Auffassung eine besondere Ausprägung des Abwägungsgebotes darstellte.[19] Mit dieser Einordnung sind die Rechtsfolgen, die § 1 Abs.4 BauGB an die Existenz von Zielen der Raumordnung knüpft, schwerlich kompatibel.

Im Folgenden soll daher der Frage nachgegangen werden, ob und wie das bisherige Grundverständnis des § 2 Abs.2 BauGB a.F. mit dem Charakter der Ziele der Raumordnung als zwingende Rechtssätze vereinbar ist.

a) Blick auf die Rechtsprechung

Bei den bisherigen Betrachtungen zu § 1 Abs.4 BauGB wurde ausschließlich auf den objektiv-rechtlichen Aussagegehalt dieser Vorschrift abgestellt. Die Frage, ob sich Dritte – also auch Nachbargemeinden – auf das Ziel der Raumordnung berufen dürfen, beantwortet die Vorschrift hingegen zumindest nicht ausdrücklich. Insbesondere unter diesem Gesichtspunkt könnte dem § 2 Abs.2 S.2 Hs.1 BauGB im Verhältnis zu § 1 Abs.4 BauGB – entgegen dem ersten Anschein – doch ein eigenständiger Regelungsgehalt beizumessen sein. Da es sich insoweit primär um eine Rechtsschutzfrage handelt, liegt es nahe, den Blick insoweit zunächst auf die Judikatur zu richten.

aa) Strikte Differenzierung zwischen raumordnerischen und kommunalen Belangen

Blickt man auf die obergerichtliche Rechtsprechung zu § 2 Abs.2 BauGB a.F., so spricht diese recht eindeutig dafür, der Inbezugnahme von Zielen der Raumordnung im Rahmen des § 2 Abs.2 S.2 Hs.1 BauGB einen Regelungsgehalt beizumessen, der über die Reichweite der Zielbeachtungspflicht nach § 1 Abs.4 BauGB hinausgeht. Denn jedenfalls nach der vorherrschenden Rechtsprechungsansicht handelte es sich bei den Zielen der Raumordnung nicht um kommunale Belange, die von einer Nachbarge-

19 Siehe oben S.25 f.

meinde im Rahmen der interkommunalen Abstimmung gegen die Aufstellung eines Bauleitplanes hätten ins Feld geführt werden können.[20]

Diese Rechtsprechung, die von einer strikten Differenzierung zwischen raumordnerischen Belangen einerseits und kommunalen Belangen andererseits ausgeht, hatte letztendlich zur Konsequenz, dass eine Bauleitplanung der interkommunalen Abstimmungsverpflichtung nach § 2 Abs.2 BauGB genügen und gleichzeitig gegen die Zielbeachtungspflicht aus § 1 Abs.4 BauGB verstoßen konnte. Sofern in dieser Konstellation nicht die Aufsichtsbehörde – insbesondere durch Verweigerung der Genehmigung des Flächennutzungsplanes – eingeschritten ist oder aus sonstigen Gründen der Bauleitplan einer (umfassenden) Rechtmäßigkeitskontrolle durch die Verwaltungsgerichte unterzogen wurde, blieb die Missachtung des § 1 Abs.4 BauGB und damit die Nichtigkeit des Bauleitplanes faktisch folgenlos.[21]

bb) Kritikpunkte

Auch wenn die von der Rechtsprechung überwiegend propagierte Trennung von raumordnerischen und kommunalen Belangen in der juristischen Literatur weitgehend unterstützt wurde,[22] gab es doch auch kritische Stimmen, die die Generalisierbarkeit der These, dass raumordnerische Festlegungen einer Gemeinde keine subjektive Rechtsposition verleihen könnten, anzweifelten und zumindest eine Betrachtung des jeweiligen Zieles der Raumordnung im Einzelfall verlangten.[23] Mit der Neufassung des § 2 Abs.2 BauGB hat der Gesetzgeber diesen Streit insoweit entschieden, als

20 *OVG Weimar,* Beschl. v. 19.12.2002 – 1 N 501/01 –, DÖV 2003, 636 (637); *OVG Weimar,* Beschl. v. 23.04.1997 – 1 EO 241/97 –, DÖV 1997, 791 (791 f); *VGH München,* Beschl. v. 25.10.1999 – 26 CS 99/2222 –, BauR 2000, 365 (365); *OVG Koblenz,* Beschl. v. 08.01.1999 – 8 B 12650/98 –, BauR 1999, 367 (369); *VGH Mannheim,* Urt. v. 27.02.1987 – 5 S 2472/86 –, NVwZ 1987, 1088 (1089).

21 Zur Möglichkeit, bei einem Verstoß gegen Ziele der Raumordnung ein ergänzendes Verfahren im Sinne des § 214 Abs.4 BauGB durchzuführen, siehe unten S.133 ff.

22 S. nur *Gaentzsch,* in: Schlichter/Stich, BK-BauGB, 2. Aufl. 1995, § 2 Rn.14; *Stüer,* Handbuch des Bau- und Fachplanungsrechts, 2. Aufl. 1998, Rn.132; *Reidt,* LKV 1997, 93 (97).

23 S. nur *W. Schrödter,* in: Schrödter, BauGB, 6. Aufl. 1998, § 2 Rn.46a; *Kment,* DÖV 2003, 349 (356 f); *Runkel,* UPR 1998, 241 (245 f); *Jahn,* GewArch 1997, 456 (460); vgl. ferner *OVG Bautzen,* Urt. v. 26.05.1993 – 1 S 68/93 –, LKV 1994, 116 (117); *Reidt,* BauR 2002, 562 (565).

er nunmehr Funktionszuweisungen durch Ziele der Raumordnung ausdrücklich als für die Nachbargemeinde »berufungsfähig« erklärt.

Im Hinblick auf die Ziele der Raumordnung wird man der neuen Regelung einen abschließenden Charakter beimessen müssen. Das bedeutet, dass die Ziele der Raumordnung bzw. die mit ihnen verbundenen Funktionszuweisungen den Nachbargemeinden im Rahmen des interkommunalen Abstimmungsgebotes nur nach Maßgabe des § 2 Abs.2 S.2 Hs.1 BauGB eine wehrfähige Rechtsposition vermitteln. Die Neuregelung erklärt also nicht nur positiv, in welchem Umfang sich eine Gemeinde auf Ziele der Raumordnung berufen darf, sondern sie enthält – gleichsam negativ – zugleich die Aussage, dass raumordnerische Belange im Übrigen nicht Gegenstand der interkommunalen Abstimmung sind.[24]

cc) Konsequenzen der gesetzlichen Neuregelung

Sofern man nicht schon bisher den Zielen der Raumordnung im Einzelfall einen Drittschutz zugunsten der Nachbargemeinde beigemessen hat,[25] bedeutet die gesetzliche Neuregelung eine Erweiterung der materiellen Rechte der Gemeinde. Die unter überörtlichen Gesichtspunkten von den Trägern der Landes- und Regionalplanung aufgestellten Ziele der Raumordnung erhalten (zugleich) den Status von kommunalen Belangen.

Fraglich ist indessen, ob die vorstehend skizzierte Transformation von Zielen der Raumordnung zu kommunalen Belangen, auch im Rahmen des § 2 Abs.2 S.2 Hs.1 BauGB die für Ziele der Raumordnung in § 1 Abs.4 BauGB statuierten Bindungswirkungen in Gestalt einer Anpassungs- bzw. Beachtungspflicht nach sich zieht. Wäre diese Frage zu bejahen, so ließe sich die bisher in der Rechtsprechung propagierte These, dass der § 2 Abs.2 BauGB a.F. eine besondere Ausprägung des Abwägungsgebotes darstelle, schon aus diesem Grunde auf die Neuregelung nicht mehr uneingeschränkt übertragen.

24 Kritisch allerdings *Kment,* UPR 2005, 95 (98).
25 Siehe dazu soeben oben S.36 f.

b) Ansatzpunkt in der Gesetzesbegründung

Hilfreich ist allerdings die Gesetzesbegründung zur Neuregelung in § 2 Abs.2 S.2 Hs.1 BauGB. Unter weitgehender Übernahme der Ausführungen aus dem Bericht der Unabhängigen Expertenkommission zur Novellierung des Baugesetzbuchs[26] heißt es insoweit im Entwurf der Bundesregierung:

»Soweit Ziele der Raumordnung einer Gemeinde eine bestimmte, den Standortwettbewerb begünstigende Funktion zuweisen, soll diese Funktion der gemeindlichen Planungshoheit zugerechnet werden und damit verteidigungsfähig sein. Die Ziele der Raumordnung haben belastende und begünstigende Wirkungen, zum einen für die einzelne Gemeinde, zum anderen aber auch im Verhältnis der Gemeinden untereinander. Dies legt es nahe, neben den verpflichtenden § 1 Abs.4, nach dem die Bauleitpläne den Zielen der Raumordnung anzupassen sind, auch eine berechtigende Vorschrift zu stellen. Aus der Bindung der Bauleitplanung an ein zentralörtliches Ziel der Raumordnung folgt auf diese Weise auch, dass die Gemeinde berechtigt ist, ihre so ausgerichtete Planung gegen eine die zentralörtliche Funktion störende raumordnungswidrige Planung einer anderen Gemeinde zu verteidigen.«[27]

Die zitierten Auszüge aus der Gesetzesbegründung enthalten zwar nicht die explizite Aussage, dass die Bindungswirkungen der Ziele der Raumordnung im Sinne des § 1 Abs.4 BauGB auch im Rahmen des § 2 Abs.2 S.2 Hs.1 BauGB unverändert bleiben, doch lässt der Umstand, dass dem verpflichtenden § 1 Abs.4 BauGB – gleichsam spiegelbildlich – ein berechtigendes Pendant zur Seite gestellt werden soll, einen solchen Schluss ohne weiteres zu. Die Spiegelung von Verpflichtung einerseits und Berechtigung andererseits wäre offensichtlich unvollkommen, wenn die berechtigende Komponente im Rahmen des § 2 Abs.2 S.2 Hs.1 BauGB durch eine Lockerung der Bindungswirkungen des Zieles der Raumordnung geschwächt würde. Nach Maßgabe der Gesetzesbegründung ist somit davon auszugehen, dass die Zielbeachtungspflicht nach § 1 Abs.4 BauGB auch im Rahmen der Anwendung des § 2 Abs.2 S.2 Hs.1 BauGB nicht modifiziert wird.

---

26 *BMVBW*, Novellierung des Baugesetzbuches, 2002, Rn.215.
27 Amtl. Begr., BT-Drs. 15/2250, S.41.

c) *Blick auf den Wortlaut und die Gesetzessystematik*

Der Wortlaut und die gesetzessystematische Einordnung des § 2 Abs.2 S.2 Hs.1 BauGB stehen dem vorstehenden Befund ebenfalls nicht entgegen. Durch die Bezugnahme (»dabei«) auf den Satz 1 wird die Beachtung der durch Ziele der Raumordnung zugewiesenen Funktionen von Nachbargemeinden zwar unmittelbar dem Begriff »Abstimmung« zugeordnet, jedoch setzt auch dieser Terminus nicht zwingend eine Abwägung und damit eine grundsätzliche Überwindbarkeit des Gegenstandes der Abstimmung voraus. Ohne den Begriff zu überdehnen, liegt eine Abstimmung vielmehr auch dann vor, wenn sich eine Gemeinde im Verfahren der Bauleitplanung mit den Belangen der Nachbargemeinde inhaltlich auseinandersetzt und daraufhin mit Blick auf nachbarschützende Funktionszuweisungen durch Ziele der Raumordnung ihre Planung modifiziert oder gar verwirft.[28]

Auch die Stellung des § 2 Abs.2 S.2 Hs.1 BauGB im Gesetz spricht nicht dafür, Funktionszuweisungen durch Ziele der Raumordnung im Rahmen der interkommunalen Abstimmung als nur abwägungsrelevante Belange zu qualifizieren.[29] Denn selbst wenn man der These folgt, dass der § 2 Abs.2 S.1 BauGB eine besondere Ausprägung des Abwägungsgebotes darstellt,[30] kann das den Gesetzgeber doch nicht hindern, im Einzelfall Durchbrechungen dieses Grundsatzes zuzulassen.

Der Entschluss des Gesetzgebers, die Berufungsfähigkeit von Funktionszuweisungen durch Ziele der Raumordnung im Kontext des § 2 Abs.2 BauGB a.F. und nicht im Zusammenhang mit § 1 Abs.4 BauGB zu regeln, ist ebenfalls nachvollziehbar. Denn der § 2 Abs.2 BauGB war und ist die Vorschrift, die sich mit der Rechtsstellung von Nachbargemeinden im bauleitplanerischen Verfahren befasst. Der § 1 Abs.4 BauGB bietet hingegen diesen originären Ansatzpunkt nicht; die Vorschrift will vielmehr primär die Verknüpfung zwischen der überörtlichen Ebene der Raumordnungsplanung und der örtlichen Ebene der Bauleitplanung herstellen.

---

28 Auch nach der alten Rechtslage war ein solches (Abwägungs-)Ergebnis ohne weiteres denkbar.

29 Anders *Hoppe/Otting*, DVBl 2004, 1125 (1127); *Vietmeier*, BauR 2005, 480 (482).

30 Zur Kritik an dieser Grundthese bzw. ihrer Relativierung siehe unten S.41 ff.

d) Blick auf den verfassungsrechtlichen Hintergrund

Gegen eine Einstufung des § 2 Abs.2 S.2 Hs.1 BauGB als zwingenden Rechtssatz bestehen im Hinblick auf Art.28 Abs.2 S.1 GG auch keine verfassungsrechtlichen Bedenken.

Zum einen ist der Gesetzgeber jedenfalls nicht daran gehindert, den Kommunen durch einfaches Gesetz Rechte einzuräumen, die über die durch Art.28 Abs.2 S.1 GG verfassungsrechtlich garantierte kommunale Planungshoheit hinausgehen.[31] Auf die Frage, ob Funktionszuweisungen durch Ziele der Raumordnung auf diese Weise sogar an dem verfassungsrechtlichen Schutz des Art.28 Abs.2 S.1 GG partizipieren,[32] kommt es somit gar nicht entscheidend an.

Zum anderen unterliegt § 2 Abs.2 S.2 Hs.1 BauGB auch insoweit keinen verfassungsrechtlichen Bedenken als mit dieser Vorschrift die Gestaltungsfreiheit der planenden Gemeinde eingeengt wird. Denn der zwingende Rechtssatz des § 2 Abs.2 S.2 Hs.1 BauGB ist nur dann einschlägig, wenn ein entsprechendes, wirksames Ziel der Raumordnung existiert. Die Frage, ob § 2 Abs.2 S.2 Hs.1 BauGB eine noch verhältnismäßige Einschränkung der kommunalen Planungshoheit aus Art.28 Abs.2 S.1 GG darstellt, ist also auf landesplanerischer Ebene nach den bisherigen Kriterien zu beantworten: Es kommt darauf an, dass die Festsetzung in Gestalt eines Zieles der Raumordnung mit Art.28 Abs.2 S.1 GG zu vereinbaren ist![33]

Hinzu kommt, dass die Gemeinden objektiv-rechtlich auch schon vor dem Inkrafttreten des § 2 Abs.2 S.2 Hs.1 BauGB gemäß § 1 Abs.4 BauGB zur Beachtung der Ziele der Raumordnung verpflichtet waren. Der materiellrechtliche Gestaltungsspielraum der planenden Kommunen wird durch § 2 Abs.2 S.2 Hs.1 BauGB also bei näherer Betrachtung nicht einmal

---

31 Im Ergebnis ebenso *VGH Mannheim,* Urt. v. 27.09.2007 – 3 S 2875/06 –, BRS 71 Nr.41 Abs.25; *Kment,* NVwZ 2007, 996 (1000).

32 So *Berkemann,* in: Berkemann/Halama, Erstkommentierungen BauGB 2004, 2005, § 2 Rn.41; *Zierau,* DVBl 2009, 693 (701).

33 Siehe dazu auch oben S.33 ff sowie unten S.64 ff. Selbst wenn man sich auf den sehr theoretischen Standpunkt stellt, dass Art.28 Abs.2 S.1 GG rechtmäßige Funktionszuweisungen an Gemeinden in Gestalt von Zielen der Raumordnung generell ausschließt, würde das wohl nicht die Verfassungswidrigkeit des § 2 Abs.2 S.2 Hs.1 BauGB begründen. Vielmehr hätte diese Vorschrift (nur) faktisch keinen Anwendungsbereich.

eingeengt, sondern es wird vielmehr (nur) die schon existente Begrenzung der Planungsbefugnis für klagefähig erklärt.

e) *Fazit und Grundlagenkritik*

Insbesondere auf der Grundlage des eindeutigen Willens des Gesetzgebers lässt sich somit festhalten, dass die Bindungswirkungen der Ziele der Raumordnung nach § 1 Abs.4 BauGB auch im Rahmen der Anwendung des § 2 Abs.2 S.2 Hs.1 BauGB nicht modifiziert werden. Verstößt eine Gemeinde mit ihrer Planung gegen eine Funktion, die der Nachbargemeinde durch ein Ziel der Raumordnung zugewiesen wird, und beruft sich die Nachbargemeinde auf eben diese Funktion,[34] so hat das die Qualität eines zwingenden Rechtssatzes, der den Erlass des Bauleitplanes nicht nur objektiv verbietet, sondern der Nachbargemeinde gleichzeitig eine Klagebefugnis vermittelt.[35] Etwas anderes kann hier hinsichtlich der Einstufung als zwingender Rechtssatz nur dann gelten, wenn die Auswirkungen einer Bauleitplanung zugleich die Grenzen des Raumordnungsplanes überschreiten.[36]

Die vorstehenden Ausführungen zeigen aber auch, dass die in der Rechtsprechung unter ganz überwiegender Zustimmung der Literatur vertretene These, dass es sich bei § 2 Abs.2 BauGB a.F. und damit auch bei dem insoweit unveränderten § 2 Abs.2 S.1 BauGB um eine besondere Ausprägung des Abwägungsgebotes handele,[37] durchaus kritisch hinterfragt werden muss. Denn wenn der gesetzlichen Neuregelung in § 2 Abs.2 S.2 Hs.1 BauGB insbesondere vorgeworfen wird, dass sie der Dogmatik der interkommunalen Abstimmung zuwiderlaufe,[38] stellt sich doch umgekehrt auch die Frage, ob nicht vielleicht die Ausgangsthese bzw. ihr bisheriges Verständnis unrichtig ist.

---

34 Zu den einzelnen Anforderungen an die Funktionszuweisung und die Berufungsnotwendigkeit siehe sogleich unten S.48 ff.

35 Im Ergebnis ebenso zB *Hug,* Gemeindenachbarklagen im öffentlichen Baurecht, 2008, S.110 ff; *Bunzel,* ZfBR 2008, 132 (137).

36 Siehe dazu unten S.68 ff.

37 Siehe dazu oben S.25 f.

38 So insbesondere *Hoppe/Otting,* DVBl 2004, 1125 ff; *Hoppe,* NVwZ 2004, 282 ff.

aa) Interkommunale Abstimmung als zweite Abwägung?

Gemäß § 1 Abs.7 BauGB »(sind) bei der Aufstellung der Bauleitpläne (...) die öffentlichen und privaten Belange gegeneinander und untereinander gerecht abzuwägen«. Es müssen *alle* als abwägungserheblich identifizierten öffentlichen und privaten Belange in die Abwägung einfließen. Unter den Begriff der öffentlichen Belange lässt sich ohne weiteres auch die geordnete städtebauliche Entwicklung in Nachbargemeinden subsumieren. Denn öffentliche Belange im Sinne des § 1 Abs.7 BauGB werden alleine dadurch charakterisiert, dass sie im Zusammenhang mit der Bodenausnutzung und damit mit der städtebaulichen Entwicklung und Ordnung stehen.[39]

Vor diesem Hintergrund stellt die in § 1 Abs.1 BauGB definierte Aufgabe der Gemeinde, die bauliche und sonstige Nutzung der Grundstücke in ihrem Gebiet vorzubereiten und zu leiten, (auch) einen öffentlichen Belang dar, der zugleich über Art.28 Abs.2 S.1 GG mit einem subjektiven Recht der Gemeinde verknüpft ist. Mit anderen Worten könnte man sagen, dass durch Art.28 Abs.2 S.1 GG das öffentliche Interesse an einer geordneten und ausgewogenen städtebaulichen Entwicklung (nur) subjektiviert wird. Der § 1 Abs.7 BauGB enthält somit schon aus sich heraus die Verpflichtung, die als schutzwürdig identifizierten städtebaulichen Belange von Nachbargemeinden in die allgemeine Abwägung einzubeziehen.

Wenn nun die interkommunale Abstimmung nach § 2 Abs.2 BauGB a.F. bzw. § 2 Abs.2 S.1 BauGB n.F. eine »besondere Ausprägung« dieses allgemeinen Abwägungsgebotes sein soll, bleibt das Verhältnis der beiden Bestimmungen zueinander klärungsbedürftig. Insbesondere stellt sich die Frage, ob die planende Gemeinde dazu verpflichtet ist, gleich zweimal – einmal allgemein und einmal interkommunal – abzuwägen.

Zunächst einmal steht fest, dass – unter subjektiv-rechtlichen Gesichtspunkten –, die Nachbargemeinde nur eine Berücksichtigung ihrer eigenen städtebaulichen[40] Belange verlangen kann. Dieses gilt unabhängig davon,

---

39 *Krautzberger,* in: Battis/Krautzberger/Löhr, BauGB, 2009, § 1 Rn.101; vgl. auch *Hoppe,* in: Hoppe/Bönker/Grotefels, Öffentliches Baurecht, 2004, § 5 Rn.4.

40 Selbstverständlich kann eine Nachbargemeinde auch als privatrechtlicher Eigentümer eines an das Planungsgebiet angrenzenden Grundstückes betroffen sein. Dieser Konstellation soll im Rahmen der vorliegenden Untersuchung jedoch nicht weiter nachgegangen werden, zumal die Gemeinde sich hier grundsätzlich ohnehin nur auf

ob man die auf dem Prinzip der Abwägung fußende, materielle interkommunale Abstimmung in § 2 Abs.2 S.1 BauGB oder aber in § 1 Abs.7 BauGB verortet.

Wesentlich interessanter ist hingegen der Blick auf die Belange, die die planende Gemeinde den (berechtigten) nachbargemeindlichen Interessen entgegen halten darf:

(1) Geht man davon aus, dass § 2 Abs.2 S.1 BauGB wirklich eine besondere Ausprägung – also einen Sonderfall – der allgemeinen Abwägung darstellt, so dürfte der Kreis der Belange, den die planende Gemeinde den nachbargemeindlichen Interessen entgegen setzen darf, auch begrenzt sein. Die planende Gemeinde dürfte wohl ebenfalls (nur) ihre eigenen städtebaulichen Belange ins Feld führen. Andere öffentliche Belange, zum Beispiel Gesichtspunkte des Umweltschutzes, oder private Belange müssten hingegen in der interkommunalen Abwägung unberücksichtigt bleiben.

(2) Anders liegt es hingegen, wenn man auch die interkommunale Abstimmung in § 1 Abs.7 BauGB ansiedelt. Die städtebaulichen Belange der Nachbargemeinde würden dann (nur) in eine Gesamtabwägung einfließen und die planende Gemeinde wäre nicht gehindert, auch sonstige öffentliche Interessen und private Rechte ins Feld zu führen.

(3) Für eine isolierte Abwägung ausschließlich städtebaulicher Belange im Rahmen des § 2 Abs.2 S.1 BauGB spricht sicherlich, dass die Vorschrift überhaupt neben § 1 Abs.7 BauGB existiert. Wenn man davon ausgeht, dass die materielle interkommunale Abstimmungsverpflichtung bereits in § 1 Abs.7 BauGB verankert ist, käme der Vorschrift kein eigenständiger Regelungsgehalt zu. Bestätigt wird diese Sichtweise durch systematische Erwägungen: Wenn der Gesetzgeber davon ausgegangen wäre, dass die nachbargemeindlichen Belange – wie andere Belange auch – ausschließlich in der allgemeinen Abwägung nach § 1 Abs.7 BauGB Berücksichtigung finden sollen, hätte es nahe gelegen, eben diese Belange auch in die Aufzählung von öffentlichen Belangen in § 1 Abs.6 BauGB aufzunehmen. Gerade das ist aber nicht geschehen. Städtebauliche Belange von Nachbargemeinden werden in § 1 Abs.6 BauGB jedenfalls nicht ausdrücklich erwähnt. Der Gesetzgeber hat sich vielmehr dafür entschieden, die

---

eine einfachgesetzliche Rechtsposition berufen kann; vgl. dazu auch unten S.97 f und S.112 f.

interkommunale Abstimmung in »räumlicher« Distanz zu den § 1 Abs.6 und Abs.7 BauGB zu regeln.

Zwingend sind diese systematischen Erwägungen allerdings nicht. Denn der Umstand, dass der Gesetzgeber städtebauliche Belange von Nachbargemeinden nicht explizit in § 1 Abs.6 erwähnt, sondern zu diesem Thema eine gesonderte Regelung in § 2 Abs.2 S.1 BauGB vorsieht, schließt die Implementierung der nachbargemeindlichen Belange in die allgemeine Abwägung nach § 1 Abs.7 BauGB keinesfalls aus. Zum einen hat der Katalog der zu berücksichtigen Belange in § 1 Abs.6 BauGB – wie bereits der verwendete Begriff »insbesondere« verdeutlicht – keinen abschließenden Charakter. Zum anderen sieht der Gesetzgeber sich auch sonst nicht gehindert, im Bauplanungsrecht einzelne Regelungen recht unorthodox zu verorten. So findet sich zum Beispiel die Zielbeachtungspflicht nach § 1 Abs.4 BauGB, also ein zwingender Rechtssatz, in unmittelbarer Nähe zur Aufzählung der (nicht abwägungsresistenten) öffentlichen Belange in § 1 Abs.6 BauGB sowie zur Regelung des allgemeinen Abwägungsgebotes in § 1 Abs.7 BauGB.

Da somit die eher formale systematische Betrachtung nicht geeignet ist, das Verhältnis des § 2 Abs.2 S.1 BauGB zur allgemeinen Abwägung bei der Aufstellung von Bauleitplänen befriedigend zu erklären, kommt es entscheidend darauf an, ob eine isolierte Abwägung interkommunaler Belange mit dem Wesen des allgemeinen, in § 1 Abs.7 BauGB einfachgesetzlich kodifizierten Abwägungsgebotes überhaupt vereinbar ist.

Die Abwägung wird geprägt durch das Erfordernis des »Ausgleichs mehr oder weniger zahlreicher, in ihrem Verhältnis zueinander komplexer Interessen, die überdies meist in eigentümlicher Weise miteinander verschränkt sind, so dass einem Interesse nichts zugestanden werden kann, ohne in einer Art Kettenreaktion zahlreiche andere Interessen zu berühren«.[41] Man kann also sagen, dass das Abwägungsgebot gleichsam einen »ganzheitlichen« Ansatz verfolgt. Mit diesem »ganzheitlichen« Ansatz wäre ein Verständnis des § 2 Abs.2 S.1 BauGB, welches von einer isolierten interkommunalen Abstimmung bzw. Abwägung außerhalb des § 1 Abs.7 BauGB ausgeht, schwerlich vereinbar.

41 *BVerwG,* Urt. v. 30.04.1969 – IV C 6.68 –, BRS 22 Nr.3; vgl. auch *Hoppe,* in: Hoppe/Bönker/Grotefels, Öffentliches Baurecht, 2004, § 5 Rn.9.

Dem »ganzheitlichen« Ansatz steht auch nicht entgegen, dass die Nachbargemeinde sich ihrerseits nur auf ihre städtebaulichen Belange berufen kann. Denn dies bedeutet nicht, dass zum Beispiel private Belange, die aus der Sphäre der Nachbargemeinde stammen, im Rahmen der Abwägung der planenden Gemeinde bedeutungslos wären. Denn auch die Relevanz von privaten Belangen endet keinesfalls an den Gemeindegrenzen. Vielmehr kommt es im Rahmen des Abwägungsgebotes alleine darauf an, dass es sich um einen schutzwürdigen Belang handelt, auf den durch die Planung mehr als geringfügig Einfluss genommen wird. Der territoriale Ursprung des Belanges bleibt hingegen unerheblich. Da somit das allgemeine Abwägungsgebot auch die Berücksichtigung von sonstigen Belangen außerhalb des Territoriums der planenden Gemeinde erfordert, wird der umfassende Ansatz der Abwägung durch die Beschränkung der Nachbargemeinde auf städtebauliche Belange nicht in Frage gestellt.

Untermauert wird die vorstehende Sichtweise auch durch die Frage, wie denn mit dem Ergebnis einer gesonderten interkommunalen Abwägung umzugehen wäre. Denn wenn man zum Beispiel davon ausgeht, dass auf der Grundlage einer isolierten interkommunalen Abwägung sich die Bauleitplanung für die Nachbargemeinde nur gerade noch als zumutbar erweist, und auch im Übrigen gewichtige Gründe gegen die konkrete Planung sprechen, wäre es nicht akzeptabel, das Ergebnis der (isolierten) interkommunalen Abstimmung bei der abschließenden Abwägung außen vor zu lassen. Der Umstand, dass die Planung unter interkommunalen Gesichtspunkten an der Grenze des Vertretbaren liegt, darf insoweit nicht unberücksichtigt bleiben.[42] Auch aus diesem Grunde erscheint es sachgerecht, die nachbargemeindlichen Belange von vornherein in die umfassende Abwägung der öffentlichen und privaten Belange gemäß § 1 Abs.7 BauGB einzubinden.

42 Gleiches gilt umgekehrt selbstverständlich auch dann, wenn eine Bauleitplanung mit nachbargemeindlichen Belangen sehr gut verträglich ist. Diese Verträglichkeit kann ggf. sonstigen Belangen, die an sich gegen die Planung sprechen, entgegengesetzt werden.

bb) Wandel des »qualifizierten Abstimmungsbedarfes« vom Einstiegs- zum Ausschlusskriterium

Auch die Entwicklung der Rechtsprechung zu § 2 Abs.2 BauGB a.F. spricht dafür, die nachbargemeindlichen Belange in die allgemeine Abwägung nach § 1 Abs.7 BauGB zu implementieren. Während nämlich nach der ursprünglichen, in der so genannten Krabbenkamp-Entscheidung entwickelten Formel des *Bundesverwaltungsgerichts* ein Abstimmungsbedürfnis nur dann bestehen sollte, wenn von der Bauleitplanung »unmittelbare Auswirkungen gewichtiger Art auf die städtebauliche Ordnung und Entwicklung der Nachbargemeinde« ausgehen, wird es inzwischen als ausreichend erachtet, dass nachbargemeindliche Belange »in mehr als geringfügiger Weise nachteilig betroffen werden«.[43] Das Einstiegskriterium für die Berücksichtigung nachbargemeindlicher Belange im Rahmen des § 2 Abs.2 BauGB a.F. ist damit mit der Formulierung identisch, die üblicherweise dazu dient, im Rahmen der allgemeinen Abwägung die Abwägungsrelevanz eines Belanges zu bestimmen.[44]

Das ursprüngliche, in der Krabbenkamp-Entscheidung entwickelte Einstiegskriterium hat sich hingegen inzwischen zu einer Art Ausschlusskriterium gewandelt. Am so genannten qualifizierten Abstimmungsbedarf in Gestalt von unmittelbaren Auswirkungen gewichtiger Art auf die städtebauliche Ordnung und Entwicklung der Nachbargemeinde wird nunmehr festgemacht, ob für ein Vorhaben das Erfordernis einer förmlichen Planung besteht.[45]

Für die hier interessierende Fragestellung bleibt festzuhalten, dass der Rückgriff auf die allgemeine Formulierung für die Bestimmung der Abwägungsrelevanz von städtebaulichen Belangen der Nachbargemeinde ebenfalls dafür spricht, die interkommunale Abstimmung unmittelbar in der allgemeinen Abwägung im Sinne des § 1 Abs.7 BauGB anzusiedeln.

---

43 *BVerwG,* Urt. v. 17.09.2003 – 4 C 14/01 –, BVerwGE 119, 25 (34). Zur Wandlung der »Krabbenkamp«-Formel in der bundesverwaltungsgerichtlichen Rechtsprechung vgl. grundlegend *Halama,* DVBl 2004, 79 ff; *Zierau,* DVBl 2009, 693 (695 f).

44 Siehe dazu unten S.101 ff.

45 Siehe dazu oben S.18 ff.

cc) Seitenblick auf das Verhältnis zwischen Bauleitplanung und Fachplanung

Auch ein Seitenblick auf das Verhältnis zwischen Bauleitplanung und Fachplanung bestätigt den bisherigen Befund. Der § 38 S.1 Hs.2 BauGB gibt den privilegierten Trägern von Fachplanungen mit überörtlicher Bedeutung insoweit auf, die städtebaulichen Belange der Gemeinden zu berücksichtigen. Auch bei dieser Berücksichtigungspflicht dürfte kein Zweifel daran bestehen, dass sie sich im Rahmen der fachplanerischen Abwägung – zum Beispiel nach § 17 S.1 FStrG oder § 18 S.1 AEG – vollzieht. Für eine isolierte Abwägung zwischen zum Beispiel den verkehrlichen Belangen des Fachplanungsträgers und den städtebaulichen Belangen besteht kein Raum und kein Anlass. Eine abweichende Sichtweise für das Verhältnis zwischen zwei (oder mehr) Gemeinden wäre nicht sachgerecht.

dd) § 2 Abs.2 S.1 BauGB als besondere Betonung eines abwägungserheblichen Belanges

Es lässt sich somit festhalten, dass gewichtige Gründe dafür sprechen, die interkommunale Abstimmung im Sinne des § 2 Abs.2 S.1 BauGB als integralen Bestandteil der allgemeinen Abwägung nach § 1 Abs.7 BauGB anzusehen. Die Aussage, dass die interkommunale Abstimmung als besondere Ausprägung des Abwägungsgebotes anzusehen sei, erweist sich daher als missverständlich. Es geht nicht um eine isolierte interkommunale Abstimmung bzw. Abwägung. Die Funktion des § 2 Abs.2 S.1 BauGB beschränkt sich darauf, die Position der Nachbargemeinde im bauleitplanerischen Verfahren noch einmal zu verdeutlichen. Insoweit handelt es sich letztlich (nur) um die deklaratorische Betonung eines abwägungserheblichen Belanges.[46]

---

46 A.A. *Hug,* Gemeindenachbarklagen im öffentlichen Baurecht, 2008, S.72 ff, der § 2 Abs.2 S.1 BauGB gegenüber § 1 Abs.7 BauGB als »emanzipiert« ansieht; ähnlich wohl *Schenke,* VerwArch 2007, 448 (451). Durch diese Lösung des § 2 Abs.2 S.1 BauGB von § 1 Abs.7 BauGB soll der § 2 Abs.3 BauGB für die interkommunale Abstimmung nicht mehr gelten; vgl. zur Problematik des § 2 Abs.3 BauGB auch unten S.82 ff.

III. Funktionszuweisungen durch Ziele der Raumordnung im Einzelnen

Nach den grundsätzlichen Ausführungen zum Verhältnis des § 2 Abs.2 S.2 Hs.1 BauGB zur materiellen Zielbeachtungspflicht nach § 1 Abs.4 BauGB einerseits und zum allgemeinen Abwägungsgebot nach § 1 Abs.7 BauGB andererseits, ist nunmehr zu untersuchen, unter welchen Voraussetzungen die Ziele der Raumordnung einer Nachbargemeinde eine berufungsfähige Funktion zuweisen und welche Auswirkungen auf diese Funktion im Einzelfall vorliegen müssen, um im Sinne eines zwingenden Rechtssatzes den Erlass des Bauleitplanes zu verbieten.

1. Funktionszuweisung im Rahmen des zentralörtlichen Gliederungssystems

In der Gesetzesbegründung zu § 2 Abs.2 S.2 Hs.1 BauGB heißt es unter anderem, dass »aus der Bindung an ein *zentralörtliches* Ziel der Raumordnung folgt (...), dass die Gemeinde berechtigt ist, ihre so ausgerichtete Planung gegen eine die *zentralörtliche* Funktion störende raumordnungswidrige Planung einer anderen Gemeinde zu verteidigen«.[47] Durch den Verweis auf die Zentralörtlichkeit wird ein Bezug zum so genannten zentralörtlichen Gliederungsprinzip hergestellt, welches auf Bundesebene in § 2 Abs.2 Nr.2 und § 8 Abs.5 Nr.1b ROG angesprochen und auf Landesebene in verschiedensten Regelungen ausgeformt wird. Da der Gesetzgeber bei der Neuregelung des § 2 Abs.2 S.2 Hs.1 BauGB also recht offensichtlich davon ausging, dass gerade mit dem zentralörtlichen Gliederungsprinzip Funktionszuweisungen durch Ziele der Raumordnung im Sinne des § 2 Abs.2 S.2 Hs.1 BauGB verbunden sein können, gilt es zunächst einmal eben dieses Prinzip und seine konkreten Rechtsfolgen näher zu betrachten.

47 Amtl. Begr., BT-Drs. 15/2250, S.41; ähnlich *BMVBW*, Novellierung des Baugesetzbuches, 2002, Rn.215. Hervorhebungen durch den Verfasser.

a) Grundidee des zentralörtlichen Gliederungsprinzipes

Die Idee der zentralörtlichen Gliederung fußt auf einer grundlegenden Untersuchung aus dem Jahre 1933.[48] Sie besagt – vereinfacht ausgedrückt und auf die wesentlichen Kernpunkte reduziert –, dass zur qualitativ hochwertigen und quantitativ ausreichenden Versorgung der Bevölkerung in zumutbarer Entfernung an ausgewählten Punkten eines Gebietes, dem so genannten Verflechtungsbereich, zentrale Versorgungseinrichtungen erforderlich sind. Zentrale Orte sind demnach solche Siedlungen, die als Mittelpunkt eines bestimmten Umlandbereiches zentrale Güter und Dienste bereitstellen, wobei die Zentralität der Güter und Dienste insbesondere dadurch geprägt wird, dass sie aus ökonomischen und/oder technischen Gründen nicht flächenhaft, sondern nur an einem oder wenigen Punkten eines Gebietes angeboten werden können.[49]

Die landesplanerische Praxis hat die in den 1930er Jahren entwickelte Theorie der zentralen Orte aufgegriffen und ein System von Grundzentren, Mittelzentren sowie Oberzentren etabliert. Entsprechend ihrer Zentralitätsstufe sollen diese Zentren dazu dienen, die Grundversorgung zu gewährleisten (Grundzentren), den gehobenen Bedarf abzudecken (Mittelzentren) und schließlich den hochspezialisierten, eher sporadischen Bedarf zu befriedigen (Oberzentren).

b) Zentralörtliche Stellung einer Gemeinde als zugewiesene Funktion im Sinne des § 2 Abs.2 S.2 Hs.1 BauGB

aa) Festlegung der Zentralitätsstufe als eigentliche raumordnerische Funktionszuweisung

Soweit einer Gemeinde in einem Raumordnungsplan die Stellung eines Ober-, Mittel- oder Grundzentrums zugewiesen wird, wird man schon diese Festlegung für sich als raumordnerische Funktionszuweisung einstufen können.[50] Es wird auf diese Weise bestimmt, dass die Gemeinde überhaupt eine im zentralörtlichen Gliederungssystem relevante Position

48 *Christaller,* Die zentralen Orte in Süddeutschland, 1933.
49 Ausführlicher zur Theorie der zentralen Orte siehe nur *El Bureiasi,* Landesplanerische Beurteilung des großflächigen Einzelhandels, 2005, S.31 ff.
50 So auch *Hug,* Gemeindenachbarklagen im öffentlichen Baurecht, 2008, S.104.

einnimmt, auf welcher Stufe diese Position anzusiedeln ist und auf welchen Bereich die zentralörtliche Position sich räumlich erstreckt. Mit der Einstufung als Ober-, Mittel- oder Grundzentrum ist dabei zugleich die Zuordnung der konkreten Versorgungsfunktion verbunden.

bb) Konkretisierung der Funktionszuweisung durch Gebots- und Verbotstatbestände

Unabhängig von der Zielqualität[51] ist allerdings fraglich, ob alleine die Festlegung einer Zentralitätsstufe in einem Raumordnungsplan ausreicht, um auch eine Funktionszuweisung gerade im Sinne des § 2 Abs.2 S.2 Hs.1 BauGB zu begründen. Wenn man § 2 Abs.2 S.2 S.1 BauGB in Verbindung mit der zielvermittelten Funktionszuweisung nämlich grundsätzlich als zwingenden Rechtssatz in dem Sinne einstuft, dass der planenden Gemeinde eine absolute, nicht im Wege der Abwägung überwindbare Hürde in den Weg gestellt wird, muss die raumordnerische Festlegung mehr als eine bloße Funktions- oder Aufgabenbeschreibung sein. Zu einer Funktionszuweisung im Sinne des § 2 Abs.2 S.2 Hs.1 BauGB kann die Festlegung der Zentralitätsstufe im Rahmen des zentralörtlichen Gliederungssystemes daher nur dann werden, wenn noch ein Plansatz hinzukommt, der – anknüpfend an die jeweiligen zentralörtlichen Funktionen – der planenden Gemeinde konkrete Ge- oder Verbote auferlegt.

Blickt man hierzu erneut in die raumordnerischen Vorgaben der Länder, so wird man schnell fündig. Die Landesentwicklungsprogramme und -pläne der Flächenstaaten enthalten nahezu durchgängig auf die zentralörtliche Versorgungsfunktion abstellende Regelungen zum großflächigen Einzelhandel. Auch wenn die Formulierungen dieser Regelungen im Detail voneinander abweichen, liegen ihnen doch im Wesentlichen identische Strukturen zu Grunde. So findet man beispielsweise folgende Plansätze:

(1) *»Die Errichtung und Erweiterung von großflächigen Einzelhandelsbetrieben ist nur in zentralen Orten zulässig (Zentralitätsgebot). Durch die Ansiedlung und Erweitung von großflächigen Einzelhandelsbetrieben dürfen weder die Versorgungsfunktion der städtebaulich integrierten Bereiche der Standortgemeinde noch die der Versorgungsbereiche (Nah-*

51 Siehe dazu unten S.57 ff.

und Mittelbereiche) benachbarter zentraler Orte wesentlich beeinträchtigt werden (Nichtbeeinträchtigungsgebot).«[52]

(2) *»Einkaufszentren, großflächige Einzelhandelsbetriebe und sonstige großflächige Handelsbetriebe sollen sich in das zentralörtliche Versorgungssystem einfügen; (...) Die Verkaufsfläche der Einzelhandelsgroßprojekte soll so bemessen sein, dass deren Einzugsbereich den zentralörtlichen Verflechtungsbereich nicht wesentlich überschreitet. Die verbrauchernahe Versorgung der Bevölkerung im Einzugsbereich und die Funktionsfähigkeit anderer zentraler Orte dürfen nicht wesentlich beeinträchtigt werden.«*[53]

(3) *»Verkaufsfläche und Warensortiment von Einzelhandelsgroßprojekten müssen der zentralörtlichen Versorgungsfunktion und dem Verflechtungsbereich des jeweiligen zentralen Ortes entsprechen (Kongruenzgebot). (...) Ausgeglichene Versorgungsstrukturen und deren Verwirklichung, die Funktionsfähigkeit der zentralen Orte und integrierter Versorgungsstandorte sowie die verbrauchernahe Versorgung der Bevölkerung dürfen durch neue Einzelhandelsgroßprojekte nicht wesentlich beeinträchtigt werden (Beeinträchtigungsverbot).«*[54]

Die vorstehend zitierten Festlegungen stimmen in ihren Kernaussagen darin überein, dass ein großflächiger Einzelhandelsbetrieb zum einen der zentralörtlichen Stellung der Standortgemeinde entsprechen muss bzw. soll[55] (Kongruenzgebot), und dass zum anderen die zentralörtlichen Funktionen von Nachbargemeinden nicht oder zumindest nicht wesentlich beeinträchtigt werden dürfen (Beeinträchtigungsverbot). Hinzu kommt zumeist noch ein so genanntes Integrationsgebot, welches – wiederum unter Verwendung unterschiedlicher Formulierungen – verlangt, dass großflächiger Einzel-

---

52 B.III.3.2.3 Z 57 und Z 60 LEP IV RP.

53 LEP BW, Ziff.3.3.7 und 3.3.7.1.

54 LROP Nds, Anl.1, Ziff.2.3 03; Hervorhebung durch den Verfasser.

55 Zur Einstufung von Soll-Formulierungen als Ziele der Raumordnung vgl. auch sogleich unten S.57 ff.

handel nur in einer städtebaulich integrierten Lage angesiedelt werden darf bzw. soll.[56]

Es ist somit festzuhalten, dass sich die Raumordnungsplanung nicht auf die Zuweisung einer bestimmten Zentralitätsstufe und damit einer Versorgungsfunktion beschränkt. Vielmehr knüpfen mit dem Kongruenz- und Integrationsgebot sowie dem Beeinträchtigungsverbot an die Zentralitätsstufe Gebots- und Verbotstatbestände an, die die gemeindlichen Handlungspflichten im Hinblick auf die Ansiedlung von großflächigem Einzelhandel konkretisieren und damit in Verbindung mit der Zuweisung der Zentralitätsstufe zugleich prinzipiell als Funktionszuweisung im Sinne des § 2 Abs.2 S.2 Hs.1 BauGB in Betracht kommen.

cc) Weitere Begrenzung des Kreises der relevanten Funktionszuweisungen im Sinne des § 2 Abs.2 S.2 Hs.1 BauGB?

Die Frage ist nun aber, ob der Kreis der Funktionszuweisungen – genauer: der konkretisierten raumordnerischen Gebots- und Verbotstatbestände –, der für Nachbargemeinden im Rahmen des § 2 Abs.2 S.2 Hs.1 BauGB berufungsfähig ist, eventuell noch weiter eingeengt werden muss. Denn während das Beeinträchtigungsverbot die Beeinträchtigung von zentralörtlichen Versorgungsfunktionen der Nachbargemeinden ausdrücklich in Bezug nimmt, fehlt ein vergleichbares, ausdrückliches Abstellen auf die zentralörtlichen Funktionen der Nachbargemeinde sowohl beim Kongruenz- als auch beim Integrationsverbot.

Dies führt zu der Frage, ob ein raumordnerischer Gebots- oder Verbotstatbestand, der die zentralörtliche Funktion einer Gemeinde flankiert, auch dann in den Anwendungsbereich des § 2 Abs.2 S.2 Hs.1 BauGB fällt, wenn eine Bauleitplanung zwar das Kongruenz- oder/und Integrationsgebot missachtet, dadurch jedoch in keiner Weise die zentralörtlichen Funktionen der Nachbargemeinde gefährdet werden. So ist zum Beispiel denkbar, dass

56 Vgl. zB B.III.3.2.3 Z 58 LEP IV RP: *»Die Ansiedlung und Erweiterung von großflächigen Einzelhandelsbetrieben mit innenstadtrelevanten Sortimenten ist nur in städtebaulich integrierten Bereichen (...) zulässig«*; LEP BW, Ziff.3.3.7.2: *»Einzelhandelsgroßprojekte sollen vorrangig an städtebaulich integrierten Standorten ausgewiesen, errichtet oder erweitert werden«*; LROP Nds, Anl.1, Ziff.2.3 03: *»Neue Einzelhandelsgroßprojekte, deren Kernsortimente innenstadtrelevant sind, sind nur innerhalb der städtebaulich integrierten Lage zulässig (Integrationsgebot)«*.

eine Gemeinde mit der Ausweisung von neuem großflächigen Einzelhandel in einem Bebauungsplan – eventuell noch dazu in städtebaulich nicht integrierter Lage – ihre eigenen Versorgungsfunktionen gleichsam »übererfüllt«, dieses in der Nachbargemeinde jedoch nachweislich[57] entweder zu keiner Kaufkraftabschöpfung führt oder aber nur solche Kaufkraft abgeschöpft wird, die die Nachbargemeinde ihrerseits zuvor durch Überschreitung ihrer eigenen Versorgungsfunktionen gebunden hat.

(1) Blickt man zur Beantwortung dieser Frage zunächst auf den Wortlaut des § 2 Abs.2 S.2 Hs.1 BauGB, so wurde bereits festgestellt, dass die eigentliche raumordnerische Funktionszuweisung bereits durch die Festlegung der Zentralitätsstufe in dem jeweiligen Raumordnungsplan erfolgt.[58] Gleichzeitig wurde aber auch schon herausgestellt, dass die Zentralitätsstufe erst in Verbindung mit dem Beeinträchtigungsverbot sowie dem Kongruenz- und Integrationsgebot zu einem prinzipiell tauglichen Handlungsmaßstab im Rahmen des § 2 Abs.2 S.2 Hs.1 BauGB wird. Unter diesem Blickwinkel erscheint aber durchaus fraglich, ob sich das für die planende Gemeinde geltende Kongruenz- und Integrationsgebot gleichsam als Kehrseite der zentralörtlichen Versorgungsfunktion einer Nachbargemeinde darstellt.

(2) Untermauert wird der vorstehende Befund durch einen Blick in die Gesetzesmaterialien. Wenn es in der Entwurfsbegründung der Bundesregierung heißt, dass eine Nachbargemeinde berechtigt sein soll, eine ihrerseits an den zentralörtlichen Zielen der Raumordnung ausgerichtete Planung »gegen eine die zentralörtliche Funktion *störende* raumordnungswidrige Planung einer anderen Gemeinde zu verteidigen«[59], so wird in dieser Formulierung eben kein umfassender Anspruch auf Beachtung der Ziele der Raumordnung zum Ausdruck gebracht. Vielmehr soll sich eine Nachbargemeinde wohl von vornherein nur auf solche Verstöße gegen Ziele der Raumordnung berufen können, die zugleich (konkrete) Auswirkungen auf ihre eigenen zentralörtlichen Funktionen haben.

---

57 Zur Problematik des Nachweises der Beeinträchtigung der zentralörtlichen Versorgungsfunktionen siehe unten S.64 ff.

58 Siehe soeben oben S.49 f.

59 BT-Drs.15/2250, S.41; Hervorhebung durch den Verfasser.

(3) Gegen diese Sichtweise wird man auch schwerlich teleologische Gesichtspunkte ins Feld führen können. Denn das Ziel der Neuregelung in § 2 Abs.2 S.2 Hs.1 BauGB, die Stellung von Nachbargemeinden im Rahmen der interkommunalen Abstimmung zu stärken, wird bereits dadurch erreicht, dass raumordnerische Funktionszuweisungen überhaupt zu klagefähigen Rechten von Nachbargemeinden »subjektiviert« werden. Durch eine Einbeziehung des Kongruenz- und des Integrationsgebotes in den Anwendungsbereich des § 2 Abs.2 S.2 Hs.1 BauGB würde die Rechtsposition der Nachbargemeinden zwar sicherlich optimiert, jedoch ist nicht ersichtlich, dass mit der gesetzlichen Neuregelung über eine *Verbesserung* der nachbargemeindlichen Position hinaus, deren *Optimierung* erreicht werden sollte.

Hinzu kommt, dass jedenfalls ein »reines« Kongruenzgebot sich schon im Hinblick auf die planende Standortgemeinde als verfassungsrechtlich bedenklich erweist.[60] Auch wenn auf diese Problematik hier nicht vertieft eingegangen werden kann, liegt es nämlich nicht fern, die Vereinbarkeit eines »reinen« Kongruenzgebotes mit der verfassungsrechtlich durch Art.28 Abs.2 S.1 GG geschützten Selbstverwaltungsgarantie der ansiedlungswilligen Gemeinde sowie gegebenenfalls der über Art.12 Abs.1 GG gewährleisteten Berufsfreiheit des privaten Investors kritisch zu hinterfragen. Sowohl die Gemeinde als auch der Investor werden in ihren Entwicklungsmöglichkeiten ohne eine offensichtliche Notwendigkeit nicht nur unerheblich eingeschränkt.

Unabhängig von der abschließenden Beurteilung der verfassungsrechtlichen Hintergründe erscheint es somit jedenfalls sachgerecht, wenn in Rechtsprechung[61] und Literatur[62] für eine Verletzung des Kongruenzgebotes

---

60 Vgl. dazu zB *Moench/Sandner,* NVwZ 1999, 337 (341); *Jahn,* BayVBl 1989, 294 (296).

61 Vgl. *BVerwG,* Urt. v. 17.09.2003 – 4 C 14.01 –, NVwZ 2004, 220 (224); *OVG Lüneburg,* Beschl. v. 27.01.1977 – I B 58/76 –, JURIS-Leitsatz; *OVG Koblenz,* Beschl. v. 01.03.1983 – 10 C 24/82 –, BauR 1983, 551 (552); *VGH Mannheim,* Beschl. v. 21.12.1976 – 3 S 415/76 –, NJW 1977, 1465 (1467).

62 Vgl. *El Bureiasi,* Landesplanerische Beurteilung des großflächigen Einzelhandels, 2005, S.134; *Kopf,* Rechtsfragen bei der Ansiedlung von Einzelhandelsgroßprojekten, 2002, S.257; *Leder,* Rechtsfragen bei der Ansiedlung von Einkaufszentren, 1987, S.65 f; *Erbguth,* Öffentliches Baurecht, 2009, § 5 Rn.173; *Spannowsky,* NdsVBl 2001, 32 (39); *Hoppe,* DVBl 2000, 293 (295 f); *drs.,* NWVBl 1998, 461 (467);

zumeist ergänzend verlangt wird, dass die Überschreitung der eigenen zentralörtlichen Versorgungsfunktionen im Verflechtungsbereich von zumindest einem benachbarten zentralen Ort höherer Stufe zugleich zu einem Kaufkraftabfluss führen muss, der dort den Einzelhandel derart gefährdet, dass die Nachbargemeinde ihre zentralörtlichen Versorgungsfunktionen nicht mehr erfüllen kann.[63]

(4) Zu bedenken ist auch, dass mit einer Ausweitung des Anwendungsbereiches von § 2 Abs.2 S.2 Hs.1 BauGB auf alle »reinen« Verstöße gegen das Kongruenzgebot der Nachbarbegriff des § 2 Abs.2 BauGB letztlich jegliche Konturen verlieren würde. Sobald eine planende Gemeinde gegen das Kongruenzgebot verstößt, wären plötzlich jedenfalls alle anderen Kommunen, die in den Geltungsbereich des maßgeblichen Raumordnungsplanes fallen, auf der Grundlage des § 2 Abs.2 S.2 Hs.1 BauGB klagebefugt.[64] Es kann schwerlich angenommen werden, dass ein solches Ergebnis noch dem Regelungsziel der Neufassung des Gesetzes entspricht.

(5) Die Begrenzung des Anwendungsbereiches von § 2 Abs.2 S.2 Hs.1 BauGB für die Ansiedlung von großflächigem Einzelhandel auf das Beeinträchtigungsverbot bzw. das im vorstehenden Sinne eng ausgelegte Kongruenzgebot wird des Weiteren auch nicht dadurch ausgeschlossen, dass bei einer solchen Sichtweise die Unsicherheiten bei den Fragen, wann denn die Versorgungsfunktionen einer Nachbargemeinde beeinträchtigt werden und wie sich eine solche Beeinträchtigung tatsächlich feststellen lässt, fortbestehen. Denn zum einen stellen die Kriterien der Kaufkraftbindung und der Verkaufsflächengröße bereits bei der Ermittlung eines Verstoßes gegen das Kongruenzgebot die maßgebliche Bezugsgröße dar,[65] so dass

---

Moench, Festschr. Hoppe, 2000, S.459 (466 f); *Moench/Sandner,* NVwZ 1999, 337 (341); *Hoppe/Bunse,* WiVerw 1984, 151 (155); *Gräf/Henneke,* ZfBR 1980, 218 (219).

63 Darüber hinaus wird in jüngster Zeit die These vertreten, dass ein im vorstehenden Sinne aus zwei Komponenten bestehendes Kongruenzgebot nicht nur die Versorgungsfunktionen von zentralen Orten höherer Stufe schützt, sondern – gleichsam horizontal – auch der Gewährleistung der Versorgungsfunktionen von Nachbargemeinden derselben Zentralitätsstufe dient; vgl. *El Bureiasi,* Landesplanerische Beurteilung des großflächigen Einzelhandels, 2005, S.135 f; *Hoppe,* NVwZ 2006, 1345 (1347).

64 *Hug,* Gemeindenachbarklagen im öffentlichen Baurecht, 2008, S.105; *Uechtritz,* NVwZ 2004, 1025 (1028). Zu Gemeinden, die im Geltungsbereich eines anderen Raumordnungsplanes liegen, siehe unten S.68 ff.

65 Siehe dazu unten S.66 f.

eine Befassung mit ihnen ohnehin erforderlich wird. Und zum anderen liegt auf der Hand, dass Probleme bei der Tatsachenermittlung kein Argument dafür darstellen können, Nachbargemeinden gleichsam »überzuprivilegieren« und damit – wie ausgeführt – verfassungsrechtliche Positionen der Standortgemeinde bzw. der privaten Investoren in Frage zu stellen.

(6) Schließlich sei noch darauf hingewiesen, dass die vorstehend skizzierte Beschränkung des Anwendungsbereiches von § 2 Abs.2 S.2 Hs.1 BauGB auf Übertretungen des Beeinträchtigungsverbotes bei einer ergebnisorientierten Betrachtung für die Nachbargemeinde gar nicht so gravierend sind:

Dafür spricht zunächst, dass das zentralörtliche Gliederungssystem den versorgungsmäßigen Soll-Zustand der benachbarten Gemeinde schützt. Dieses bedeutet, dass sich die Nachbargemeinde nicht nur auf den aktuellen Stand der Versorgung in ihrem Gebiet berufen kann, sondern vielmehr auch Entwicklungspotentiale bis zur Grenze der Erfüllung der zugewiesenen Funktionen geschützt sind.[66] Die zugewiesenen, durch das Beeinträchtigungsverbot geschützten Funktionen der Nachbargemeinden reichen also häufig sehr viel weiter als dies der erste Anschein – also die tatsächliche Versorgungsstruktur – vermuten lässt.

Neben diesem Gesichtspunkt wird man der Missachtung des Kongruenzgebotes bei der Beantwortung der Frage, ob (zugleich) auch eine Beeinträchtigung der Versorgungsfunktionen der Nachbargemeinde vorliegt, zumindest eine gewisse Indizfunktion beimessen müssen. Die Überschreitung der eigenen Versorgungsfunktionen durch die Standortgemeinde legt eine Beeinträchtigung von Versorgungsfunktionen der Nachbargemeinde zumindest nahe. Gerade diese Indizfunktion ist aber für die Herleitung einer Antragsbefugnis im Sinne des § 47 Abs.2 S.1 VwGO von ausschlaggebender Bedeutung. Denn eine Gemeinde ist im Rahmen eines Normenkontrollverfahrens bereits dann antragsbefugt, wenn die bloße Möglichkeit einer Rechtsverletzung – im Falle des § 2 Abs.2 S.2 Alt.1 BauGB also die Möglichkeit der Beeinträchtigung eigener zentralörtlicher Versorgungsfunktionen – besteht.[67] Von einer solchen Möglichkeit wird man aber

---

66 *Vietmeier* weist in diesem Zusammenhang zutreffend darauf hin, dass die aktuell vorhandenen Strukturen in einer Gemeinde nicht immer den Erfordernissen der zentralörtlichen Gliederung entsprechen müssen, BauR 2005, 480 (484); vgl. auch *Kment,* NVwZ 2007, 996 (1001).

67 Siehe unten S.143 f.

– vorbehaltlich atypischer Umstände des Einzelfalles – wegen der soeben erwähnten Indizwirkung bereits dann ausgehen müssen, wenn die planende Standortgemeinde dem Kongruenzgebot zuwider handelt.[68] Sobald die klagende Nachbargemeinde aber die Schwelle der Antragsbefugnis überschritten hat, überprüft das Oberverwaltungsgericht in umfassender Weise die Rechtmäßigkeit des Bebauungsplanes. Damit werden dann letztlich sogar Verstöße gegen solche Ziele der Raumordnung wegen der objektiven Zielanpassungspflicht aus § 1 Abs.4 BauGB wieder in das Prüfprogramm einbezogen, die der Nachbargemeinde gar keine Funktionen zuweisen.[69] Wenn auch auf Umwegen kann die klagende Nachbargemeinde also auf diese Weise ihr eigentliches Ziel erreichen.

c) *Zielqualität der raumordnerischen Festlegungen zur Steuerung des großflächigen Einzelhandels*

Auf die bisher noch nicht behandelte Frage, ob die vorstehend skizzierten raumordnerischen Funktionszuweisungen überhaupt – wie § 2 Abs.2 S.2 Hs.1 BauGB es voraussetzt – die Qualität von Zielen der Raumordnung haben, kann an dieser Stelle nicht vertieft eingegangen werden, da es sich insoweit um ein Problem handelt, welches nicht unmittelbar dem interkommunalen Abstimmungsgebot entspringt, sondern vielmehr originär aus der Sphäre des Raumordnungsrechts stammt.[70] Dennoch ist darauf hinzuweisen, dass gerade bei den Regelungen, die das zentralörtliche Gliederungssystem in Bezug nehmen, die Qualität als Ziel der Raumordnung zumeist äußerst kontrovers diskutiert wird. So hat zum Beispiel das *OVG Münster* dem § 24 Abs.3 LEPro NW a.F.[71] in seiner Entscheidung zur Erweiterung des Einkaufszentrums »CentrO« in Oberhausen unter Aufgabe seiner

---

68 *Uechtritz,* DVBl 2006, 799 (806) weist in diesem Zusammenhang zutreffend darauf hin, dass die Antragsbefugnis der Gemeinde »in der Regel gegeben sein« wird.

69 Vgl. dazu unten S.144 f.

70 Vgl. zur Zurückhaltung bei der Beurteilung spezifischer raumordnungsrechtlicher Probleme im Rahmen dieser Untersuchung bereits oben S.31.

71 § 24 Abs.3 LEPro NW a.F. lautete: »Kerngebiete sowie Sondergebiete für Einkaufszentren, großflächige Einzelhandelsbetriebe und sonstige großflächige Handelsbetriebe sollen nur ausgewiesen werden, soweit die in ihnen zulässigen Nutzungen nach Art, Lage und Umfang der angestrebten zentralörtlichen Gliederung sowie der in diesem Rahmen zu sichernden Versorgung der Bevölkerung entsprechen und wenn sie räumlich und funktional den Siedlungsschwerpunkten zugeordnet sind.«

vorangegangenen Rechtsprechung[72] die Eigenschaft eines (wirksamen) Zieles der Raumordnung abgesprochen, weil eine Soll-Formulierung dem in § 3 Nr.2 ROG geforderten Verbindlichkeitsanspruch nur dann gerecht werde, wenn die atypischen Ausnahmefälle, die eine Abweichung vom Grundsatz erlauben, ebenfalls hinreichend bestimmt mitgeregelt werden.[73]

Aus dem Umstand, dass zum Beispiel dem § 24 Abs.3 LEPro NW a.F. die Eigenschaft eines Zieles der Raumordnung abzusprechen sein mag, folgt indes keinesfalls die generelle Übertragbarkeit dieser These auf alle landesplanerischen Festlegungen, welche das zentralörtliche Gliederungssystem in Bezug nehmen. Denn die Verneinung der Zielqualität im Einzelfall schließt nicht aus, dass eine Funktionszuweisung im Rahmen des zentralörtlichen Gliederungssystemes durchaus alle Kriterien des § 3 Nr.2 ROG erfüllen kann. Maßgeblich ist insoweit vielmehr immer die jeweilige Formulierung der Festlegung im Raumordnungsplan. So hat zum Beispiel das *Bundesverwaltungsgericht* in seiner Entscheidung zum »Gewerbepark Mülheim-Kärlich« die Zieleigenschaft der einschlägigen Regelung im Landesentwicklungsprogramm für das Land Rheinland-Pfalz ausdrücklich bestätigt.[74] Der Vorwurf, das zentralörtliche Gliederungsprinzip sei als rechtliches Steuerungsinstrument mangels »harter« Regelungen weitgehend

---

72 *OVG Münster,* Urt. v. 22.06.1998 – 7a D 108/96.NE –, BRS 60 Nr.1; *OVG Münster,* Urt. v. 11.01.1999 – 7 A 2377/96 –, BRS 62 Nr.39; *OVG Münster,* Urt. v. 07.12.2000 – 7a D 60/99.NE, BRS 63 Nr.34.

73 *OVG Münster,* Urt. v. 06.06.2005 – 10 D 145/04.NE –, BauR 2005, 1577 (1581). Zur fortwährenden und leidenschaftlichen Diskussion um die Zielqualität von Soll- und In-der-Regel-Formulierungen vgl. nur *Heemeyer,* Flexibilisierung der Erfordernisse der Raumordnung, 2006, S.276 ff; *drs.,* UPR 2007, 10 (15 f); *Hoppe,* BayVBl 2005, 356 ff; *drs.,* DVBl 2001, 81 (88 f); *Goppel/Schreiber,* BayVBl 2005, 353 (354); *Goppel,* BayVBl 1998, 289 (291 f); *Hendler,* UPR 2003, 256 (260 f). Inzwischen hat das nordrhein-westfälische Landesverfassungsgericht auch den § 24a Abs.1 S.4 LEPro NRW, der ein Bestandteil der Nachfolgeregelung für § 24 Abs.3 LEPro NW a.F. ist, wegen Verstoßes gegen die gemeindliche Selbstverwaltungsgarantie für nichtig erklärt; *VerfGH NRW,* Urt. v. 26.08.2009 – VerfGH 18/08 –, Abs.74 des Urteilsabdrucks. §24a Abs.1 S.4 LEPro NW lautet: »Dabei dürfen Hersteller-Direktverkaufszentren mit mehr als 5.000 qm Verkaufsfläche nur ausgewiesen werden, wenn sich der Standort in einer Gemeinde mit mehr als 100.000 Einwohnern befindet.«

74 *BVerwG,* Urt. v. 17.09.2003 – 4 C 14.01 –, BVerwGE 119, 25 (40 f); vgl. auch *OVG Koblenz,* Urt. v. 15.10.2008 – 1 A 10388/08 –, DVBl 2009, 386 (387); *OVG Berlin-Brandenburg,* Urt. v. 12.05.2006 – 12 A 28.05 –, BRS 70 Nr.4 (S.29 ff).

obsolet geworden,[75] ist daher schon aus diesem Grunde zurück zu weisen.[76]

Hinzu kommt, dass der § 2 Abs.2 S.2 Hs.1 BauGB gleichsam einen »offenen« Tatbestand enthält, dass heißt, die für die Erstellung der Raumordnungspläne verantwortlichen Stellen haben es in der Hand, ihn durch zielförmige Festlegungen – auch unter Rückgriff auf ein (gestärktes) zentralörtliches Gliederungssystem – jederzeit mit (weiterem) Leben zu füllen. Selbst wenn man also von einem aktuellen Steuerungsdefizit auf der Ebene der Raumordnung ausgeht, rechtfertigt das eine pauschale Kritik an der Neuregelung in § 2 Abs.2 S.2 Hs.1 BauGB nicht.[77]

2. Sonstige Funktionszuweisungen durch Ziele der Raumordnung

Funktionszuweisungen an Nachbargemeinden durch Ziele der Raumordnung sind keinesfalls auf den Anwendungsbereich des zentralörtlichen Gliederungssystems und die daraus folgenden Ge- und Verbote beschränkt. Der Gesetzgeber hat im zentralörtlichen Gliederungssystem vielmehr nur den Hauptanwendungsfall des § 2 Abs.2 S.2 Hs.1 BauGB gesehen. Es ist daher ohne weiteres denkbar, dass Ziele der Raumordnung einer Gemeinde andere Funktionen zuweisen, die über § 2 Abs.2 S.2 Hs.1 BauGB der kommunalen Planungshoheit zuzurechnen sind. Zu denken ist dabei zum Beispiel an raumordnerische Festlegungen zum Freiraumschutz, wenn diese gleichzeitig dazu dienen, einer oder mehreren bestimmten Gemeinden näher definierte Erholungsfunktionen zuzuweisen. Wenn in einer solchen Konstellation durch die Bauleitplanung einer anderen Gemeinde das Gebot des Freiraumschutzes missachtet oder zum Beispiel wegen des zu erwartenden Verkehrslärms die Erfüllung der Erholungsfunktionen aus anderen Gründen gefährdet wird, kann der Anwendungsbereich des § 2 Abs.2 S.2 Hs.1 BauGB durchaus eröffnet sein.[78]

---

75 *Hoppe,* NVwZ 2004, 282 (285); vgl. auch *Blotevogel,* in: ARL (Hg.), Handwörterbuch der Raumordnung, 2005, S.1307 (1313 f).

76 Vielmehr weisen zB *Heilshorn/Seith,* VBlBW 2004, 409 (413), in diesem Zusammenhang zutreffend darauf hin, dass der neue § 2 Abs.2 S.2 BauGB Anlass bietet, diesen Missstand zu beheben.

77 Ebenso *Kment,* UPR 2005, 95 (98).

78 Weitere Beispiele finden sich bei *Kment,* NVwZ 2007, 996 (999).

Auch wenn der § 2 Abs.2 S.2 Hs.1 BauGB einen »offenen« Tatbestand enthält,[79] der insbesondere nicht auf den Anwendungsbereich des zentralörtlichen Gliederungssystems beschränkt ist, bedeutet dies allerdings keinesfalls, dass sich Nachbargemeinden auf alle Ziele der Raumordnung berufen dürften, die in irgendeiner Weise ihr Gebiet oder ihre Interessen berühren. Es kommt daher entscheidend darauf an, dass die positive Wirkung eines Zieles der Raumordnung für eine Gemeinde nicht nur den Reflex einer ganz anderen Intention des Raumordnungsplanes darstellt. Vielmehr muss die Gemeinde ausdrücklich oder nach Maßgabe der Umstände als Adressat einer bestimmten Funktion bzw. Aufgabe benannt werden.[80]

Obgleich es letztlich in den Händen der Träger der Raumordnungsplanung liegt, den § 2 Abs.2 S.2 Hs.1 BauGB auch außerhalb des zentralörtlichen Gliederungssystems mit Leben zu füllen, sollte bei der Frage, ob ein Ziel der Raumordnung einer Gemeinde eine Funktion zuweist, kein allzu strenger Maßstab angelegt werden. Denn rechtspolitisch und im Interesse der Stärkung der Steuerungswirkungen der Raumordnung erweist sich die Subjektivierung von Zielen der Raumordnung durchaus als wünschenswert. Ihre Durchsetzbarkeit wird – unbeschadet der fortbestehenden aufsichtsrechtlichen Befugnisse – in jedem Fall gestärkt. Gerade das war aber ein wesentliches Anliegen, dem mit § 2 Abs.2 S.2 Hs.1 BauGB Rechnung getragen werden sollte. Nur mit Blick auf die mögliche Zunahme von Rechtsstreitigkeiten eine restriktive Handhabung der neuen Vorschrift zu verlangen,[81] erscheint daher nicht gerechtfertigt. Dies gilt umso mehr, als der § 1 Abs.4 BauGB objektiv-rechtlich ohnehin die Beachtung der Ziele der Raumordnung einfordert. Die Bindungen der planenden Gemeinde bei der Aufstellung des Bauleitplanes werden also in keiner Weise erhöht.

IV. Beeinträchtigung der Funktionszuweisungen

Der § 2 Abs.2 S.2 Hs.1 BauGB beschränkt sich auf die Aussage, dass eine Nachbargemeinde sich im Rahmen der interkommunalen Abstimmungen auch auf die ihr durch Ziele der Raumordnung zugewiesenen Funktionen

79 Siehe soeben oben S.57 ff.

80 Vgl. *Kment,* UPR 2005, 95 (97); *drs.,* NVwZ 2007, 996 (998).

81 Vgl. *Hoppe/Otting,* DVBl 2004, 1125 (1132).

berufen kann. Damit wird zunächst einmal nur deutlich, dass die Ziele der Raumordnung der Nachbargemeinde eine subjektiv-rechtliche Position vermitteln können. Der eigentliche materiell-rechtliche Prüfungsmaßstab lässt sich dem Wortlaut der Vorschrift hingegen nicht entnehmen.

Es wurde jedoch bereits festgestellt, dass die materiell-rechtlichen Wirkungen der Ziele der Raumordnung auch im Rahmen des § 2 Abs.2 S.2 Hs.1 BauGB jedenfalls dann unberührt bleiben, wenn die planende Gemeinde und die planbetroffene Gemeinde im Geltungsbereich desselben Raumordnungsplans liegen.[82] Zudem wurde schon herausgestellt, welche raumordnerischen Bestimmungen im Einzelnen dazu geeignet sind, den Begriff der »zugewiesenen Funktionen« mit Leben zu füllen, wobei sich die zentralörtlichen Funktionszuweisungen in Verbindung mit dem daran anknüpfenden Beeinträchtigungsverbot im Hinblick auf die Steuerung des großflächigen Einzelhandels als besonders bedeutsam erweisen.[83] Der eigentliche Prüfungsmaßstab im Hinblick auf die Steuerung des großflächigen Einzelhandels, den die planende Gemeinde im Rahmen des § 2 Abs.2 S.2 Hs.1 BauGB zu beachten hat, ist also – seine Qualität als wirksames Ziel der Raumordnung unterstellt – das Beeinträchtigungsverbot im Sinne der raumordnerischen Festlegungen zur zentralörtlichen Gliederung.

1. Qualität der Beeinträchtigung von raumordnerischen Funktionszuweisungen

In Rechtsprechung und Literatur findet sich die These, dass nicht jede Beeinträchtigung von Funktionen, die einer Gemeinde durch Ziele der Raumordnung zugewiesen werden, im Sinne des § 2 Abs.2 S.2 Hs.1 BauGB für sie berufungsfähig sein soll. Vielmehr soll eine Beeinträchtigung nur dann im Rahmen des § 2 Abs.2 S.2 S.1 BauGB relevant werden, wenn sie eine gewisse »Qualität« erreicht. Die Forderungen reichen insoweit von *erheblichen* Störungen[84] der raumordnerisch zugewiesenen

82 Siehe oben S.41. Zur Bedeutung des § 2 Abs.2 S.2 Hs.1 BauGB bei einer Bauleitplanung, deren Auswirkungen die Grenzen eines Raumordnungsplanes überschreiten, siehe unten S.68 ff.

83 Siehe oben S.48 ff.

84 *Hoppe/Otting,* DVBl 2004, 1125 (1130).

Funktionen, über *spürbare* Beeinträchtigungen[85] bis hin zur *mehr als nur geringfügigen* Betroffenheit.[86]

(1) Soweit mit dem Verlangen nach einer Mindestqualität der Beeinträchtigung gewährleistet werden soll, dass sich eine Nachbargemeinde nur auf solche Zielfestlegungen beruft, die – wie das Beeinträchtigungsverbot bei der Ausweisung von Standorten für großflächigen Einzelhandel – ihre eigenen (zentralörtlichen) Funktionen zum Schutzziel erklären, ist dieses im Grundsatz zu begrüßen. Allerdings erscheint es wohl vorzugswürdig, raumordnerische Festlegungen ohne einen die Nachbargemeinden konkret begünstigenden Gehalt, schon nicht als »funktionszuweisend« im Sinne des § 2 Abs.2 S.2 Hs.1 BauGB zu qualifizieren.[87]

(2) Nicht gefolgt werden kann hingegen der Ansicht, nach der selbst bei einer Beeinträchtigung solcher raumordnerische Festlegungen, die – wie das Beeinträchtigungsverbot bei der Ansiedlung von großflächigem Einzelhandel – konkret die Versorgungsfunktionen von Nachbargemeinden zum Gegenstand haben, eine *erhebliche* Störung dieser Funktion für erforderlich erachtet wird.[88] Es liegt auf der Hand, dass derart hohe Anforderungen an eine Subjektivierung der raumordnerischen Funktion der Nachbargemeinde den Zweck der Neuregelung in § 2 Abs.2 S.2 Hs.1 BauGB konterkarieren würde.[89]

(3) Aber auch die Auffassungen, nach denen die raumordnerisch zugewiesenen Funktionen *spürbar*[90] bzw. *mehr als nur geringfügig*[91] betroffen sein müssen, erscheinen nicht frei von Bedenken. Denn letztlich orientieren sich beide Formulierungen an dem Maßstab, den die Rechtsprechung im

---

85 Vgl. *OVG Lüneburg,* Beschl. v. 26.11.2006 – 1 MN 148/06 –, BRS 70 Nr.61 S.354 f; *VGH Mannheim,* Urt. v. 27.09.2007 – 3 S 2875/06 –, BRS 71 Nr.41 Abs.26; *Uechtritz,* DVBl 2006, 799 (806).

86 Vgl. *Uechtritz,* in: Spannowsky/Uechtritz, BauGB, 2009, § 2 Rn.40; *Kment,* NVwZ 2007, 996 (1000).

87 Siehe oben S.49 ff.

88 So aber *Hoppe/Otting,* DVBl 2004, 1125 (1130).

89 *Uechtritz,* in: Spannowsky/Uechtritz, BauGB, 2009, § 2 Rn.40.

90 Vgl. *OVG Lüneburg,* Beschl. v. 26.11.2006 – 1 MN 148/06 –, BRS 70 Nr.61 S.354 f; *VGH Mannheim,* Urt. v. 27.09.2007 – 3 S 2875/06 –, BRS 71 Nr.41 Abs.26; *Uechtritz,* DVBl 2006, 799 (806).

91 Vgl. *Uechtritz,* in: Spannowsky/Uechtritz, BauGB, 2009, § 2 Rn.40; *Kment,* NVwZ 2007, 996 (1000).

Rahmen des (allgemeinen) Abwägungsgebotes für die Bestimmung der (konkreten) Abwägungserheblichkeit eines Belanges heranzieht.[92] Der § 2 Abs.2 S.2 Hs.1 BauGB bindet die planende Gemeinde nach der hier vertretenen Auffassung aber grundsätzlich nicht als Abwägungsbelang, sondern als zwingender Rechtssatz. Ein Abwägungsspielraum wie er für § 1 Abs.7 BauGB charakteristisch ist, steht der planenden Gemeinde bei der Beachtung der Ziele der Raumordnung nicht zu. Sie kann allenfalls – sofern die Formulierung der Festlegung im Raumordnungsplan dies ohne Infragestellung der Zielqualität zulässt – Konkretisierungen vornehmen.[93] Das Ziel der Raumordnung selbst darf dadurch aber keinesfalls relativiert werden, so dass das Ergebnis der bauleitplanerischen Entscheidungsfindung jenseits des durch das Ziel der Raumordnung gezogenen Rahmens vom Einzelfall unabhängig ist. Die planende Gemeinde kann auch noch so gewichtige Belange, die für ihre Planung streiten, nicht erfolgreich ins Feld führen.

Gleichzeitig bedeutet die strikte Bindungswirkung des Zieles der Raumordnung im Rahmen der interkommunalen Abstimmung, dass der Bauleitplan insoweit der vollständigen gerichtlichen Kontrolle unterliegt. Ob eine Bauleitplanung funktionszuweisende Ziele der Raumordnung wahrt, ist – gleichsam untypisch für das Planungsrecht – eine Auslegungs- und Subsumtionsfrage, deren Beantwortung schlussendlich den Gerichten obliegt. Ein der gerichtlichen Kontrolle entzogener Entscheidungsspielraum existiert für die planende Gemeinde nicht. Die Beeinträchtigung des funktionszuweisenden Zieles der Raumordnung ist entweder zu bejahen oder zu verneinen; eine »Grauzone« gibt es – jedenfalls theoretisch[94] – nicht.[95]

(4) Die vorstehend skizzierten Gesichtspunkte sprechen im Übrigen auch dagegen, die Berufungsfähigkeit von raumordnerischen Funktionszuweisungen unter dem Gesichtspunkt der *Schutzwürdigkeit* der Nachbargemeinde zu begrenzen.[96] Denn auch dieses Kriterium ist wiederum dem

92 Siehe dazu unten S.98 ff.

93 Siehe oben S.33 f.

94 Zu den praktischen Problemen siehe sogleich unten S.64 ff.

95 Im Erg. ebenso *Jäde,* in: Jäde/Dirnberger/Weiß, BauGB/BauNVO, 2007, § 2 BauGB Rn.11; *Stüer,* Handbuch des Bau- und Fachplanungsrechts, 2005, Rn.209; ähnlich auch *Söfker,* in: Ernst u.a., BauGB, Stand Oktober 2008, § 2 Rn.126. Vgl. ferner *OVG Lüneburg,* Beschl. v. 27.11.2006 – 1 MN 148/06 –, BRS 70 Nr.61 (S.354 f).

96 So aber *Kment,* NVwZ 2007, 996 (1000).

(allgemeinen) Abwägungsgebot entliehen[97] und damit kaum auf den zwingenden Rechtssatz des § 2 Abs.2 S.2 Hs.1 BauGB übertragbar. Hinzu kommt, dass eine Gemeinde, die mit ihrer zielwidrigen Bauleitplanung auf eine funktionsüberschreitende Planung einer anderen Gemeinde reagiert,[98] damit häufig (nur) ihr zustehendes Terrain »zurückerobert«, so dass es bereits an einer Beeinträchtigung der Versorgungsfunktionen der zuerst planenden Gemeinde fehlt. Doch selbst wenn eine Beeinträchtigung von Versorgungsfunktionen der zuerst planenden Gemeinde tatsächlich zu bejahen ist, stellt § 2 Abs.2 S.2 Hs.1 BauGB doch keine Sanktionsnorm dar, die die Kompensation eines Rechtsverstoßes durch einen weiteren Rechtsverstoß erlauben würde. Vielmehr hätte die zuerst von einer Bauleitplanung in einer raumordnerisch zugewiesenen Funktion beeinträchtigte Gemeinde auf der Grundlage des § 2 Abs.2 S.2 Hs.1 BauGB bereits Rechtsschutz gegen diesen Bauleitplan suchen müssen.

2. Kriterien für eine Beeinträchtigung von zentralörtlichen Versorgungsfunktionen

Ausgangspunkt für die Beantwortung der Frage, ob eine Bauleitplanung sich im Rahmen eines Zieles der Raumordnung bewegt, kann nur die einzelne Festlegung in dem Raumordnungsplan sein. Eine abstrahierende Betrachtungsweise, die die konkrete Formulierung des Plansatzes und die jeweiligen örtlichen Verhältnisse, auf die der Plansatz Bezug nimmt, außen vor lässt, ist insoweit nicht möglich.[99] Im Folgenden können daher nur einige Aspekte aufgezeigt werden, die bei der Auslegung der maßgeblichen Festlegungen in den Raumordnungsplänen und bei der Prüfung der Konformität einer Bauleitplanung mit diesen (ausgelegten) Vorgaben von wesentlicher Bedeutung sind.

a) Dilemma der Raumordnung

Es liegt auf der Hand, dass bei einer in Bezug auf den Gegenstand und den Ort sehr konkret formulierten Vorgabe im Raumordnungsplan die Prüfung, ob eine Bauleitplanung sich noch im Rahmen dieser Vorgabe

---

97 Siehe unten S.98 f.

98 Vgl. zu dieser Überlegung *Kment,* NVwZ 2007, 996 (1000).

99 So auch *Söfker,* in: Ernst u.a., BauGB, Stand Oktober 2008, § 2 Rn.127.

bewegt, relativ einfach fallen wird. Das Problem besteht nun darin, dass die Raumordnung von vornherein bestimmten verfassungsrechtlichen Grenzen unterliegt. Wenn man Raumordnung im Sinne des Art.74 Abs.1 Nr.31 GG nämlich als Planung und Ordnung des Raumes unter überörtlichen und überfachlichen Gesichtspunkten definiert und Regelungen, die unmittelbar das Verhältnis zwischen Eigentümer und Boden betreffen, prinzipiell der Bauleitplanung vorbehält,[100] muss die Detailschärfe von Raumordnungsplänen zwangsläufig schon unter kompetenzrechtlichen Aspekten grundsätzlich eingeschränkt sein.

Hinzu kommt die durch Art.28 Abs.2 S.1 GG geschützte Planungshoheit der Gemeinden. Diese darf durch Festlegungen in einem Raumordnungsplan nur so weit eingeschränkt werden, wie dies überörtliche Belange von höherem Gewicht erfordern.[101] Seinen Niederschlag findet diese begrenzte Steuerungsbefugnis der Raumordnung zum Beispiel in der Erkenntnis, dass das Kongruenzgebot und das Beeinträchtigungsverbot im Rahmen des zentralörtlichen Gliederungssystems wohl nicht isoliert betrachtet werden dürfen.[102]

Dass die mit Blick auf verfassungsrechtliche Anforderungen grundsätzlich begrenzte Detailschärfe von raumordnerischen Festlegungen mit dem Charakter der Ziele der Raumordnung als zwingende Rechtssätze mitunter nur schwer zu vereinbaren ist, liegt auf der Hand. Denn der durch § 3 Nr.2 ROG an Ziele der Raumordnung gestellte Anspruch der Verbindlichkeit sowie der Bestimmtheit oder zumindest Bestimmbarkeit kollidiert nahezu zwangsläufig mit der nur eingeschränkten Steuerungsbefugnis der Raumordnung. Der Grat zwischen einem wirksamen Ziel der Raumordnung und einer raumordnerischen Festlegung, die diesem Verbindlichkeits- und Bestimmtheitsanspruch nicht genügt und damit als bloßer Grundsatz der Raumordnung der Abwägung unterliegt, ist äußerst schmal.

Dieses Dilemma führt dazu, dass die Fälle, in denen die Existenz eines wirksamen Zieles der Raumordnung und der damit verbundene Verbots- oder Gebotstatbestand offensichtlich sind, eher die Ausnahme bilden

100 So *BVerfG,* Rechtsgutachten v. 16.06.1954 – 1 PBvV –, BVerfGE 3, 407 (424 f) für die Vorgängervorschrift.

101 Siehe dazu bereits oben S.33 f.

102 Vgl. oben S.54 f.

dürften. Im Regelfall wird hingegen erst im Rahmen einer vergleichsweise aufwändigen Auslegung zu ermitteln sein, ob eine Festlegung in einem Raumordnungsplan überhaupt als Ziel der Raumordnung zu qualifizieren ist und welche konkreten Ge- oder Verbotswirkungen, die Funktionszuweisungen an Nachbargemeinden schützen, damit verbunden sind.

b) Blick auf den Inhalt des geplanten Angebotes

Eine Gefährdung von nachbargemeindlichen Versorgungsfunktionen im Rahmen des zentralörtlichen Gliederungssystems kommt von vornherein nur dann in Betracht, wenn eine Bauleitplanung solche Angebote zum Gegenstand hat, deren Vorhaltung zumindest auch einer oder mehreren Nachbargemeinden zugewiesen ist. Für die Gegenstände des täglichen Bedarfes, also ein grundzentrales Angebot, folgt daraus ohne weiteres, dass sie – jedenfalls theoretisch – immer ein Konfliktpotential aufweisen. Denn die Nachbargemeinden haben ihrerseits zumindest den Status eines Grundzentrums.

Anders liegt es hingegen bei mittel- oder oberzentralen Angeboten. Hier können zentralörtliche Versorgungsfunktionen von Nachbargemeinden von vornherein nur dann gefährdet werden, wenn ihnen die Vorhaltung von mittel- oder oberzentralen Angeboten zugewiesen ist. Eine Bauleitplanung, die (ausschließlich) die Planung von mittel- oder oberzentralen Angeboten beinhaltet, ist daher nicht geeignet, die Versorgungsfunktionen von benachbarten Grundzentren zu gefährden.

c) Blick auf den Umfang des geplanten Angebotes

In einem zweiten Schritt ist zu prüfen, ob der als konfliktträchtig identifizierte Inhalt eines geplanten Angebotes seinem Umfang nach dazu geeignet ist, gleich- oder höherstufige Versorgungsfunktionen von Nachbargemeinden zu gefährden. Maßgebliches Kriterium bei dieser Prüfung dürfte die Frage sein, inwieweit die gegenständliche Planung zu einem Kaufkraftabfluss in der Nachbargemeinde führt. Denn die Kaufkraft ist unmittelbar maßgeblich für die Existenz des Einzelhandelsbetriebes und damit mittelbar für die Versorgung der Bevölkerung.

Für die Beurteilung der Frage, inwieweit eine Bauleitplanung zu einem Kaufkraftabfluss in einer Nachbargemeinde führen kann, kommt es wiederum entscheidend darauf an, wie groß die geplante Verkaufsfläche ist und wie gut man sie erreichen kann. Denn gerade diese beiden Kriterien prägen die Attraktivität eines Angebotes und fördern damit die Bereitschaft der Einwohner anderer Gemeinden, diesen neuen Standort als Einkaufsgelegenheit zu bevorzugen und damit die Existenz bzw. Entwicklungsmöglichkeiten[103] der Betriebe in den Kommunen, denen diese Versorgungsfunktion nach dem zentralörtlichen Gliederungssystem eigentlich zugewiesen ist, zu gefährden.

Sofern nicht schon auf Gesetzes- oder zumindest Verordnungsebene konkrete Zahlen vorgegeben werden, muss die Beantwortung der Frage, wann ein Kaufkraftabfluss die zentralörtlichen Versorgungsfunktionen einer Nachbargemeinde beeinträchtigt, letztlich der Rechtsprechung überlassen bleiben. Diese ist – wie in anderen Rechtsbereichen auch – zur abschließenden Auslegung der unbestimmten Rechtsbegriffe berufen.

Soweit darüber hinaus in der bisherigen Rechtsprechung Zahlenwerte benannt wurden,[104] können diese zwar auch bei der Anwendung des § 2 Abs.2 S.2 Hs.1 BauGB eine erste Orientierung bilden, jedoch ist zu berücksichtigen, dass diese alte Rechtsprechung einem anderen Grundverständnis des interkommunalen Abstimmungsgebotes entsprungen ist: Wegen der ausschließlichen Zuordnung der interkommunalen Abstimmung zum Abwägungsgebot, bedeuteten die in der Rechtsprechung erwähnten Prozentzahlen allenfalls Richtwerte. Mit dem Schutz von Funktionszuweisungen an Nachbargemeinden durch Ziele der Raumordnung und der damit verbundenen Aufwertung zu abwägungsresistenten Belangen müssen sich die Richtwerte zu Grenzwerten wandeln. Es bleibt abzuwarten, wie die Rechtsprechung mit dieser Herausforderung umgehen wird.

---

103 Zum Schutz des Soll-Zustandes durch § 2 Abs.2 S.2 Hs.1 BauGB siehe bereits oben S.56 f.

104 Vgl. zB *VGH Mannheim,* Urt. v. 05.04.2000 – 26 N 99.2961/26 u.a. –, BRS 63, 304 (309); *OVG Koblenz,* Beschl. v. 08.01.1999 – 8 B 1265098 –, BauR 1999, 367 (372). Siehe dazu auch unten S.104 f und S.116 ff.

3. Rückschlüsse für das Merkmal »benachbart« insbesondere im Hinblick auf grenzüberschreitende Auswirkungen einer Bauleitplanung

Da § 2 Abs.2 S.2 Hs.1 BauGB – wie die Verwendung des Wortes »dabei« zeigt – formal immer noch an § 2 Abs.2 S.1 BauGB anknüpft, kann sich eine andere Gemeinde nur dann auf zielförmige Funktionszuweisungen berufen, wenn sie im Sinne der letztgenannten Vorschrift »benachbart« ist. Wenn man allerdings einen Blick auf die vorstehenden Ausführungen zu den im Rahmen des § 2 Abs.2 S.2 Hs.1 BauGB relevanten Funktionszuweisungen bzw. deren Beeinträchtigung wirft,[105] so wird schnell deutlich, dass der Begriff der »Nachbarschaft« hier keine eigenständige Funktion erfüllt. Auf eine räumliche Nähe von planender Gemeinde und planbetroffener Gemeinde kommt es nicht entscheidend an.[106] Insoweit gilt also im Grundsatz nichts anderes als im Anwendungsbereich des § 2 Abs.2 S.1 BauGB.[107]

Während allerdings im Anwendungsbereich des § 2 Abs.2 S.1 BauGB die interkommunale Abstimmungspflicht unzweifelhaft nicht an Kreis-, Regions- und vor allen Dingen Landesgrenzen Halt macht,[108] erscheint die Übertragbarkeit dieses Befundes auf die Regelung in § 2 Abs.2 S.2 Hs.1 BauGB durchaus bedenklich. Denn anders als § 2 Abs.2 S.1 BauGB enthält § 2 Abs.2 S.2 Hs.1 BauGB im Ergebnis keinen bundeseinheitlichen Tatbestand. Die Rechtswirkungen dieser Vorschrift knüpfen vielmehr an die in Raumordnungsplänen enthaltenen Ziele der Raumordnung an. Es stellt sich daher die Frage, ob eine Gemeinde sich auch dann auf ihr zielförmig zugewiesene Funktionen berufen kann, wenn die planende Standortgemeinde im Geltungsbereich eines anderen Regionalplanes oder gar eines anderen landesweiten Raumordnungsplanes[109] liegt.

---

105 Siehe oben S.52 ff sowie soeben S.61 ff.

106 Dies schließt selbstverständlich nicht aus, das Kriterium der »Nachbarschaft« argumentativ für die Begrenzung des Kreises der iSd § 2 Abs.2 S.2 Hs.1 BauGB berufungsfähigen Funktionszuweisungen heranzuziehen; vgl. oben S.55.

107 Siehe dazu unten S.105 f.

108 *Jahn,* BayVBl 2000, 267 (268), *drs.,* GewArch 1997, 456 (459); *drs.,* LKV 1991, 258 (261); *Kopf,* Rechtsfragen bei der Ansiedlung von Einzelhandelsgroßprojekten, 2002, S.201 f. Siehe auch unten S.105 f.

109 Vgl. zu den Begriffen »Regionalplan« und »Landesweiter Raumordnungsplan« § 8 Abs.1 S.1 Nr.1 und Nr.2 ROG.

a) Überschreitung von Regionalplangrenzen (innerhalb desselben Bundeslandes)

Wirft man zunächst einen Blick auf die Ebene der Regionalplanung, so dürften sich Auswirkungen einer Bauleitplanung, die die Grenzen der Standortgemeinde überschreiten, regelmäßig als unproblematisch erweisen, wenn die beiden Regionen in demselben Bundesland liegen. Denn die im Rahmen des § 2 Abs.2 S.2 Hs.1 BauGB maßgeblichen Ziele der Raumordnung finden sich typischerweise[110] schon in der hochstufigen Landesplanung, also einem landesweiten Raumordnungsplan im Sinne des § 8 Abs.1 S.1 Nr.1 ROG. Die Standortgemeinde und die Nachbargemeinde sind in dieser Konstellation zumindest insoweit an identische Ziele der Raumordnung gebunden und im Sinne des § 2 Abs.2 S.2 Hs.1 BauGB aus ihnen berechtigt. Darüber hinaus ist zu beachten, dass die Regionalpläne gemäß § 8 Abs.2 S.1 ROG aus dem landesweiten Raumordnungsplan zu entwickeln sind, so dass auch auf der Regionalplanungsebene – jedenfalls bei einer rechtmäßigen Planung – Zieldivergenzen ausgeschlossen sind.

Etwas anderes dürfte hier allenfalls dann gelten, wenn die in einem Regionalplan enthaltenen Ziele der Raumordnung in dem Sinne »autonom« sind, dass sie keine Festlegungen des landesweiten Raumordnungsplanes wiederholen oder konkretisieren, sondern es sich vielmehr um rein regionale Funktionszuweisungen handelt. Wegen der weitgehenden Parallelität dieser Konstellation mit dem Fall, dass die Auswirkungen einer Bauleitplanung die Grenze eines Bundeslandes überschreiten, kann hier insoweit auf den folgenden Gliederungspunkt verwiesen werden.

b) Überschreitung von Landesgrenzen

Als weitaus problematischer erweist sich eine Berufungsfähigkeit und Beeinträchtigung von raumordnerisch zugewiesenen Funktionen, wenn die planende Standortgemeinde und die mit raumordnerischen Funktionen ausgestattete Nachbargemeinde in unterschiedlichen Bundesländern liegen. Da der unmittelbare Geltungsbereich des landesweiten Raumordnungsplanes und der aus ihm entwickelten Regionalpläne auf das jeweilige Landesgebiet beschränkt ist, sind hier Konstellationen denkbar, in denen

110 Vgl. die Beispiele oben S.50 f.

die Bauleitplanung der Standortgemeinde zwar den raumordnerischen Vorgaben des eigenen Landes und der eigenen Region genügen mag, jedoch Bedenken im Hinblick auf die raumordnerisch zugewiesenen Funktionen einer anderen Gemeinde in einem angrenzenden Bundesland bestehen.

aa) Raumordnerische Festlegungen des Auswirkungsortes als Prüfungsmaßstab

Um die vorstehend aufgeworfene Fragestellung zu erhellen, muss man sich zunächst einmal vergegenwärtigen, welche Raumordnungspläne – genauer: welche Funktionszuweisungen durch Ziele der Raumordnung in Raumordnungsplänen – im Hinblick auf ihren räumlichen Geltungsbereich überhaupt im Sinne des § 2 Abs.2 S.2 Hs.1 BauGB für Gemeinden berufungsfähig sind. Jedenfalls theoretisch ist hier nämlich denkbar, dass sich eine Gemeinde entweder auf Funktionszuweisungen in den für ihr Gemeindegebiet geltenden Raumordnungsplänen beruft, oder aber, dass sie Ziele der Raumordnung aus Raumordnungsplänen geltend macht, die für das Gebiet der planenden Gemeinde aufgestellt sind.

Ein Blick auf den Wortlaut des § 2 Abs.2 S.2 Hs.1 BauGB macht hier aber schnell deutlich, dass nur die für ihr eigenes Gemeindegebiet unmittelbar geltenden Raumordnungspläne für eine Nachbargemeinde berufungsfähig sind.[111] Wenn es in § 2 Abs.2 S.2 Hs.1 BauGB heißt, dass Gemeinden sich »auch auf die *ihnen* durch Ziele der Raumordnung zugewiesenen Funktionen (…) berufen«[112] können, scheiden Raumordnungspläne für andere Planungsräume zwangsläufig als berufungsfähige Rechtspositionen aus. Die Raumordnungsbehörden, die für das Gebiet der planenden Standortgemeinde zuständig sind, verfügen insoweit offensichtlich nicht über die Rechtsmacht, Gemeinden außerhalb ihres Zuständigkeitsbereiches Funktionen zuzuweisen.

---

111 Ebenso im Erg. *OVG Lüneburg,* Beschl. v. 30.11.2005 – 1 ME 172/05 –, NVwZ-RR 2007, 7 (12 f); *Uechtritz,* in: Spannowsky/Uechtritz, BauGB, 2009, § 2 Rn.38; *Gierke,* in: Brügelmann, BauGB, Stand April 2009, § 2 Rn.74.

112 Hervorhebung durch den Verfasser.

bb) Bindung der Standortgemeinde an Funktionszuweisungen durch »fremde« Ziele der Raumordnung

Wenn für die Nachbargemeinde nur solche Funktionszuweisungen berufungsfähig sind, die sich aus den für ihr eigenes Gemeindegebiet geltenden Zielen der Raumordnung ableiten lassen, kann die Steuerungswirkung des § 2 Abs.2 S.2 Hs.1 BauGB nur dann eintreten, wenn die planende Standortgemeinde in irgendeiner Form – gleichsam als Kehrseite – aus eben diesem Ziel der Raumordnung verpflichtet wird. Das Gebot des § 1 Abs.4 BauGB, welches Gemeinden objektiv-rechtlich dazu verpflichtet, ihre Bauleitplanungen den Zielen der Raumordnung anzupassen,[113] greift in dieser Konstellation nicht. Denn die Zielanpassungspflicht nach § 1 Abs.4 BauGB muss bereits aus kompetenzrechtlichen Gründen auf den unmittelbaren Geltungsbereich des jeweiligen Raumordnungsplanes beschränkt sein.[114]

Fraglich ist jedoch, ob nicht § 2 Abs.2 S.2 Hs.1 BauGB selbst den Rechtskreis der Nachbargemeinde dergestalt erweitert, dass nicht nur raumordnerische Funktionszuweisungen in ihren eigenen Raumordnungsplänen für sie berufungsfähig werden, sondern vielmehr auch eine von § 1 Abs.4 BauGB unabhängige Bindung der planenden Gemeinde an »fremde« Raumordnungspläne begründet wird. Denn es liegt auf der Hand, dass die Schutzwirkungen des § 2 Abs.2 S.2 Hs.1 BauGB nur unvollständig wären, wenn sie an den Landesgrenzen Halt machen würden.

(1) Die Bejahung der vorstehenden Frage könnte bereits daran scheitern, dass die Bindungswirkungen eines Raumordnungsplanes sich in einem solchen Fall nicht auf seinen eigentlichen Geltungsbereich beschränken, sondern auch planende Gemeinden außerhalb seines Geltungsbereiches erfassen würden. Diesen Bedenken ist aber zunächst einmal entgegenzuhalten, dass die Bindung der planenden Gemeinde an Rechtssätze und tatsächliche Gegebenheiten, die ihren Ursprung in einem anderen Planungsraum finden, auch im Übrigen dem Wesen der interkommunalen Abstimmung nach § 2 Abs.2 BauGB entspricht. Für § 2 Abs.2 S.1 BauGB

113 Siehe dazu oben S.29 ff.

114 Vgl. *OVG Koblenz,* Urt. v. 25.04.2001 – 8 A 11441/00 –, NVwZ-RR 2001, 638 (640); *Reidt,* BauR 2002, 562 (565).

ist die Berücksichtigung »außergemeindlicher« Belange gerade charakteristisch.

Dieser Sichtweise wird man ferner kaum mit dem Argument begegnen können, dass sich im Anwendungsbereich des § 2 Abs.2 S.1 BauGB zwei von ihrer Rechtsstellung her gleichgeordnete Gemeinden begegnen, während sich die Nachbargemeinde im Anwendungsbereich des § 2 Abs.2 S.2 Hs.1 BauGB gleichsam unter den »Schutzmantel« eines übergeordneten Planungsträgers, also des Trägers der Landes- oder Regionalplanung, begibt. Denn durch § 2 Abs.2 S.2 Hs.1 BauGB wird den durch Ziele der Raumordnung zugewiesenen Funktionen – letztlich fiktiv – der Rang von städtebaulichen Belangen beigemessen. Wenn das Ziel der Raumordnung mittels dieser Fiktion letztlich seinen Charakter als rein landes- oder regionalplanerische Festlegung verliert, ist die aus § 2 Abs.2 S.2 Hs.1 BauGB folgende Verpflichtung der planenden Gemeinde formal mit dem Zielanpassungsgebot aus § 1 Abs.4 BauGB nicht mehr vergleichbar, sondern es stehen sich wieder – wie auch für § 2 Abs.2 S.1 BauGB charakteristisch – abstrakt gleichgeordnete Belange gegenüber.

(2) Problematisch ist allerdings, dass die abstrakte Gleichordnung im vorstehenden Sinne durch den Status des § 2 Abs.2 S.2 Hs.1 BauGB als zwingender Rechtssatz[115] sofort wieder in Frage gestellt wird. Im Rahmen des § 2 Abs.2 S.2 Hs.1 BauGB findet – jedenfalls in den bisher betrachteten Fällen – eben keine Abwägung statt, sondern eine Bauleitplanung, die eine raumordnerisch zugewiesene Funktion einer Nachbargemeinde beeinträchtigt, ist automatisch rechtswidrig. Dieser Befund führt dazu, dass die Pflichten der planenden Standortgemeinde zwar formal nicht mehr mit dem Zielanpassungsgebot aus § 1 Abs.4 BauGB vergleichbar sein mögen, aber über § 2 Abs.2 S.2 Hs.1 BauGB letztlich doch eine identische Bindungswirkung begründet würde. Für die planende Gemeinde spielt es im Ergebnis keine Rolle, ob sie ein unmittelbar an sie adressiertes Ziel der Raumordnung wegen § 1 Abs.4 BauGB beachten muss oder ob sie an Ziele der Raumordnung in »fremden« Raumordnungsplänen (nur) durch § 2 Abs.2 S.2 Hs.1 BauGB gebunden ist. Es geht für die Standortgemeinde also im Rahmen des § 2 Abs.2 S.2 Hs.1 BauGB um weitaus mehr

115 Siehe dazu oben S.41.

als die bloße Berücksichtigung faktischer Auswirkungen ihrer Bauleitplanung auf fremde Planungen im Rahmen der Abwägung.

Es spricht daher einiges dafür, die planende Gemeinde bei einer Landesgrenzen überschreitenden Auswirkung ihrer Bauleitplanung nicht mit den ansonsten für § 2 Abs.2 S.2 Hs.1 BauGB charakteristischen strikten Rechtsfolgen zu belegen, sondern insoweit nur eine abwägende Berücksichtigung der den Nachbargemeinden raumordnerisch zugewiesenen Funktionen zu fordern.[116]

(3) Gestützt wird die These von einer »reduzierten« Bindung der planenden Gemeinde im Rahmen des § 2 Abs.2 S.2 Hs.1 BauGB bei Landesgrenzen überschreitenden Auswirkungen einer Bauleitplanung auch durch den Umstand, dass die in den Raumordnungsplänen verwendeten Regelungsmodelle – auch im Hinblick auf die Ansiedlung von großflächigem Einzelhandel – variieren. Zwar mögen die Formulierungen der einzelnen Plansätze häufig ähnlich lauten, jedoch führt das – trotz der Verpflichtung aus § 7 Abs.3 ROG, Raumordnungspläne benachbarter Planungsräume aufeinander abzustimmen – im Regelfall nicht zu homogenen Planungen in dem Sinne, dass die mit raumordnerischen Funktionszuweisungen verbundenen Gebote und Verbote länderübergreifend kein Konfliktpotential mehr aufweisen. Es agieren nämlich weiterhin zwei Planungsträger, die im Rahmen ihrer planerischen Gestaltungsfreiheit insoweit auch unterschiedliche Schwerpunkte setzen können.

Sofern allerdings die raumordnerischen Funktionszuweisungen in zwei benachbarten Planungsräumen dergestalt aufeinander abgestimmt sind, dass sich ein zumindest weitgehend homogenes Gesamtbild ergibt, erscheint es gerechtfertigt, grenzüberschreitende Auswirkungen einer Bauleitplanung auf raumordnerisch zugewiesene Funktionen einer Nachbargemeinde zwar immer noch formal als nur abwägungsrelevanten Belang anzusehen, jedoch faktisch aus dieser Auswirkung bereits eine Unzumutbarkeit bzw. Rücksichtslosigkeit[117] der Planung zu Lasten der Nachbargemeinde herzuleiten.

---

116 Ähnlich wohl *Gierke*, in: Brügelmann, BauGB, Stand April 2009, § 2 Rn.75.

117 Zur Maßgeblichkeit dieser Kriterien im Rahmen des § 2 Abs.2 S.1 BauGB siehe unten S.108 ff.

(4) Die – wenn auch reduzierte – Bindung der planenden Gemeinde an Funktionszuweisungen in »fremden« Raumordnungsplänen im Rahmen des § 2 Abs.2 S.2 Hs.1 BauGB unterliegt im Übrigen auch im Hinblick auf die Gesetzgebungskompetenz des Bundes keinen Bedenken. Denn das Regelungsziel des § 2 Abs.2 S.2 Hs.1 BauGB besteht – wie auch bei § 2 Abs.2 S.1 BauGB – ausschließlich darin, die planerische Gestaltungsfreiheit von Gemeinden im Interesse einer geordneten städtebaulichen Entwicklung der Nachbargemeinden zu beschränken. Auch wenn § 2 Abs.2 S.2 Hs.1 BauGB für diesen Zweck die Raumordnung fruchtbar macht, bewegt sich die Regelung damit immer noch im Kompetenztitel des Art.74 Abs.1 Nr.18 BauGB, wonach dem Bund eine konkurrierende Gesetzgebungskompetenz für das Bodenrecht zusteht.

(5) Ebenso bestehen keine rechtlichen Bedenken im Hinblick auf einen möglichen Eingriff in die Eigenstaatlichkeit der Länder bzw. in die (einfachgesetzlichen) Kompetenzen der Regionen. Zwar wird den Trägern der Raumordnungsplanung über § 2 Abs.2 S.2 Hs.1 BauGB die Möglichkeit eröffnet, die Steuerungswirkungen ihrer Planungen – im weitesten Sinne – auf Gebiete außerhalb ihres eigentlichen Zuständigkeitsbereiches zu erstrecken, jedoch wurde bereits ausgeführt, dass die Wirkungen der Ziele der Raumordnung im Rahmen des § 2 Abs.2 S.2 Hs.1 BauGB in der hier betrachteten Konstellation gerade nicht in einer umfassenden Anpassungspflicht nach § 1 Abs.4 BauGB bestehen, sondern mit der Funktionszuweisung insoweit (fiktiv) nur ein nachbargemeindlicher Belang begründet wird, den die planende Gemeinde im Rahmen der Abwägung zu berücksichtigen hat. Den Trägern der Raumordnungsplanung wird durch § 2 Abs.2 S.2 Hs.1 BauGB bei Annahme einer grenzüberschreitenden Wirkung von raumordnerischen Funktionszuweisungen also keine Kompetenz in dem Sinne eingeräumt, dass sie damit Raumordnung auf fremdem Terrain betreiben könnten. Sie erhalten vielmehr ausschließlich die Möglichkeit, »ihren« Gemeinden Funktionen zuzuweisen und damit die Bauleitplanungen in Gemeinden außerhalb ihres Planungsgebietes mittelbar zu beeinflussen.

Sollte ein Träger der Raumordnungsplanung versuchen, den § 2 Abs.2 S.2 Hs.1 BauGB gleichsam zu instrumentalisieren, indem er den (grenznahen) Gemeinden in seinem Gebiet bewusst besonders »sensible« Funktionen zuweist, so werden planungswillige Gemeinden in benachbarten Planungsräumen hinreichend durch § 7 Abs.2 und Abs.3 ROG geschützt. Denn derart »protektionistische« Raumordnungspläne würden zwangsläufig gegen das raumordnerische Abwägungsgebot (§ 7 Abs.2 ROG), dessen Ausprägung das raumordnerische Abstimmungsgebot (§ 7 Abs.3 ROG) ist, verstoßen.

V. Einredecharakter des § 2 Abs.2 S.2 Hs.1 BauGB und Darlegungslasten

1. Erfordernis des Berufens

Gemäß § 2 Abs.2 S.2 Hs.1 BauGB können sich (Nachbar-)Gemeinden bei der interkommunalen Abstimmung auch auf die ihnen durch Ziele der Raumordnung zugewiesenen Funktionen *berufen.* Die Bedeutung des Begriffes »Berufen« in diesem Kontext liegt nicht offensichtlich auf der Hand. Denn nach den allgemeinen Grundsätzen des Abwägungsgebotes sind öffentliche und private Belange bereits dann bei der Aufstellung des Bauleitplanes zu berücksichtigen, wenn sie als schutzwürdig und mehr als geringwertig *erkennbar* sind;[118] die ausdrückliche Geltendmachung des Belanges durch einen Träger öffentlicher Belange oder einen Privatbetroffenen ist hingegen nicht erforderlich. Es stellt sich daher die Frage, ob das Erfordernis des Berufens im Sinne des § 2 Abs.2 S.2 Hs.1 BauGB über die Anforderungen hinausgeht, die üblicherweise bei der Aufstellung von Bauleitplänen für die Beachtung von zwingenden Rechtssätzen bzw. die Berücksichtigung von Belangen gelten.

Blickt man zunächst auf den Wortlaut der Vorschrift, so spricht dieser dafür, die Frage zu bejahen. Denn der Terminus »Berufen« deutet ohne weiteres darauf hin, dass der Nachbargemeinde ein aktives Handeln abverlangt wird und die bloße Erkennbarkeit der Beeinträchtigung der Funktionszuweisung durch ein Ziel der Raumordnung nicht genügt. Der vom Gesetzgeber gewählten Formulierung nach handelt es sich bei § 2 Abs.2 S.2 Hs.1 BauGB also um einen Einredetatbestand, der seine materiell-

118 *BVerwG,* Beschl. v. 09.11.1979 – 4 N 1.78 –, BVerwGE 59, 87 (103); *Krautzberger,* in: Battis/Krautzberger/Löhr, BauGB, 2009, § 1 Rn.116; *Hoppe,* in: Hoppe/Bönker/Grotefels, Öffentliches Baurecht, 2004, § 5 Rn.49.

rechtlichen Wirkungen erst dann entfaltet, wenn die betroffene Nachbargemeinde ihn geltend macht.

Dem vorstehenden Zwischenbefund steht auch nicht entgegen, dass die planende Gemeinde bereits auf Grund von § 1 Abs.4 BauGB von Amts wegen dazu verpflichtet ist, die Ziele der Raumordnung – und damit auch die über § 2 Abs.2 S.2 Hs.1 BauGB zu Gunsten der Nachbargemeinden subjektivierten Funktionszuweisungen dieser Ziele der Raumordnung – zu beachten. Denn der eigentliche Regelungsgehalt der neuen Vorschrift besteht – wie an anderer Stelle bereits ausgeführt[119] – gerade darin, die jedenfalls nach überwiegender Auffassung grundsätzlich nur im öffentlichen Interesse stehenden Ziele der Raumordnung ausnahmsweise der kommunalen Planungshoheit zuzuordnen. Diesem Regel-Ausnahme-Verhältnis entspricht es aber, wenn der Nachbargemeinde ein aktive Handlungspflicht auferlegt wird, die über die grundsätzlichen Anforderungen bei der Aufstellung von Bauleitplänen hinausgeht. Bleibt die Nachbargemeinde im Verfahren der Bauleitplanung untätig, so verliert sie ihr materielles Recht aus § 2 Abs.2 S.2 Hs.1 BauGB.[120]

Nun könnte man noch einwenden, dass die zweite Alternative des § 2 Abs.2 S.2 BauGB, die Auswirkungen auf zentrale Versorgungsbereiche zum Maßstab der interkommunalen Abstimmung erklärt, dem Wortlaut nach zwar ebenfalls ein Berufen seitens der Nachbargemeinde erfordert, aber gleichwohl anerkannt ist, dass dieser Vorschrift kein eigenständiger Regelungsgehalt zukommt, sondern die insoweit einschlägigen Fallkonstellationen bereits von § 2 Abs.2 BauGB a.F. erfasst waren[121] und damit die allgemeinen Anforderungen des Abwägungsgebotes gelten. Diesem Einwand ist aber die bereits festgestellte Ambivalenz des neu gefassten § 2 Abs.2 BauGB entgegenzuhalten. Die Vorschrift findet ihren Hintergrund nicht (mehr) ausschließlich im Abwägungsgebot, sondern sie ist vielmehr materiell-rechtlich um einen zwingenden Rechtssatz angereichert worden.

---

119 Siehe oben S.35 f.

120 Dies bedeutet allerdings nicht, dass das in Rede stehende Ziel der Raumordnung gar nicht mehr Gegenstand einer gerichtlichen Kontrolle sein kann. Wenn die Gemeinde oder ein Dritter nämlich aus anderen Gründen in einem Normenkontrollverfahren klagebefugt ist, wird der Bebauungsplan einer umfassenden Rechtskontrolle unterzogen. Diese Prüfung schließt die Frage nach der Vereinbarkeit des Bebauungsplanes mit der Zielanpassungspflicht nach § 1 Abs.4 BauGB ein.

121 Siehe dazu sogleich unten S.77 ff.

Angesichts dieses Befundes ist es auch systematisch nicht inkonsequent, wenn dem Merkmal »Berufen« in § 2 Abs.2 S.2 BauGB in den beiden Alternativen dieser Vorschrift ein unterschiedlicher Bedeutungsinhalt zukommt.

2. Darlegungslasten

Indem § 2 Abs.2 S.2 Hs.1 BauGB von der Nachbargemeinde verlangt, sich auf die raumordnerisch zugewiesene Funktion zu berufen, wird ihr damit zugleich eine Darlegungslast aufgebürdet. Diese Darlegungslast bedeutet allerdings nicht, dass die Nachbargemeinde im Einzelnen die Beeinträchtigung der ihr durch ein Ziel der Raumordnung zugewiesenen Funktion darlegen muss. Für die Wahrung ihrer Rechte aus § 2 Abs.2 S.2 Hs.1 BauGB dürfte vielmehr genügen, dass die Nachbargemeinde im Verfahren der Bauleitplanung ausdrücklich auf die Funktionszuweisung hinweist und dabei Tatsachen darlegt, die die Beeinträchtigung dieser Funktion zumindest möglich erscheinen lassen. Überspringt die Nachbargemeinde diese erste Hürde, obliegt es wiederum der planenden Gemeinde, die Wahrung des maßgeblichen Zieles der Raumordnung nachzuweisen. Denn nur so wird gewährleistet, dass das mit § 2 Abs.2 S.2 Hs.1 BauGB verfolgte Ziel, die Rechtsposition der Nachbargemeinden bei der Aufstellung von Bauleitplänen zu stärken, nicht nur in der Theorie besteht, sondern auch tatsächlich erreicht wird.

B. Berufungsfähigkeit der Auswirkungen auf zentrale Versorgungsbereiche

Nachdem festgestellt wurde, dass die in § 2 Abs.2 S.2 Hs.1 BauGB in Bezug genommenen Funktionszuweisungen durch Ziele der Raumordnung nicht nur einen abwägungserheblichen Belang darstellen, sondern es sich insoweit um einen abwägungsresistenten, zwingenden Rechtssatz handelt, stellt sich nun noch die Frage, ob sich dieser Befund auch auf die zweite Alternative der neuen Vorschrift, also auf die ebenfalls berufungsfähigen Auswirkungen auf die zentralen Versorgungsbereiche einer Nachbargemeinde, übertragen lässt.

Zunächst einmal ist hierzu festzustellen, dass hinter dem Begriff der zentralen Versorgungsbereiche kein gleichsam externes Rechtsregime steht.

Anders als die Ziele der Raumordnung, die als materielle Rechtsnormen eine Anpassungspflicht bzw. Beachtungspflicht auslösen (§ 1 Abs.4 BauGB, § 4 Abs.1 ROG), sind die zentralen Versorgungsbereiche nicht aus sich heraus vollzugsfähig. Vielmehr handelt es sich beim zentralen Versorgungsbereich um einen unbestimmten Rechtsbegriff, der nur als Bestandteil anderer Rechtsnormen, namentlich §§ 9 Abs.2a, 34 Abs.3 BauGB sowie § 11 Abs.3 S.2 BauNVO Rechtsfolgen auslöst. Anders als die erste Alternative der neuen Vorschrift nimmt der § 2 Abs.2 S.2 Hs.2 BauGB somit keinen zwingenden Rechtssatz in Bezug, der die Bauleitplanung schon für sich unmittelbar bindet.

Nun könnte man erwägen, ob eventuell dem § 2 Abs.2 S.2 Hs.2 BauGB selbst für die zentralen Versorgungsbereiche die Aufgabe zukommt, die bei Zielen der Raumordnung der § 1 Abs.4 BauGB bzw. der § 4 Abs.1 ROG erfüllt. Bei näherem Hinsehen bietet die Regelung hierfür allerdings keinerlei Anhaltspunkte. Der § 2 Abs.2 S.2 Hs.2 BauGB beschränkt sich auf die Aussage, dass sich eine Gemeinde auch auf die Auswirkungen einer fremden Bauleitplanung auf ihre zentralen Versorgungsbereiche berufen kann. Eine bestimmte Ge- oder Verbotswirkung, wie sie für Ziele der Raumordnung oder allgemein zwingende Rechtssätze existiert, lässt sich aus dieser Formulierung indessen nicht ableiten. Für diese Sichtweise spricht auch, dass der Begriff des zentralen Versorgungsbereiches als solcher nur einen tatsächlichen Ist-Zustand beschreibt,[122] während die Ziele der Raumordnung einen planerischen Soll-Zustand vorgeben, der mit der aktuellen Realität nicht zwangsläufig deckungsgleich sein muss.

Im Übrigen war bereits vor der Neufassung des interkommunalen Abstimmungsgebotes in § 2 Abs.2 BauGB anerkannt, dass der Schutz zentraler Versorgungsbereiche einen städtebaulichen Belang darstellen konnte, dessen Berücksichtigung eine Nachbargemeinde im Rahmen der interkommunalen Abstimmung einfordern konnte.[123] Anders als die Subjektivierung von Zielen der Raumordnung durch § 2 Abs.2 S.2 Hs.1 BauGB begründet die Inbezugnahme der zentralen Versorgungsbereiche somit keine neuen Rechte der Nachbargemeinden. Im Ergebnis ist somit davon

122 Zur Frage, ob und inwieweit durch § 2 Abs.2 S.2 Hs.2 BauGB auch erst geplante zentrale Versorgungsbereiche geschützt werden, siehe unten S.92 ff.

123 Vgl. *Battis,* in: Battis/Krautzberger/Löhr, BauGB, 8. Aufl. 2002, § 2 Rn.9; *Reidt,* in: Gelzer/Bracher/Reidt, Bauplanungsrecht, 6. Aufl. 2001, Rn.704.

auszugehen, dass die in § 2 Abs.2 S.2 Hs.2 BauGB genannten Auswirkungen auf zentrale Versorgungsbereiche nur abwägungserhebliche Belange darstellen. Auf sie wird daher an anderer Stelle zurückzukommen sein.[124]

124 Siehe dazu unten S.95 f.

§ 7 Abstimmung im Rahmen der Abwägung

Sofern eine Funktionszuweisung im Sinne des § 2 Abs.2 S.2 Hs.1 BauGB, mit der der grundsätzliche Status eines zwingenden Rechtssatzes begründet wird, nicht vorliegt, unterfallen nachbargemeindliche Belange dem allgemeinen Abwägungsgebot in § 1 Abs.7 BauGB. Der § 2 Abs.2 S.1 BauGB und auch der § 2 Abs.2 S.2 Hs.2 BauGB stellen insoweit nur eine besondere Betonung der Abwägungsrelevanz von nachbargemeindlichen Belangen dar.[1] Im Folgenden soll daher zunächst ein allgemeiner Blick auf den Inhalt und die Struktur des Abwägungsgebotes bei der Aufstellung von Bauleitplänen geworfen werden, um anschließend der Frage nachzugehen, wie sich die interkommunale Abstimmung im Einzelnen in dieses System einordnen lässt.

A. Anforderungen an die Abwägung im Überblick

I. § 1 Abs.6 BauGB a.F. und seine richterrechtliche Ausgestaltung bis zum Inkrafttreten des EAG Bau 2004

Gemäß § 1 Abs.6 BauGB a.F. und dem wortgleichen § 1 Abs.7 BauGB sind »bei der Aufstellung der Bauleitpläne (...) die öffentlichen und privaten Belange gegeneinander und untereinander gerecht abzuwägen«. Bis zum Inkrafttreten des EAG Bau 2004 wurde diesen Anforderungen nach der Rechtsprechung des Bundesverwaltungsgerichts genüge getan, wenn

(1) eine Abwägung überhaupt stattfand,

(2) alle Belange in die Abwägung eingestellt wurden, die nach Lage der Dinge in sie eingestellt werden mussten,

(3) die Bedeutung der betroffenen Belange erkannt wurde und

(4) der Ausgleich zwischen den von der Planung berührten Belangen nicht in einer Weise vorgenommen wurde, der zur objektiven Gewichtigkeit einzelner Belange außer Verhältnis steht.[2]

1 Siehe oben S.47.
2 *BVerwG*, Urt. v. 12.12.1969 – IV C 105.66 –, BVerwGE 34, 301 (309).

Strukturell ließ sich die Abwägung im Sinne des § 1 Abs.7 BauGB also in drei Phasen aufgliedern:[3] Die erste Phase verlangt, die abwägungsrelevanten Belange zu ermitteln. In der zweiten Phase ist die Bedeutung der als abwägungsrelevant erkannten Belange zu bestimmen, dass heißt, es ist ihre objektive Gewichtigkeit zu identifizieren. In einem letzten Schritt muss schließlich ein Ausgleich zwischen den widerstreitenden Belangen gefunden werden, der einzelne Belange nicht in unzumutbarer Weise unberücksichtigt lässt.[4] Das Erfordernis, überhaupt eine Abwägung durchzuführen, findet sich in dieser Struktur nicht wieder, weil die Nicht-Abwägung zwangsläufig keine eigene Abwägungsstufe bilden kann;[5] der (vollständige) Abwägungsausfall kennzeichnet insoweit ausschließlich einen Abwägungsfehler und kein (positives) Gebot.

Trotz einiger Unstimmigkeiten im Detail bestand bis zum Inkrafttreten des EAG Bau 2004 Einigkeit, dass das bis dahin in § 1 Abs.6 BauGB a.F. geregelte Abwägungsgebot in seiner Gesamtheit – also sowohl hinsichtlich des Abwägungsvorganges als auch hinsichtlich des Abwägungsergebnisses – als materiell-rechtliche Anforderung an die Rechtmäßigkeit des Bebauungsplanes zu qualifizieren war.[6] Die verfahrensmäßige Absicherung des materiellen Abwägungsgebotes sollte hingegen durch die Vorgaben der Öffentlichkeits- und Behördenbeteiligung gewährleistet werden.[7]

3 Teilweise wird auch von einem zweigliedrigen (so insb. *Dreier,* Die normative Steuerung der planerischen Abwägung, 1995, S.59 ff) oder viergliedrigen Abwägungsmodell (so insb. *Hoppe,* in: Hoppe/Bönker/Grotefels, Öffentliches Baurecht, 2004, § 5 Rn.36 ff) ausgegangen, wobei im erstgenannten Fall die Phasen der Gewichtung und des Ausgleichs als Einheit betrachtet werden und im letztgenannten Fall zwischen die Ermittlungs- und die Gewichtungsphase noch eine gesonderte Einstellungsstufe eingeschoben wird. Im Folgenden soll auf die verschiedenen Modelle nicht näher eingegangen werden, sondern es erfolgt eine Orientierung an dem überwiegend vertretenen, dreigliedrigen Modell.

4 Vgl. zur Unterteilung in die Phasen der Ermittlung, der Gewichtung und des Ausgleichs nur *Erbguth,* JZ 2006, 484 (488); *Pieper,* Jura 2006, 817 (817).

5 Ebenso *Erbguth,* JZ 2006, 484 (488).

6 Vgl. nur *Bönker,* in: Hoppe/Bönker/Grotefels, Öffentliches Baurecht, 2004, § 3 Rn.105; *Erbguth,* JZ 2006, 484 (489).

7 Vgl. nur *Battis,* in: Battis/Krautzberger/Löhr, BauGB, 8. Aufl. 2002, § 2 Rn.9; *Reidt,* in: Gelzer/Bracher/Reidt, Bauplanungsrecht, 6. Aufl. 2001, Rn.690.

II. Modifikation des § 1 Abs.7 BauGB durch § 2 Abs.3 BauGB als »Verfahrensgrundnorm«

Obgleich der § 1 Abs.6 BauGB a.F. nach dem Inkrafttreten des EAG Bau 2004 in § 1 Abs.7 BauGB eine wortgleiche Entsprechung gefunden hat, könnte die rechtliche Qualität seiner Anforderungen dennoch modifiziert worden sein. Denn in § 2 Abs.3 BauGB heißt es nunmehr, dass »bei der Aufstellung der Bauleitpläne (...) die Belange, die für die Abwägung von Bedeutung sind (Abwägungsmaterial) zu ermitteln und zu bewerten (sind)«. Da die neue Vorschrift im Gesetzgebungsverfahren als »Verfahrensgrundnorm« bezeichnet wurde,[8] könnte die Neuregelung den bisher rein materiell-rechtlichen Charakter der Anforderungen des Abwägungsgebotes modifiziert haben. Konkret geht es dabei um die Frage, ob die bisherigen Phasen des Ermittelns und Gewichtens der abwägungsrelevanten Belange nur noch dem formellen Verfahrensrecht zuzuordnen sind.

1. Vorab: Blick auf die Terminologie

Vergleicht man zunächst die bisherige Terminologie zum Abwägungsgebot mit dem neuen Wortlaut des § 2 Abs.3 BauGB, so fällt auf, dass der Gesetzgeber den Begriff »Ermitteln« in § 2 Abs.3 BauGB übernommen hat, wohingegen der Terminus »Gewichten« keine Verwendung findet. Stattdessen verlangt der § 2 Abs.3 BauGB insoweit eine »Bewertung« der Belange.

Trotz der Divergenz der Begrifflichkeiten wird man dennoch davon ausgehen können, dass der Gesetzgeber mit dem Terminus »Bewerten« die Phase des Gewichtens der Belange im Sinne des (alten) Abwägungsgebotes aufgreifen wollte.[9] Dafür spricht zum einen, dass ausweislich der Gesetzesbegründung mit § 2 Abs.3 BauGB keine zusätzliche materiell- oder verfahrensrechtliche Anforderung an die Abwägung begründet werden sollte, sondern vielmehr »inhaltlich (...) die Vorschrift der bisherigen sich aus dem Abwägungsgebot ergebenden Rechtslage, nach der die Berücksichtigung aller bedeutsamen Belange in der Abwägung zunächst deren

8 BT-Drs. 15/2250, S.42.

9 So auch *Erbguth,* JZ 2006, 484 (491); *Battis,* in: Battis/Krautzberger/Löhr, BauGB, 2009, § 2 Rn.5; kritisch hingegen *Hoppe,* in: Hoppe/Bönker/Grotefels, Öffentliches Baurecht, 2004, § 5 Rn.2.

ordnungsgemäße Ermittlung und zutreffende Bewertung voraussetzt, (entspricht)«.[10]

Darüber hinaus ist zum anderen zu beachten, dass der bisher regelmäßig verwendete Begriff des »Gewichtens« letztlich ein Produkt der Rechtsfortbildung durch die Literatur und vor allen Dingen die Rechtsprechung darstellt. Eine ausdrückliche schriftliche Kodifizierung dieser Phase des Abwägungsprozesses ist hingegen bisher noch nicht erfolgt. Aus diesem Grunde mag der Rückgriff auf das Wort »Bewerten« zwar Irritationen hervorrufen,[11] zu einem Widerspruch zum (geschriebenen) Gesetzesrecht führt dieses Vorgehen jedoch nicht. Der Gesetzgeber war in keiner Weise gehindert, die bisher übliche Terminologie zum Abwägungsgebot durch seine eigene Wortwahl, die sich ihrerseits an Vorgaben des Europarechts orientiert,[12] zu überlagern.

Im Ergebnis ist daher davon auszugehen, dass die Vorgänge des Ermittelns und Bewertens von Belangen im Sinne des § 2 Abs.3 BauGB inhaltlich mit den Phasen des Ermittelns und Gewichtens im Sinne des bisherigen Abwägungsgebotes gleichzusetzen sind.

2. Verfahrensrechtlicher Ansatz

Nachdem festgestellt wurde, dass die inhaltlichen Anforderungen des § 2 Abs.3 BauGB mit denen der beiden ersten Phasen des (alten) Abwägungsgebotes identisch sind, gilt es nunmehr zu überprüfen, ob damit das Abwägungsgebot im Sinne des § 1 Abs.7 BauGB zugleich um diese beiden Anforderungen verschlankt worden ist. Dieses wäre der Fall, wenn den Phasen des Ermittelns und Gewichtens bzw. Bewertens der Belange durch § 2 Abs.3 BauGB insgesamt ein ausschließlich formeller, verfahrensrechtlicher Charakter verliehen worden wäre.

Für diese Sichtweise spricht – jedenfalls auf den ersten Blick – zunächst die Gesetzesbegründung. Diese tituliert den neuen § 2 Abs.3 BauGB nicht nur als »Verfahrensgrundnorm«,[13] sondern sie führt darüber hinaus aus, dass »*anstelle* der bisherigen Überprüfung des Abwägungsvorgangs an die

10 BT-Drs. 15/2250, S.42.

11 Vgl. *Battis,* in, Battis/Krautzberger/Löhr, BauGB, 2009, § 2 Rn.5.

12 Vgl. BT-Drs. 15/2550, S.31 f; *Kment,* AöR 2005, 570 (572, 590).

13 BT-Drs. 15/2550, S.42.

Überprüfung der verfahrensbezogenen Elemente des Ermittelns und Bewertens der von der Planung berührten Belange angeknüpft wird«[14] und dass ein »*Wechsel* vom materiell-rechtlichen Abwägungsvorgang zu den verfahrensbezogenen Elementen des Ermittelns und Bewertens der von der Planung berührten Belange« hervorgerufen werde.[15]

Auch der Wortlaut des § 2 Abs.3 BauGB suggeriert durchaus, dass das Ermitteln und Bewerten der Belange gleichsam vor die Klammer der Abwägung im Sinne des § 1 Abs.7 BauGB gezogen worden ist. Würde der Gesetzgeber das Ermitteln und Bewerten weiterhin als Bestandteil der Abwägung im Sinne des § 1 Abs.7 BauGB einstufen, so hätte es nahe gelegen, die neue Vorschrift mit den Worten »Im Rahmen der Abwägung ...« und nicht mit der Formulierung »Bei der Aufstellung der Bauleitpläne ...« einzuleiten.

Untermauert wird der vorstehende Befund durch die systematische Stellung des neuen § 2 Abs.3 BauGB. Der Gesetzgeber hat die Regelung nicht in unmittelbarer Nähe des § 1 Abs.7 BauGB verortet, sondern sie in einen anderen Zusammenhang gestellt.

Schließlich spricht für ein Verständnis, welches das Ermitteln und Gewichten der Belange (nur) noch als formelle Verfahrenshandlungen begreift, die (Fehlerfolgen-)Regelung in § 214 BauGB. Wenn dort eine mangelhafte Anwendung des § 2 Abs.3 BauGB ausdrücklich als eine »Verletzung von Verfahrens- und Formvorschriften« eingestuft wird (§ 214 Abs.1 S.1 Nr.1 BauGB) und es in § 214 Abs.3 S.2 Hs.1 BauGB zudem heißt, dass eine mangelhafte Ermittlung und Bewertung von Belangen nach § 2 Abs.3 BauGB »nicht als Mängel der Abwägung geltend gemacht werden (kann)«, deutet dies ebenfalls auf eine Exklusivitätsverhältnis zwischen § 1 Abs.7 BauGB einerseits und § 2 Abs.3 BauGB andererseits hin.

3. Materiell-rechtlicher Ansatz

Trotz der vorstehend skizzierten, vornehmlich auf der Gesetzesbegründung und systematischen Erwägungen beruhenden Argumente, unterliegt die These, mit § 2 Abs.3 BauGB hätten sich die Phasen des Ermittelns und

14 BT-Drs. 15/2550, S.32; Hervorhebung durch den Verfasser.
15 BT-Drs. 15/2550, S.63; Hervorhebung durch den Verfasser.

Bewertens bzw. Gewichtens der abwägungsrelevanten Belange (ausschließlich) zu verfahrensrechtlichen Anforderungen an die Aufstellung der Bauleitpläne gewandelt, jedoch auch erheblichen Bedenken. So ist an erster Stelle festzustellen, dass der Wortlaut des § 1 Abs.7 BauGB bzw. § 1 Abs.6 BauGB a.F. unverändert geblieben ist. Hätte der Gesetzgeber mit § 2 Abs.3 BauGB den Inhalt oder zumindest den Charakter der Anforderungen des (alten) Abwägungsgebotes modifizieren wollen, so hätte es auf der Hand gelegen, dies auch durch eine entsprechende Formulierung des § 1 Abs.7 BauGB zu dokumentieren.

Des Weiteren erscheint die Vorstellung des Gesetzgebers, er könne einem anerkannten und bewährten Rechtsinstitut durch eine bloße Umetikettierung einen (jedenfalls partiell) anderen rechtlichen Status verleihen, äußerst fragwürdig. Den Phasen des Ermittelns und Gewichtens von Belangen mag zwar auch nach Maßgabe des bisherigen Verständnisses des Abwägungsgebotes ein gewisses verfahrensrechtliches Element inne wohnen, jedoch handelt es sich dabei um einen internen Entscheidungsprozess, also gleichsam um ein »inneres« Verfahren.[16] Mit »äußeren« Verfahrenshandlungen wie zum Beispiel der Auslegung der Pläne (§ 3 Abs.2 S.1 BauGB) oder der Einholung der Stellungnahmen der Behörden und sonstigen Träger öffentlicher Belange (§ 4 Abs.2 S.1 BauGB) ist dieses »innere« Verfahren hingegen nicht vergleichbar. Daraus folgt zugleich, dass die Qualifizierung einer Rechtsnorm als Verfahrensvorschrift oder aber als Vorschrift des materiellen Rechts niemals ausschließlich vom subjektiven Willen des Gesetzgebers abhängen kann. Ausschlaggebend ist vielmehr, dass eine Rechtsnorm auch ihrem Wesen nach als Verfahrensnorm qualifiziert werden kann. Gerade dieses erscheint aber bei den Vorgängen des Ermittelns und Bewertens bzw. Gewichtens von abwägungserheblichen Belangen sehr zweifelhaft, da sie eben keinen (äußeren) Handlungs-, sondern einen (inneren) Denkprozess erfordern. Wenn der Gesetzgeber den § 2 Abs.3 BauGB gleichwohl als »Verfahrensgrundnorm« tituliert, handelt es sich also in der Sache um eine Fiktion.[17]

Für den letztgenannten Fiktionsgedanken spricht – bei einer näheren Betrachtung – auch der § 214 Abs.3 S.2 BauGB. Wenn es im ersten

---

16 *Erbguth,* JZ 2007, 484 (489); *Schulze-Fielitz,* Jura 1992, 201 (205); vgl. auch *Dreier,* Die normative Steuerung der planerischen Abwägung, 1995, S.55.

17 Ähnlich *Uechtritz,* ZfBR 2005, 11 (15).

Halbsatz dieser Vorschrift heißt, dass Verstöße gegen § 2 Abs.3 »nicht als Mängel der Abwägung geltend gemacht werden (können)«, deutet diese Formulierung durchaus ebenfalls auf einen nur fiktiven verfahrensrechtlichen Charakter der Neuregelung hin. Denn ein Verstoß gegen § 2 Abs.3 BauGB kann eben (nur) nicht *als* Abwägungsmangel geltend gemacht werden. Dieses muss hingegen nicht zwangsläufig bedeuten, dass ein derartiger Verstoß nicht tatsächlich ein Abwägungsmangel *ist.*

Hinzu kommt, dass der Gesetzgeber sich vom Begriff des Abwägungsvorganges nicht lösen konnte. Unbeschadet der Zweifel hinsichtlich ihres Anwendungsbereiches[18] wäre die Bestimmung in § 214 Abs.3 S.2 Hs.2 BauGB, wonach »im Übrigen (...) Mängel im Abwägungsvorgang nur erheblich (sind), wenn sie offensichtlich und auf das Abwägungsergebnis von Einfluss gewesen sind«, schwerlich erklärbar, wenn die Phasen des Ermittelns und Gewichtens der Belange, also letztendlich der Abwägungsvorgang, gar nicht mehr Bestandteil der materiell-rechtlichen Abwägung im Sinne des § 1 Abs.7 BauGB wären.

Des Weiteren gilt es zu bedenken, dass eine Verschlankung des materiellrechtlichen Abwägungsgebotes in der Bauleitplanung um die Phasen des Ermittelns und des Gewichtens der Belange die Homogenität des Raumplanungsrechts insgesamt in Frage stellen würde. Denn trotz mannigfacher Unterschiede im Detail,[19] haben sich doch die dogmatischen Grundstrukturen des Fachplanungsrechtes und auch des Raumordnungsrechtes größtenteils in Parallele zum Recht der Bauleitplanung entwickelt.[20] Dieses gilt insbesondere auch für den Inhalt und die Anwendung des materiellrechtlichen Abwägungsgebotes. Im Fachplanungsrecht und auch im Raumordnungsrecht finden sich aber für eine Modifikation des (materiellrechtlichen) Abwägungsgebotes keinerlei Anhaltspunkte. Ein Verständnis des § 2 Abs.3 BauGB, welches die Phasen des Ermitteln und Bewertens der Belange (ausschließlich) als äußere Verfahrensanforderungen begreift, würde mithin einen Sonderweg des Rechtes der Bauleitplanung darstellen.

---

18 Vgl. dazu *Battis,* in: Battis/Krautzberger/Löhr, BauGB, 2009, § 214 Rn.20.

19 Zu den dogmatischen Unterschieden zwischen Bauleitplanung und Planfeststellung vgl. zB *Schoen,* Die Planfeststellung zwischen Kontrollerlaubnis und Planungsentscheidung, 2003, passim; *Jarass,* DVBl 1998, 1202 ff; *Burgi,* JZ 1994, 654 ff.

20 Zur Übertragung der Grundsätze der Bauleitplanung auf die Planfeststellung vgl. nur *BVerwG,* Urt. v. 14.02.1975 – IV C 21.74 –, BVerwGE 48, 56 ff; *BVerwG,* Urt. v. 10.02.1978 – 4 C 25.75 –, BVerwGE 55, 220 ff.

Ob dieses dem gesetzgeberischen Anliegen entspricht, darf durchaus bezweifelt werden.

Schließlich sollte gerade im letztgenannten Zusammenhang nicht unerwähnt bleiben, dass das Abwägungsgebot in seiner bisherigen Ausgestaltung durch die Rechtsprechung des *Bundesverwaltungsgerichts* in der Literatur u.a. als »prätorisches Meisterwerk«[21] oder bereits 1983 als »eine der großen Leistungen des Richterrechts der letzten zwanzig Jahre«[22] bezeichnet wurde. Die »Brillianz und Eleganz des Stils und Exaktheit in der Wortwahl mit Prägnanz und Überzeugungskraft in der Argumentation« wurden ebenfalls gerühmt.[23] Auch angesichts dieser Einschätzungen erscheint es zweifelhaft, dass die Phasen des Ermittelns und Gewichtens der Belange ihren Charakter als materiell-rechtliche Anforderungen an die Abwägung verloren haben sollen.

4. Fazit

Trotz gegenläufiger Aussagen insbesondere in der Gesetzesbegründung wird man davon ausgehen müssen, dass das materiell-rechtliche Abwägungsgebot des § 1 Abs.7 BauGB (§ 1 Abs.6 BauGB a.F.) durch § 2 Abs.3 BauGB nicht verändert worden ist. Dennoch kann man die Existenz des § 2 Abs.3 BauGB und die mit der Vorschrift verbundene Zielstellung des Gesetzgebers selbstverständlich nicht ignorieren. Sie führen vielmehr dazu, dass die Phasen des Ermittelns und Gewichtens bzw. Bewertens der abwägungsrelevanten Belange fiktiv *zugleich* als (äußere) Verfahrensanforderungen angesehen werden müssen,[24] deren Missachtung auf der Fehlerfolgenseite – ebenso fiktiv – *ausschließlich* zur Annahme eines Verfahrensmangels führt.

Gerade in der Fiktion auf der Fehlerfolgenseite liegt aber die praktische Bedeutung der Neuregelung in § 2 Abs.3 BauGB. Während nämlich die Frage, ob die materiell-rechtlichen Anforderungen des § 1 Abs.7 BauGB zugleich (fiktiv) auch als Verfahrensanforderungen einzustufen sind, zwar

21 *Franßen,* Festschr. Weyreuther, 1993, S.VI.

22 *Redeker,* Festschr. Scupin, 1983, S.861 (874).

23 *Hoppe,* DVBl 2003, 697 (700).

24 Vgl. allerdings *Gaentzsch,* BauGB-Novelle 2004, 2004, S.131 (138), der insoweit von einem »Doppelcharakter« des Abwägungsvorganges spricht.

dogmatisch reizvoll, aber für die praktische Rechtsanwendung bedeutungslos ist, ist die Differenzierung zwischen Verfahrensmängeln einerseits und (materiell-rechtlichen) Abwägungsmängeln sehrwohl von erheblicher praktischer Relevanz:

Zum einen wird eine mangelhafte Ermittlung und Bewertung von Belangen als Verfahrensverstoß bei fehlender Rüge nunmehr schon ein Jahr nach Bekanntmachung des Bauleitplanes unbeachtlich (§ 215 Abs.1 S.1 Nr.1 BauGB).[25] Gegenüber der Vorgängerregelung in § 215 Abs.1 Nr.2 BauGB a.F., die für sämtliche Abwägungsmängel eine einheitliche Rügefrist von sieben Jahren vorsah, bedeutet die Neuregelung insoweit somit eine deutliche Stärkung der Planerhaltung bzw. – aus der Sicht des Rechtsschutzsuchenden – eine (ebenso deutliche) Verschärfung seiner Obliegenheiten. Zum anderen führt das Entfallen der bisher einheitlichen Unbeachtlichkeitsregelung in § 215 Abs.1 Nr.2 BauGB für Abwägungsmängel aber auch dazu, dass Mängel des Abwägungsergebnisses nunmehr zeitlich unbegrenzt gerügt werden können.

Ob man angesichts der vorstehenden Ergebnisse die Neuregelung in § 2 Abs.3 BauGB – einschließlich der korrespondierenden Fehlerfolgenregelungen – als einen »großen Wurf« des Gesetzgebers bezeichnen kann, erscheint mehr als fraglich. Denn die durch die Gesetzesnovelle insoweit mit Blick auf das Europarecht intendierte Stärkung des Verfahrensrechtes wird in doppelter Hinsicht verfehlt. Zum einen ist es nicht praktikabel, eine materiell-rechtliche Anforderung an die Aufstellung eines Bauleitplanes ausschließlich durch eine bloße Umbenennung zu einem echten verfahrensrechtlichen Gebot umzuwandeln. Zum anderen erweist sich die beabsichtigte Stärkung des (fiktiven) Verfahrensrechtes tatsächlich als dessen Schwächung, wenn gleichzeitig die Rügefristen für die nunmehr als Verfahrensverstöße eingestuften Ermittlungs- und Bewertungsmängel verkürzt werden. Der Umstand, dass – gleichsam im Gegenzug – die ohnehin vergleichsweise seltenen Fälle der Fehlerhaftigkeit des Abwägungsergebnisses jetzt zeitlich unbeschränkt gerügt werden können, bedeutet hier nur einen schwachen Trost für den Rechtsschutzsuchenden.

---

25 Die zwischenzeitlich für Verfahrens- und Formfehler geltende Rügefrist von zwei Jahren hat der Gesetzgeber mit dem Gesetz zur Erleichterung von Planungsvorhaben für die Innenentwicklung der Städte vom 21.12.2006 (BGBl I S.3316) schon wieder revidiert.

B. Umsetzung des Abwägungsgebotes in der interkommunalen Abstimmung im Einzelnen

Nachdem festgestellt wurde, dass der materiell-rechtliche Gehalt des § 1 Abs.7 BauGB durch § 2 Abs.3 BauGB unverändert geblieben ist, gilt es sich jetzt der Frage zuzuwenden, wie im Einzelnen sich die interkommunale Abstimmung nach § 2 Abs.2 S.1 und S.2 Hs.2 BauGB im Rahmen der Abwägung gemäß § 1 Abs.7 BauGB vollzieht. Den Ausgangspunkt bilden dabei wiederum die in der Rechtsprechung ausgebildeten Komponenten des Abwägungsgebotes bzw. die korrespondierenden Abwägungsfehler.

I. Grundsätzliches Erfordernis einer Abwägung

Soweit das Abwägungsgebot an erster Stelle verlangt, dass eine Abwägung überhaupt stattfindet, bestehen keine spezifischen Berührungspunkte mit dem interkommunalen Abstimmungserfordernis nach § 2 Abs.2 S.1 BauGB. Denn diese erste Teilkomponente des Abwägungsgebotes sagt eben noch nichts darüber aus, welche Belange im Einzelnen in die Abwägung eingestellt werden müssen. Vielmehr handelt es sich letztlich nur um die Definition eines evidenten Abwägungsfehlers, der von vornherein jegliche weitere Prüfung erübrigt. Liegt ein vollständiger Abwägungsausfall vor, so erweist sich der Bauleitplan schon aus diesem Grunde als nichtig. Die Frage, ob im konkreten Fall auch nachbargemeindliche Belange missachtet wurden, muss gar nicht mehr gestellt werden.

II. Ermittlung aller abwägungsrelevanten Belange

Anders liegt es schon bei dem Erfordernis, alle Belange in die Abwägung einzustellen, die nach Lage der Dinge in sie eingestellt werden müssen. Denn bei der Zusammenstellung des Abwägungsmaterials geht es gerade darum, die konkret durch eine Bauleitplanung betroffenen Belange zu identifizieren. Dies eröffnet auch die Möglichkeit, solche nachbargemeindlichen Interessen, die von § 2 Abs.2 S.1 BauGB erfasst werden, in die Abwägung einzustellen. Im Folgenden geht es daher zunächst um die Frage, welche nachbargemeindlichen Belange überhaupt von § 2 Abs.2 S.1 BauGB erfasst werden. Erst im Anschluss daran ist zu bestimmen, welche Kriterien erfüllt sein müssen, damit ein nachbargemeindlicher Belang tatsächlich in die Abwägung bei der Aufstellung eines Bauleitplanes eingestellt werden muss.

1. Nachbargemeindliche Belange (Abstrakte Abwägungserheblichkeit)

a) In Bauleitplänen manifestierte Entwicklungsvorstellungen

Die sachlichen Schutzobjekte der Abstimmungsverpflichtung und damit die in die Abwägung einzustellenden (öffentlichen) Belange im Sinne des § 1 Abs.7 BauGB sind nach dem Wortlaut des § 2 Abs.2 S.1 BauGB die Bauleitpläne der benachbarten Gemeinde. Während bei der Bestimmung des Auslösers der Abstimmungspflicht festgestellt wurde, dass dieser vordergründige Wortlaut insoweit unzutreffend ist, als tatsächlich der Vorgang der Aufstellung des Planes gemeint ist,[26] ist dieser Befund auf die Frage nach dem sachlichen Schutzobjekt der Abstimmungspflicht nicht übertragbar. Denn als Schutzobjekt im Sinne des § 2 Abs.2 S.1 BauGB und damit als abwägungserheblicher Belang im Rahmen der Aufstellung eines Bauleitplanes kommen bereits existente (statische) Flächennutzungs- und Bebauungspläne der Nachbargemeinde durchaus in Betracht. In den Bauleitplänen werden die Entwicklungsvorstellungen der Nachbargemeinde rechtsverbindlich manifestiert, so dass ihre konkreten Darstellungen und Festsetzungen ohne weiteres im Rahmen der Abwägung dem Interesse an dem in Aufstellung befindlichen Bebauungsplan gegenübergestellt werden können.

b) Planungen nach einem förmlichen Aufstellungsbeschluss

Den Anwendungsbereich des § 2 Abs.2 S.1 BauGB in Verbindung mit § 1 Abs.7 BauGB auf solche Fälle zu beschränken, in denen sich die Entwicklungsvorstellungen der Nachbargemeinde bereits in rechtsverbindlichen Bauleitplänen manifestiert haben, würde jedoch zu kurz greifen. Wenn man nämlich einerseits unter den Begriff des öffentlichen Belanges im Sinne des § 1 Abs.7 BauGB alle öffentlichen Interessen subsumiert, die im Zusammenhang mit der Bodenausnutzung und damit mit der städtebaulichen Entwicklung und Ordnung stehen,[27] und andererseits berücksichtigt,

26 Siehe oben S.11 f.

27 Siehe dazu bereits oben S.42.

dass durch Art.28 Abs.2 S.1 GG bereits die kommunale Planungshoheit als solche eine verfassungsrechtliche Absicherung genießt, liegt allein aus diesem Grunde ein noch weitergehendes Schutzbedürfnis zu Gunsten von Nachbargemeinden auf der Hand. Hinzu kommt die Überlegung, dass sich ein bauleitplanerisches Verfahren im Einzelfall über einen sehr langen Zeitraum hinstrecken kann, ohne dass dabei die Gründe für diese Verzögerung von der planenden (Nachbar-)Gemeinde zu vertreten sein müssen. Der Nachbargemeinde in dieser Konstellation den Schutz des § 2 Abs.2 S.1 BauGB zu versagen, wäre offensichtlich nicht sachgerecht.

Aus den vorstehenden Erwägungen folgt somit, dass jedenfalls solche Entwicklungsvorstellungen einer Gemeinde, die sich bereits in einem Ratsbeschluss über die Aufstellung eines Flächennutzungs- oder Bebauungsplanes niedergeschlagen haben, abwägungserhebliche Belange im Sinne des § 2 Abs.2 S.1 BauGB in Verbindung mit § 1 Abs.7 BauGB sein können. Durch den Aufstellungsbeschluss manifestieren sich die Planungsabsichten dergestalt, dass die Inhalte des Planentwurfes der Nachbargemeinde ohne weiteres als Prüfungsmaßstab im eigenen Planaufstellungsverfahren herangezogen werden können.

Untermauert wird der vorstehende Befund auch durch einen Vergleich mit den Instrumenten zur Sicherung der Bauleitplanung in den §§ 14 ff BauGB. Sowohl für die Veränderungssperre als auch für die Zurückstellung von Baugesuchen ist ebenfalls charakteristisch, dass (nur) ein Beschluss über die Aufstellung eines Bebauungsplanes existieren muss (§ 14 Abs.1 S.1 BauGB). Der Gesetzgeber geht also erkennbar davon aus, dass jedenfalls derartige bereits in einem förmlichen Verfahren befindliche Planungen einen besonderen Schutz genießen sollen.

Mit dem Wortlaut des § 2 Abs.2 S.1 BauGB ist das Ergebnis, erst in Aufstellung befindliche Bauleitpläne als nachbargemeindliche Belange grundsätzlich in das Abstimmungserfordernis einzubeziehen, ebenfalls vereinbar. Denn zum einen schließt schon der in § 2 Abs.2 S.1 BauGB selbst verwendete Terminus »Bauleitpläne« keinesfalls aus, darunter auch die bloße Aufstellung solcher Pläne zu subsumieren. Und zum anderen steht der § 2 Abs.2 S.1 BauGB gerade in einem unmittelbaren Zusammenhang mit § 1 Abs.7 BauGB. Trotz des vergleichsweise engen Wortlautes des § 2 Abs.2 S.1 BauGB kommt es also letztlich nur darauf an, ob ein nachbargemeindliches Interesse einen öffentlichen Belang im Sinne des § 1

Abs.7 BauGB darstellt. Dieses kann ohne weiteres aber auch dann der Fall sein, wenn ein Bauleitplan in einer Nachbargemeinde erst in Aufstellung befindlich ist.

Abschließend sei noch darauf hingewiesen, dass bei parallelen Planaufstellungsverfahren im vorstehenden Sinne die Abstimmungsverpflichtung selbstverständlich wechselbezüglich ist. Der § 2 Abs.2 S.1 BauGB ist in dieser Konstellation also korrigierend dahingehend zu lesen, dass die Bauleit*planungen* benachbarter Gemeinden aufeinander abzustimmen sind.

c) Nachbargemeindliche Belange jenseits verbindlicher Bauleitpläne und förmlicher Planaufstellungsbeschlüsse

Laut nahezu einhelliger Auffassung in Rechtsprechung und rechtswissenschaftlicher Literatur soll das Erfordernis einer interkommunalen Abstimmung jedoch nicht zwingend auf die bisher skizzierten Fälle beschränkt sein. So findet sich in der Rechtsprechung des *Bundesverwaltungsgerichts* sogar die Formulierung, dass es für das Erfordernis einer interkommunalen Abstimmungsverpflichtung auf das Bestehen von Bauleitplänen oder bestimmten planerischen Vorstellungen gar nicht zwingend ankomme.[28]

Dem vorstehenden Ansatz ist prinzipiell zuzustimmen. Auch wenn der Wortlaut des § 2 Abs.2 S.1 BauGB auf die existenten Bauleitpläne bzw. die laufende Bauleitplanung[29] der Nachbargemeinde beschränkt sein mag, besteht doch kein Anlass und vor allen Dingen keine Rechtfertigung, das allgemeine Abwägungsgebot des § 1 Abs.7 BauGB im Hinblick auf die Interessen von Nachbargemeinden zu modifizieren. Dieses gilt – wie bereits mehrfach erwähnt – umso mehr, als die nachbargemeindlichen Belange ihrerseits den verfassungsrechtlichen Schutz des Art.28 Abs.2 S.1 GG genießen. Auch bei der Frage nach dem materiellen interkommunalen Abstimmungserfordernis kommt es somit ausschließlich darauf an, ob die in Rede stehende Bauleitplanung Auswirkungen auf die städtebauliche Entwicklung und Ordnung in der Nachbargemeinde haben kann. In diesem Fall kann ein von der Nachbargemeinde in Gestalt eines subjektiven Rechtes wahrzunehmender öffentlicher Belang berührt sein. Auf die Frage, ob dieser Belang bereits in einem verbindlichen Bauleitplan oder

28 *BVerwG,* Urt. v. 08.09.1972 – IV C 17.71 –, BVerwGE 40, 323 (331).
29 Siehe dazu soeben oben S.90 ff.

zumindest einem förmlichen Aufstellungsbeschluss für einen Bauleitplan manifestiert ist, kommt es insoweit nicht entscheidend an.

Der Umstand, dass der Kreis der Belange von Nachbargemeinden, die ein materielles Abstimmungserfordernis auslösen können, relativ weit zu ziehen ist, darf allerdings nicht überbewertet werden. Er führt insbesondere nicht zu Anforderungen an die Abwägung, die von der planenden Gemeinde – jedenfalls realistischer Weise – nicht mehr bewältigt werden können. Denn zum einen bedeutet die *abstrakte* Abwägungserheblichkeit von nicht in Bauleitplänen oder zumindest in einem Entwurf manifestierten Belangen einer Nachbargemeinde keinesfalls, dass diese Belange durch eine Bauleitplanung im Einzelfall immer auch *konkret* berührt sein müssen. Zum anderen hängt das Gewicht, mit dem die als konkret abwägungserheblich identifizierten Belange einer Nachbargemeinde in die Abwägung eingestellt werden müssen, sehrwohl davon ab, ob und inwieweit sie eine Manifestierung in Gestalt eines Bauleitplanes oder zumindest eines förmlichen Aufstellungsbeschlusses erfahren haben.[30] Auch wenn keine konstitutive Abhängigkeit besteht, steigert sich die Schutzwürdigkeit der (nachbar-)gemeindlichen Planungshoheit, wenn sie durch den Erlass von konkreten Plänen oder zumindest den Aufstellungsbeschluss für konkrete Pläne ausgeübt wurde.[31]

aa) Bauleitplanungen vor einem Aufstellungsbeschluss und informelle Planungen

Aus den vorstehenden Ausführungen folgt ohne weiteres, dass grundsätzlich auch solche Bauleitplanungen, für die noch kein förmlicher Aufstellungsbeschluss gefasst wurde, sowie informelle Planungen – zum Beispiel in Gestalt von städtebaulichen Entwicklungskonzepten – den Schutz des § 2 Abs.2 S.1 BauGB in Verbindung mit § 1 Abs.7 BauGB genießen können.[32] Um allerdings im Rahmen der Abwägung überhaupt einen

30 Vgl. zu beiden Aspekten die folgenden Ausführungen unten S.98 ff und S.106 ff.

31 Vgl. *BVerwG,* Urt. v. 08.09.1972 – IV C 17.71 –, BVerwGE 40, 323 (330 f); *BVerwG,* Urt. v. 19.11.1965 – IV C 184.65 –, BVerwGE 22, 342 (347); *Söfker,* in: Ernst u.a., BauGB, Stand Oktober 2008, § 2 Rn.100; *Erbguth,* Öffentliches Baurecht, 2009, § 5 Rn.172.

32 Ebenso *OVG Münster,* Urt. v. 06.11.2008 – 10 A 1512/07 –, NWVBl 2009, 188 (189).

geeigneten Prüfungsmaßstab darzustellen zu können, sind an die Konkretisierung der nachbargemeindlichen Planungsabsichten oder informellen Planungen Mindestanforderungen zu stellen. So kann zum Beispiel alleine der Einwand einer Nachbargemeinde, sie wolle zur Steuerung des großflächigen Einzelhandels ein städtebauliches Entwicklungskonzept aufstellen, nicht als abwägungserheblicher Belang anerkannt werden. Hinzu kommen muss vielmehr, dass das Entwicklungskonzept mit der konkreten Darstellung seiner Planungsziele bereits existent ist.[33] Zudem muss es durch einen mehrheitlichen Ratsbeschluss gleichsam auch »offiziell« zum Planungsziel der Gemeinde erhoben worden sein.

Ob die Planungsabsichten bzw. informellen Planungen darüber hinaus für eine grundsätzliche Abwägungserheblichkeit auch einer vorangehenden Anhörung der von der Planung Betroffenen bedürfen und in formeller Weise bekannt gemacht werden müssen,[34] erscheint zweifelhaft. Denn wenn man angesichts des weiten Begriffes der öffentlichen Belange und des Schutzbedürfnisses der Planungshoheit der Nachbargemeinde davon ausgeht, dass es auf die Existenz bestimmter Planungsabsichten überhaupt nicht ankommt,[35] erscheint eine solche Forderung, die den Anforderungen an die Aufstellung eines Bauleitplanes nahe kommt, für die Annahme eines abwägungserheblichen Belanges im Sinne der § 2 Abs.2 S.1 BauGB und § 1 Abs.7 BauGB überzogen. Eine ganz andere Frage ist, ob und unter welchen Voraussetzungen auch im Rahmen des § 34 Abs.3 BauGB eine informelle Planung ausreicht, um die tatbestandlichen Wirkungen dieser für den unbeplanten Innenbereich geltenden Vorschrift auszulösen.[36]

---

33 Siehe aber auch sogleich unten S.95 ff.

34 So allerdings *Reidt,* NVwZ 2007, 664 (666); *Bracher,* in: Gelzer/Bracher/Reidt, Bauplanungsrecht, 2004, Rn.2068 jeweils für den Anwendungsbereich des § 34 Abs.3 BauGB.

35 Siehe oben Fn.28.

36 Ablehnend *BVerwG,* Beschl. v. 12.02.2009 – 4 B 5/09 –, UPR 2009, 193 (193, Abs.7); *OVG Münster,* Urt. v. 06.11.2008 – 10 A 1512/07 –, NWVBl 2009, 188 (189). Vgl. auch *OVG Münster,* Urt. v. 11.12.2006 – 7 A 964/05 –, NVwZ 2007, 727 (731); *OVG Lüneburg,* Beschl. v. 12.11.2007 – 1 ME 276.07 –, BRS 71 Nr.91; *Uechtritz,* NVwZ 2007, 660 ff; *Reidt,* NVwZ 2007, 664 ff.

bb) Faktische Existenz zentraler Versorgungsbereiche und sonstige Ist-Zustände ohne planerischen Nachvollzug

Der durch § 2 Abs.2 S.1 BauGB in Verbindung mit § 1 Abs.7 BauGB der Nachbargemeinde vermittelte Anspruch reicht aber noch weiter. Er kann sich auch auf nur faktische Umstände, die in der Nachbargemeinde bestehen, erstrecken. Auf die planerische Absicherung oder auch nur die Absicht einer planerischen Absicherung dieser Umstände kommt es insoweit nicht an.[37] Dieser Befund wird nunmehr durch die neue Regelung in § 2 Abs.2 S.2 Hs.2 BauGB noch zusätzlich untermauert. Wenn es in § 2 Abs.2 S.2 Hs.2 BauGB heißt, dass sich die Nachbargemeinden auch auf die Auswirkungen einer Bauleitplanung auf ihre zentralen Versorgungsbereiche berufen können, wird damit zugleich die Unabhängigkeit des Schutzbedürfnisses von einer förmlichen Planung oder zumindest informellen Planungen bestätigt. Denn bei den zentralen Versorgungsbereichen handelt es sich ausweislich der Verwendung dieses Begriffes insbesondere in § 11 Abs.3 S.2 BauNVO und § 34 Abs.3 BauGB jedenfalls nicht primär um eine planerische Größe, sondern vielmehr um die Umschreibung eines tatsächlichen Zustandes. Entsprechend definiert die Rechtsprechung die zentralen Versorgungsbereiche als »räumlich abgrenzbare Bereiche einer Gemeinde, denen auf Grund *vorhandener* Einzelhandelsnutzungen – häufig ergänzt durch diverse Dienstleistungen und gastronomische Angebote – eine bestimmte Versorgungsfunktion für die Gemeinde zukommt«.[38]

Für die *Zentralität* des Versorgungsbereiches kommt es im Übrigen nicht darauf an, dass er nach Lage, Art und Zweckbestimmung der gemeindeweiten bzw. übergemeindlichen Versorgung dient. Denn für die Frage der Zentralität ist kein geographischer, sondern vielmehr ein funktionaler Maßstab anzulegen. Entsprechend kommen außer den Innenstadtzentren auch Nebenzentren sowie Grund- und Nahversorgungszentren als zentrale

37 Vgl. *BVerwG,* Beschl. v. 09.01.1995 – 4 NB 42.94 –, BauR 1995, 354 (355). Allerdings ist die Existenz eines Bauleitplanes oder zumindest einer informellen Planung sehr wohl von Bedeutung für das Gewicht, mit dem der Fakt in die Abwägung eingestellt wird; siehe dazu unten S.106 ff.

38 *BVerwG,* Urt. v. 11.10.2007 – 4 C 7.07 –, BVerwGE 129, 307 (309, Abs.11); *OVG Münster,* Urt. v. 06.11.2008 – 10 A 1512/07 –, NWVBl 2009, 188 (189); *OVG Münster,* Urt. v. 11.12.2006 – 7 A 964/05 –, NVwZ 2007, 727 (730). Hervorhebung durch den Verfasser.

Versorgungsbereiche im Sinne des § 2 Abs.2 S.2 Hs.2 BauGB in Betracht.[39]

Dass für die Annahme eines nachbargemeindlichen Belanges die tatsächliche Existenz eines zentralen Versorgungsbereiches ausreicht, schließt selbstverständlich nicht aus, dass die Gemeinde, in der ein zentraler Versorgungsbereich faktisch angesiedelt ist, dessen Existenz durch eine förmliche Bauleitplanung oder zumindest ein informelles Zentrenkonzept planerisch nachvollzieht. Im Interesse der Steigerung des objektiven Gewichtes dieses Belanges ist ein solches Vorgehen der Nachbargemeinde sogar ratsam.

Die Inbezugnahme der zentralen Versorgungsbereiche in § 2 Abs.2 S.2 Hs.2 BauGB bedeutet indessen nicht, dass – jedenfalls theoretisch – nicht auch andere tatsächliche Umstände in einer Nachbargemeinde einen abwägungserheblichen Belang im Sinne der § 2 Abs.2 S.1 BauGB in Verbindung mit § 1 Abs.7 BauGB darstellen können. Denn schon ausweislich des Wortlautes des § 2 Abs.2 S.2 Hs.2 BauGB können sich die Nachbargemeinden bei der Abwägung *auch* auf die Auswirkungen auf ihre zentralen Versorgungsbereiche berufen. Die zentralen Versorgungsbereiche werden also wegen ihrer praktischen Bedeutsamkeit nur besonders betont. Wann tatsächliche Umstände in der Nachbargemeinde im Einzelfall als abwägungsrelevanter Belang in Betracht kommen, verschließt sich einer abstrakten Betrachtung und muss letztlich immer der Beurteilung im Einzelfall überlassen bleiben. Maßgeblich ist insoweit aber immer, dass die nachbargemeindlichen Interessen einen städtebaulichen Bezug aufweisen.

cc) Entwicklungsoptionen ohne faktischen oder planerischen Hintergrund

Wenn man davon ausgeht, dass es für das Erfordernis einer interkommunalen Abstimmungsverpflichtung auf das Bestehen von Bauleitplänen oder bestimmten planerischen Vorstellungen gar nicht ankommt,[40] müssten letztlich auch bloße Entwicklungsoptionen in der Nachbargemeinde einen abwägungserheblichen Belang im Sinne der § 2 Abs.2 S.1 BauGB in Verbindung mit § 1 Abs.7 BauGB darstellen können. Bei einer näheren

39 Vgl. *OVG Münster,* Urt. v. 11.12.2006 – 7 A 964/05 –, NVwZ 2007, 727 (730); *Uechtritz,* NVwZ 2007, 660 (661); *Reidt,* NVwZ 2007, 664 (664).

40 Vgl. *BVerwG,* Urt. v. 08.09.1972 – IV C 17.71 –, BVerwGE 40, 323 (330).

Betrachtung greift eine derart pauschalierende Betrachtungsweise indessen zu weit. Es liegt auf der Hand, dass auch vor dem Hintergrund des Art.28 Abs.2 S.1 GG keine Nachbargemeinde einen Anspruch darauf haben kann, dass alle ihre theoretischen Entwicklungsoptionen, die durch eine Bauleitplanung beeinflusst werden können, in die Abwägung einbezogen werden.

Dem vorstehenden Befund entspricht im Grundsatz auch die in der ständigen Rechtsprechung zu § 38 BauGB anzutreffende Aussage, wonach – sofern ein Bauleitplan oder konkretisierte Planungsabsichten nicht existieren – eine Gemeinde durch ein Fachplanungsvorhaben nur dann in ihren Belangen berührt wird, wenn damit wesentliche Teile des Gemeindegebietes dauerhaft der gemeindlichen Planungshoheit entzogen werden.[41] Zwar ist diese Rechtsprechung auf das Verhältnis von zwei Gemeinden zueinander nicht ohne weiteres übertragbar, weil § 38 BauGB zu Gunsten der Fachplanung ein gesetzliches Privileg statuiert, während die Gemeinden einander gleichgeordnet gegenüber stehen, jedoch wird immerhin deutlich, dass der Schutz bloßer Entwicklungsoptionen der Nachbargemeinde nur einen seltenen Ausnahmefall bilden kann. Hinzu kommt, dass eine Bauleitplanung – anders als eine Fachplanung – das Gebiet einer Nachbargemeinde niemals unmittelbar räumlich in Anspruch nehmen kann, weil die Planungshoheit auf das eigene Gemeindegebiet beschränkt ist. Auch unter diesem Gesichtspunkt sind schwerlich Konstellationen denkbar, in denen eine Bauleitplanung derart auf die Entwicklungsmöglichkeiten einer Nachbargemeinde Einfluss nehmen kann, dass alleine dieser Umstand ausreicht, um einen Abstimmungsbedarf im Sinne der § 2 Abs.2 S.1 BauGB in Verbindung mit § 1 Abs.7 BauGB auszulösen.

d) Private Belange von Nachbargemeinden

Sofern eine Nachbargemeinde insbesondere als Eigentümerin eines Grundstücks durch eine Bauleitplanung berührt sein kann, ist dieses ebenfalls im

41 *BVerwG,* Urt. v. 16.12.1988 – 4 C 40.86 –, BVerwGE 81, 95 (106); *BVerwG,* Urt. v. 15.12.1989 – 4 C 36.86 –, BVerwGE 84, 209 (215); *BVerwG,* Urt. v. 27.03.1992 – 7 C 18/91 –, NVwZ 1993, 364 (365).

Rahmen des § 1 Abs.7 BauGB abwägungserheblich.[42] Mit der interkommunalen Abstimmungsverpflichtung im Sinne des § 2 Abs.2 S.1 BauGB steht das Erfordernis, diesen privaten Belang der Nachbargemeinde in die Abwägung einzubeziehen, jedoch nicht in einem unmittelbaren Zusammenhang. Der § 2 Abs.2 S.1 BauGB betont insoweit nur die Notwendigkeit, die verfassungsrechtlich durch Art.28 Abs.2 S.1 GG garantierte Planungshoheit der Nachbargemeinde zu schützen. Private Rechte der Nachbargemeinde werden in § 2 Abs.2 S.1 BauGB hingegen nicht in Bezug genommen.

2. Konkrete Abwägungserheblichkeit im Einzelfall

Nachdem festgestellt wurde, wann *überhaupt* ein Belang im Sinne des § 2 Abs.2 S.1 BauGB in Verbindung mit § 1 Abs.7 BauGB vorliegt, der ein materielles Abstimmungserfordernis auslösen kann, gilt es sich nunmehr der Frage zuzuwenden, welche Voraussetzungen erfüllt sein müssen, damit einem nachbargemeindlichen Interesse auch eine *konkrete* Abwägungserheblichkeit im Einzelfall zukommt. Ausgangspunkt für die Beantwortung dieser Frage können wiederum nur die allgemein zum Abwägungsgebot des § 1 Abs.7 BauGB entwickelten Kriterien sein. Danach ist für die Einstellung eines Belanges in die Abwägung erforderlich, dass dieser zum einen generell schutzwürdig, mehr als geringwertig und erkennbar ist. Zum anderen muss der auf diese Weise charakterisierte Belang durch die Bauleitplanung mehr als nur geringfügig betroffen werden.[43]

a) Kriterium der Schutzwürdigkeit

Die Einschränkung, dass nur solche Belange konkret abwägungserheblich sind, die sich als schutzwürdig erweisen, führt zur Ausgrenzung aller nachbargemeindlichen Belange, die ihrerseits mit einem rechtlichen Makel behaftet sind. Wenn sich daher der Bauleitplan der Nachbargemeinde als nichtig erweist oder ein in der Nachbargemeinde in Aufstellung befindli-

---

42 Vgl. nur *BVerwG*, Urt. v. 27.03.1992 – 7 C 18/91 –, NVwZ 1993, 364 (365 f). Die grundsätzliche Trennung von öffentlichen und privaten Belangen schließt allerdings nicht aus, dass dem Privateigentum in der Abwägung ein höheres Gewicht beizumessen ist, wenn das betroffene Grundstück öffentlichen Zwecken dient oder dienen soll.

43 *Hoppe*, in: Hoppe/Bönker/Grotefels, Öffentliches Baurecht, 2004, § 5 Rn.47.

cher Bauleitplan bereits nicht erforderlich im Sinne des § 1 Abs.3 BauGB ist, kann sich die planende Gemeinde über den Inhalt des Planes bzw. der Planung ohne weiteres hinwegsetzen, soweit sie dabei nicht selbst Rechtsvorschriften verletzt. Es liegt in diesen Konstellationen auf der Hand, dass das rechtswidrige Handeln der Nachbargemeinde ihr im Verhältnis zur planenden Gemeinde nicht zum Vorteil gereichen darf.

Zu beachten ist allerdings, dass die Schutzwürdigkeit einer nachbargemeindlichen Planung nur dann zu verneinen ist, wenn sie augenscheinlich gegen einen zwingenden Rechtssatz verstößt. Streiten hingegen gegen das nachbargemeindliche Planungsziel nur solche Belange, die sich ihrerseits prinzipiell im Wege der Abwägung überwinden lassen, kann man die Schutzwürdigkeit nicht generell verneinen. Dieses gilt selbst dann, wenn sehr gewichtige Belange gegen die nachbargemeindliche Planung sprechen. Denn auch in einer solchen Konstellation ist nicht auszuschließen, dass diese Belange abwägungsfehlerfrei überwunden werden. Letztlich ist die Schutzwürdigkeit der nachbargemeindlichen Planung daher nur dann abzulehnen, wenn sich bereits das verfolgte Planungsziel als (offensichtlich) rechtswidrig erweist.

b) Kriterium der Überschreitung einer Geringwertigkeitsschwelle

Unbeschadet des Erfordernisses der Schutzwürdigkeit soll ein Belang nur dann in die Abwägung einzustellen sein, wenn er eine objektive Geringwertigkeitsschwelle überschreitet.[44] Die Handhabbarkeit und vor allen Dingen auch die Notwendigkeit dieses einschränkenden Kriteriums erscheint jedoch zweifelhaft.[45] Denn da durch das Abwägungsgebot gerade auch solche Belange geschützt werden, die nicht den Charakter eines (absoluten) subjektiven Rechtes haben, fehlen konkrete Maßstäbe für die Abgrenzung zwischen objektiv nur geringwertigen Interessen einerseits und bereits schützenswerten Interessen andererseits. Angesichts dieses Befundes erscheint es sachgerecht, die objektive Geringwertigkeit eines Belanges

44 *BVerwG,* Urt. v. 09.11.1979 – 4 N 1.78, 4 N 2-4.79 –, BVerwGE 59, 87 (102); *VGH Kassel,* Urt. v. 04.10.1984 – III N 17/82 –, UPR 1985, 219 (220); *Battis,* in: Battis/Krautzberger/Löhr, BauGB, 2009, § 1 Rn.116; *Hoppe,* in: Hoppe/Bönker/Grotefels, Öffentliches Baurecht, 2004, § 5 Rn.48.

45 Vgl. dazu bereits *Schoen,* Die Planfeststellung zwischen Kontrollerlaubnis und Planungsentscheidung, 2003, S.275 f.

nicht als Ausschlussgrund für die konkrete Abwägungserheblichkeit zu betrachten. Die eventuell nur marginale Betroffenheit eines Belanges kann vielmehr hinreichend auf der Ebene der Gewichtung der betroffenen Belange berücksichtigt werden. Sofern daher die nachbargemeindliche Planung oder ein faktischer Zustand in der Nachbargemeinde die für die abstrakte Abwägungserheblichkeit erforderlichen Kriterien erfüllt,[46] kommt es für die konkrete Abwägungserheblichkeit dieses Belanges auf sein objektives Gewicht nicht an.

Die Anforderungen, die mit dieser Sichtweise an die planende Gemeinde gestellt werden, führen dabei auch nicht zu einem unzumutbaren Aufwand. Denn zum einen muss für die Abwägungserheblichkeit eines Belanges im Einzelfall immer seine Erkennbarkeit hinzukommen.[47] Bereits an diesem Kriterium wird die konkrete Abwägungserheblichkeit vergleichsweise geringwertiger Belange häufig scheitern. Zum anderen kann bei nur am Rande berührten Interessen mit Wahrunterstellungen gearbeitet werden und so der weitere Ermittlungsaufwand deutlich reduziert werden.

c) Kriterium der Erkennbarkeit

Von hoher praktischer Bedeutung ist das Erfordernis der Erkennbarkeit des (schutzwürdigen) Belanges: »Was die planende Stelle nicht ›sieht‹, und was sie nach den gegebenen Umständen auch nicht zu ›sehen‹ braucht, kann von ihr bei der Abwägung nicht berücksichtigt werden und braucht von ihr auch nicht berücksichtigt zu werden.«[48] Aus dieser Einschränkung der Abwägungserheblichkeit folgt, dass die von der Planung betroffenen Bürger sowie die Behörden und sonstigen Träger öffentlicher Belange – also auch die benachbarten Gemeinden – die Obliegenheit trifft, ihre Rechte und Belange gegenüber der planenden Gemeinde kund zu tun. Fehlt es an der Erkennbarkeit eines Belanges für die planende Gemeinde, so ist er grundsätzlich nur dann konkret abwägungserheblich, »wenn sich der planenden Stelle die Tatsache dieser Betroffenheit aufdrängen musste«.[49]

46 Siehe dazu oben S.90 ff.
47 Siehe dazu sogleich unten c.
48 *BVerwG,* Urt. v. 09.11.1979 – 4 N 1.78 u.a. –, BVerwGE 59, 87 (103).
49 *BVerwG,* Urt. v. 09.11.1979 – 4 N 1.78 u.a. –, BVerwGE 59, 87 (104).

Vor diesem Hintergrund stellt das Kriterium der Erkennbarkeit des Belanges gleichsam die Schnittstelle zwischen der materiellen Abwägung im Sinne des § 1 Abs.7 BauGB einerseits und den verfahrensrechtlichen Beteiligungsvorschriften der §§ 3 ff BauGB andererseits dar. Denn mit der Beteiligung nach diesen Vorschriften erhalten die Bürger und die Behörden die Gelegenheit, ihre Rechte und Belange vorzubringen. Dieses gilt auch für die Nachbargemeinde, die sich auf den § 2 Abs.2 BauGB bzw. die ihr in diesem Zusammenhang zugeordneten Belange beruft.[50]

d) Kriterium der »mehr als geringfügigen Betroffenheit«

Nach der Rechtsprechung des *Bundesverwaltungsgerichts* zum Abwägungsgebot in der Bauleitplanung ist für die (konkrete) Abwägungserheblichkeit eines Belanges erforderlich, dass er durch die Planung mehr als geringfügig betroffen wird. Auch wenn das notwendige Abwägungsmaterial einer planerischen Abwägung auch auf Grundlage dieser Forderung eher weit als eng abgegrenzt werden muss,[51] wird auf diese Weise dennoch eine Bagatellfallgrenze statuiert.[52] Der Planer muss nicht gleichsam »alles« berücksichtigen.

aa) »Krabbenkamp-Formel« des Bundesverwaltungsgerichts

Ob sich die Bagatellfallgrenze in Gestalt des Erfordernisses einer mehr als geringfügigen Betroffenheit des Belanges auch auf die Berührung von nachbargemeindlichen Interessen übertragen lässt, erscheint allerdings zweifelhaft. Blickt man nämlich auf die Anfänge der Rechtsprechung zum interkommunalen Abstimmungsgebot und auf die sich daran anschließende Entwicklung zurück, so war der Ansatzpunkt durchaus ein anderer. Bereits in dem grundlegenden »Krabbenkamp«-Urteil aus dem Jahre 1972 hatte das *Bundesverwaltungsgericht* insoweit die These aufgestellt, dass es einer

---

50 Ausführlicher zur verfahrensrechtlichen Absicherung der materiellen Abstimmungsverpflichtung unten S.122 ff.

51 Vgl. *BVerwG,* Urt. v. 09.11.1979 – 4 N 1.78 u.a. –, BVerwGE 59, 87 (102); *Krautzberger,* in: Battis/Krautzberger/Löhr, BauGB, 2009, § 1 Rn.116.

52 So auch *Halama,* DVBl 2004, 79 (80).

materiellen Abstimmung immer dann bedürfe, wenn »unmittelbare Auswirkungen gewichtiger Art« in Betracht kommen.[53]

Es liegt auf der Hand, dass diese als so genannte »Krabbenkamp-Formel« in den Folgejahren immer wieder durch die Rechtsprechung[54] bestätigte und durch die juristische Fachliteratur[55] im Wesentlichen akzeptierte Formulierung mit der allgemein für das Abwägungsgebot definierten Bagatellfallgrenze nicht konform geht.[56] Denn das Erfordernis »unmittelbarer Auswirkungen gewichtiger Art« stellt an den Grad der Betroffenheit des nachbargemeindlichen Belanges ersichtlich höhere Anforderungen als die Notwendigkeit einer »mehr als geringfügigen Betroffenheit«.

bb) Wandel der Rechtsprechung

Bei näherem Hinsehen lässt sich jedoch feststellen, dass die »Krabbenkamp-Formel« – jedenfalls hinsichtlich der Frage der konkreten Abwägungserheblichkeit eines nachbargemeindlichen Belanges – obsolet geworden ist. Denn in seiner Entscheidung zum »Gewerbepark Mülheim-Kärlich« führt das *Bundesverwaltungsgericht* im Einklang mit der herkömmlichen Rechtsprechung zum Abwägungsgebot aus, dass »eine verfahrensmäßig-formelle und eine materiell-inhaltliche Abstimmung (...) nach den zum Abwägungsgebot entwickelten Grundsätzen geboten (ist), wenn nachbargemeindliche Belange *in mehr als geringfügiger Weise* nachteilig betroffen werden«.[57]

---

53 *BVerwG,* Urt. v. 08.09.1972 – IV C 17.71 –, BVerwGE 40, 323 (331).

54 Siehe nur *BVerwG,* Urt. v. 15.12.1989 – 4 C 36.86 –, BVerwGE 84, 209 (216); *VGH Mannheim,* Beschl. v. 21.12.1976 – III 415/76 –, NJW 1977, 1465 (1467).

55 Siehe nur *Söfker,* in: Ernst u.a., BauGB, Stand Oktober 2008, § 2 Rn.110; *W. Schrödter,* in: Schrödter, BauGB, 6. Aufl. 1998, § 2 Rn.42.

56 Ebenso *Halama,* DVBl 2004, 79 (80).

57 *BVerwG,* Urt. v. 17.09.2003 – 4 C 14.01 –, BVerwGE 119, 25 (34); Hervorhebungen durch den Verfasser. Das *OVG Lüneburg,* Urt. v. 17.01.2008 – 1 LB 154/07 –, ZfBR 2008, 482 (485), weist in diesem Zusammenhang zutreffend darauf hin, dass »schädliche Auswirkungen« im Sinne des § 34 Abs.3 BauGB gravierender sein müssen als der Grad der Betroffenheit von Belangen, der die Schwelle der Abwägungserheblichkeit nach § 1 Abs.7 BauGB iVm § 2 Abs.2 S.1 und S.2 Hs.2 BauGB markiert; nicht eindeutig hingegen *OVG Koblenz,* Urt. v. 06.05.2009 – 1 C 10970/08 –, JURIS-Rn.28.

Der mit der vorstehenden Entscheidung vollzogene Maßstabswechsel für die Bestimmung der konkreten Abwägungserheblichkeit eines nachbargemeindlichen Belanges und damit das Erfordernis einer interkommunalen Abstimmung nach § 2 Abs.2 S.1 BauGB ist uneingeschränkt zu begrüßen. Denn zum einen wird deutlich, dass die Erwähnung des interkommunalen Abstimmungsgebotes in § 2 Abs.2 S.1 BauGB keine besondere Ausprägung des Abwägungsgebotes, sondern vielmehr (nur) eine besondere Betonung eines abwägungserheblichen Belanges darstellt.[58] Zum anderen wird die – jedenfalls auf dem Papier – schlechtere Behandlung von nachbargemeindlichen Belangen, die über Art.28 Abs.2 S.1 GG sogar einen verfassungsrechtlichen Schutz genießen, im Vergleich zu sonstigen Belangen beseitigt.[59]

cc) Verbleibende Bedeutung der »Krabbenkamp-Formel«

Die Bedeutungslosigkeit der »Krabbenkamp-Formel« für die Frage, ob eine Gemeinde einen nachbargemeindlichen Belang im Rahmen der Aufstellung eines Bauleitplanes *überhaupt* berücksichtigen muss, bedeutet allerdings keinesfalls eine vollständige Bedeutungslosigkeit des Kriteriums der »unmittelbaren Auswirkungen gewichtiger Art«. Vielmehr hat dieses Merkmal einen Bedeutungswandel erfahren:

(1) Zum einen kommt unmittelbaren Auswirkungen gewichtiger Art im Vergleich zu einer Berührung nachbargemeindlicher Belange, die gerade so eben die Geringfügigkeitsschwelle überschreitet, selbstverständlich ein höheres Gewicht zu. Der Abstimmungsbedarf wird auf diese Weise qualifiziert: Die Belange, die die planende Gemeinde den unmittelbaren und gewichtigen Auswirkungen ihrer Planung auf eine Nachbargemeinde ihrerseits entgegen hält, müssen zur Überwindung der nachbargemeindlichen Belange im Rahmen eines proportionalen Ausgleiches ebenfalls von einem erhöhten Gewicht sein.[60] Damit sind im Ergebnis allerdings erst die Ebenen der Gewichtung der als abwägungserheblich erkannten Belange sowie des Ausgleiches zwischen den Belangen angesprochen.[61] Es ist

58 Siehe dazu ausführlicher oben S.41 ff.

59 Vgl. dazu auch *Halama,* DVBl 2004, 79 (81).

60 Vgl. zum erhöhten Rechtfertigungszwang in dieser Konstellation nur *OVG Koblenz,* Urt. v. 06.05.2009 – 1 C 10970/08 –, BauR 2009, 1693 (1694).

61 Siehe dazu sogleich unten S.106 ff.

daher noch einmal zu betonen, dass der gesteigerte Grad der Betroffenheit in Gestalt von unmittelbaren Auswirkungen gewichtiger Art auf die Frage, ob der nachbargemeindliche Belang überhaupt in die Abwägung eingestellt werden muss, keinerlei Einfluss hat.

(2) Die Bedeutung der »Krabbenkamp-Formel« beschränkt sich allerdings nicht auf eine Qualifizierung des Abstimmungsbedarfes im vorstehenden Sinne. Vielmehr dient der Inhalt der Formel in der neueren bundesverwaltungsgerichtlichen Rechtsprechung auch dazu, die Zulässigkeit von Einzelvorhaben im Außenbereich zu begrenzen. Wenn ein Vorhaben unmittelbare Auswirkungen gewichtiger Art auf eine Nachbargemeinde hat, ist daraus ein förmliches Planungserfordernis abzuleiten, welches der Vorhabenszulassung zumindest im Außenbereich als öffentlicher Belang im Sinne des § 35 Abs.3 BauGB entgegenstehen kann.[62] Und für Vorhaben im unbeplanten Innenbereich kann bei einem qualifizierten Abstimmungsbedarf aus § 1 Abs.3 S.1 BauGB ein Planungserfordernis abzuleiten sein.[63]

dd) Kaufkraftabfluss als Kriterium zur Bestimmung der Geringfügigkeitsschwelle

Die infrastrukturelle Gewährleistung der warenmäßigen Nahversorgung stellt einen kommunalen Belang dar, den die Nachbargemeinde der planenden Gemeinde im Rahmen der interkommunalen Abstimmung nach § 1 Abs.7 BauGB in Verbindung mit § 2 Abs.2 S.1 BauGB entgegen halten kann.[64] Um nun im Verfahren der Aufstellung eines Bauleitplanes zu ermitteln, ob sich der Planentwurf mehr als geringfügig auf die Nahversorgungsinfrastruktur der Nachbargemeinde auswirkt, stellt sich die Frage, ob und gegebenenfalls wie (bereits) auf der Abwägungsstufe der konkreten Abwägungserheblichkeit das Kriterium des Kaufkraftabflusses fruchtbar gemacht werden kann. Denn wenn sich der Kaufkraftabfluss in Zahlen messen lässt, liegt es – jedenfalls auf den ersten Blick – nahe, einen konkreten Zahlenwert zu definieren, ab dem im Hinblick auf diesen

---

62 *BVerwG,* Urt. v. 01.08.2002 – 4 C 5.01 –, BVerwGE 117, 25 (30 und 33). Siehe dazu oben S.20 ff.

63 Vgl. *BVerwG,* Urt. v. 17.09.2003 – 4 C 14.01 –, BVerwGE 119, 25 (32). Siehe dazu bereits oben S.18 ff.

64 Siehe auch unten S.116 ff.

kommunalen Belang von einem Überschreiten der Geringfügigkeitsschwelle auszugehen ist.

Bei näherem Hinsehen muss jedoch festgestellt werden, dass eine derartige pauschale Grenzwertbestimmung mangels gesicherter Prognosegrundlagen und -methoden sowie mit Blick auf den Charakter der Bauleitplanung als durch den Einzelfall geprägte Abwägungsentscheidung (derzeit) nicht praktikabel ist. Etwaigen Daumen- oder Faustregeln, wonach erst bei einem mehr als zehnprozentigem Umsatzrückgang – in Bezug auf den gesamten innenstadtrelevanten Einzelhandel – eine die Abstimmungspflicht nach § 2 Abs.2 S.1 BauGB auslösende Beeinträchtigung anzunehmen sein soll,[65] ist daher bereits aus diesem Grunde eine klare Absage zu erteilen.[66] Dem Kriterium des Kaufkraftabflusses kann auch bei der Frage, ob eine Bauleitplanung sich mehr als geringfügig und damit konkret abwägungserheblich auf die Einzelhandelsinfrastruktur der Nachbargemeinde auswirkt, nur eine indizielle Bedeutung beigemessen werden. Der planenden Gemeinde ist in jedem Fall im eigenen Interesse anzuraten, die Geringfügigkeitsschwelle nicht zu niedrig anzusetzen und im Interesse einer rechtssicheren Bauleitplanung in Zweifelsfällen von einer konkreten Abwägungserheblichkeit des nachbargemeindlichen Belanges auszugehen. Denn das Überschreiten der Geringfügigkeitsschwelle bedeutet ja keinesfalls, dass die konkrete Bauleitplanung damit automatisch eine unzumutbare Belastung der Nachbargemeinde darstellt. Vielmehr können sich die Belange der planenden Gemeinde ohne weiteres noch durchsetzen.

e) Rückschlüsse für das Merkmal »benachbart« in § 2 Abs.2 S.1 BauGB

Bisher unbeachtet geblieben ist der Umstand, dass die Abstimmungsverpflichtung nach § 2 Abs.2 S.1 BauGB nur *benachbarte* Gemeinden trifft.

---

65 *Paul,* NVwZ 2004, 1033 (1037).

66 Allerdings ist durchaus zuzugestehen, dass bei einer Umsatzverteilung von bis zu 5 % eine Gefährdung der Existenz der benachbarten Einzelhändler eher unwahrscheinlich erscheint, während bei Kaufkraftabflüssen von mehr als 10 % im Regelfall mit spürbaren Wirkungen auf die benachbarte Angebotsstruktur gerechnet werden kann; vgl. *Acocella/Fürst/Seimetz,* IzR 1998, 89 (92 f.). Eine ähnliche Auffassung vertritt auch das *VG Neustadt/Weinstraße* Urt. v. 06.04.2000 – 2 K 3571/98, – GewArch 2000, 261 (264), welches in diesem Zusammenhang feststellt, dass die oftmals als maßgeblich angesehene 10%-Marke zwar von städtebaulicher Relevanz sein könne, nicht zugleich aber auch ein Überschreiten der Zumutbarkeitsschwelle bedeute.

Betrachtet man dieses Merkmal der »Nachbarschaft« jedoch genauer, so wird schnell deutlich, dass ihm letztlich keine eigenständige Bedeutung zukommen kann. Da § 2 Abs.2 S.1 BauGB nämlich nur die besondere Betonung eines abwägungserheblichen Belanges darstellt und sich die eigentliche (materielle) Abstimmung ausschließlich im Rahmen der Abwägung nach § 1 Abs.7 BauGB vollzieht, entscheidet alleine die tatsächliche Betroffenheit eines Belanges darüber, ob ein (materielles) interkommunales Abstimmungserfordernis besteht. Auf die räumliche Nähe der planenden Gemeinde zur von der Planung betroffenen Gemeinde kommt es hingegen nicht vorrangig und entscheidend an.[67] Daraus folgt zugleich, dass die Abstimmungsverpflichtung nach § 2 Abs.2 S.1 BauGB auch nicht an den Landesgrenzen Halt machen kann.[68] Vor diesem Hintergrund wird im Zusammenhang mit § 2 Abs.2 BauGB auch von einem »Nachbarbegriff im planungsrechtlichen Sinn« gesprochen.[69]

III. Zutreffende Gewichtung der als konkret abwägungserheblich erkannten Belange

Nachdem die konkret abwägungserheblichen Belange ermittelt worden sind, bedarf es in einem nächsten Schritt ihrer Gewichtung. Das *Bundesverwaltungsgericht* formuliert diese Phase des Abwägungsgebotes negativ,

67 Vgl. *BVerwG,* Beschl. v. 09.01.1995 – 4 NB 42.94 –, BauR 1995, 354 (356); *OVG Weimar,* Beschl. v. 23.04.1997 – 1 EO 241/97 –, DÖV 1997, 791 (792); *VGH München,* Urt. v. 03.05.1999 – 1 N 98.1021 –, BauR 1999, 1140 (1141); *VG Neustadt/ Weinstraße,* Beschl. v. 29.09.1998 – 2 L 2138/98 –, NVwZ 1999, 101 (103); *VG Potsdam,* Beschl. v. 07.05.1999 – 5 L 950/98 –, BauR 1999, 1146 (1147); *Bönker,* BauR 1999, 328 (335); *Brosche,* DVBl 1980, 213 (216); *Erbguth,* Öffentliches Baurecht, 2009, § 5 Rn.171; *Kniep,* VBlBW 1985, 291 (292); *Kopf,* Rechtsfragen bei der Ansiedlung von Einzelhandelsgroßprojekten, 2002, S.201; *Otting,* DVBl 1999, 595 (597); *Stühler,* VBlBW 1999, 206 (208); *Wagner,* ZfBR 2000, 21 (21); *Battis,* in: Battis/Krautzberger/Löhr, BauGB, 2009, § 2 Rn.22; *Söfker,* in: Ernst u.a., BauGB, Stand Oktober 2008, § 2 Rn.106.

68 *Jahn,* BayVBl 2000, 267 (268), *drs.,* GewArch 1997, 456 (459); *drs.,* LKV 1991, 258 (261); *Kopf,* Rechtsfragen bei der Ansiedlung von Einzelhandelsgroßprojekten, 2002, S.201 f. Zur Überschreitung von Landesgrenzen im Rahmen des § 2 Abs.2 S.2 Hs.1 BauGB siehe oben S.68 ff.

69 *Stühler,* VBlBW 1999, 206 (208).

indem es verlangt, dass die Bedeutung der betroffenen öffentlichen und privaten Belange nicht verkannt werden darf.[70]

Zu den Belangen, deren Gewicht auf dieser Ebene bestimmt werden muss, gehören ohne weiteres auch die als konkret abwägungserheblich identifizierten Interessen von Nachbargemeinden. Für die Bestimmung der objektiven Gewichtigkeit dieser nachbargemeindlichen Interessen sind im Grundsatz die gleichen Maßstäbe heranzuziehen, die auch sonst für die Bestimmung des Gewichtes von Belangen in der planerischen Abwägung nach § 1 Abs.7 BauGB gelten.[71] Entscheidend ist somit auch hier die objektive Gewichtigkeit des Belanges, für die zum einen seine abstrakte Wertigkeit und zum anderen die Intensität seiner Betroffenheit maßgeblich sind.

Bei der Bestimmung der abstrakten Wertigkeit speziell von nachbargemeindlichen Belangen kommt es entscheidend darauf an, ob und inwieweit sich diese bereits in konkreten Planungen niedergeschlagen haben. Der nachbargemeindliche Belang, der bereits in einer verbindlichen Bauleitplanung manifestiert wurde, wiegt ungleich schwerer als zum Beispiel ein städtebauliches Entwicklungskonzept, welches soeben durch den Gemeinderat beschlossen wurde und noch seiner Umsetzung in eine verbindliche Bauleitplanung harrt.

Hinsichtlich der Beurteilung der Intensität der Betroffenheit ist – wie bereits erwähnt[72] – unter anderem auch die »Krabbenkamp-Formel« des *Bundesverwaltungsgerichts* heranzuziehen. Beeinflusst eine Bauleitplanung nachbargemeindliche Interessen also unmittelbar und in gewichtiger Weise, so steigt damit naturgemäß auch das objektive Gewicht dieses Interesses in der planerischen Abwägung. Umgekehrt muss das objektive Gewicht des Belanges niedriger anzusetzen sein, wenn eine Bauleitplanung nur

70 *BVerwG,* Urt. v. 14.02.1975 – IV C 21.74 –, BVerwGE 48, 56 (59); *BVerwG,* Urt. v. 07.07.1978 – 4 C 79.76 u.a. –, BVerwGE 56, 110 (122); *BVerwG,* Urt. v. 22.03.1985 – 4 C 15.83 –, BVerwGE 71, 166 (171); *BVerwG,* Urt. v. 29.01.1991 – 4 C 51.89 –, BVerwGE 87, 332 (341); *BVerwG,* Urt. v. 21.03.1996 – 4 C 19.94 –, BVerwGE 100, 370 (383).

71 Siehe dazu zB *Hoppe,* in: Hoppe/Bönker/Grotefels, Öffentliches Baurecht, 2004, § 5 Rn.71 ff; *Erbguth,* Öffentliches Baurecht, 2009, § 5 Rn.157; *Schoen,* Die Planfeststellung zwischen Planungsentscheidung und Kontrollerlaubnis, 2003, S.292 ff.

72 Siehe oben S.103 f.

mittelbar und/oder marginal Einfluss auf die städtebauliche Entwicklung und Ordnung einer Nachbargemeinde nimmt.

Abschließend ist noch einmal darauf hinzuweisen, dass sich die Frage, mit welchem objektiven Gewicht ein nachbargemeindlicher Belang in die Abwägung eingestellt werden muss, einer generalisierenden Betrachtungsweise verschließt. Die abstrakte Wertigkeit des Belanges und die Intensität seiner Betroffenheit können immer nur im Einzelfall bestimmt werden. Gerade durch diese Abhängigkeit vom Einzelfall und das weitgehende Fehlen rechtlicher Vorbindungen wird das Wesen der Bauleitplanung als Abwägungsentscheidung geprägt.

IV. Keine Disproportionalität des Ausgleichs

Im Rahmen der letzten Ebene des Abwägungsgebotes hat die planende Gemeinde dafür Sorge zu tragen, dass der Ausgleich zwischen den verschiedenen, als konkret abwägungserheblich erkannten Belangen nicht in einer Weise vorgenommen wird, der zur objektiven Gewichtigkeit einzelner Belange außer Verhältnis steht.[73] Mit dieser in ständiger Rechtsprechung verwendeten Formulierung des *Bundesverwaltungsgerichts* wird zum einen die grundsätzliche Befugnis der planenden Gemeinde, sich bei der Kollision verschiedener Belange für die Bevorzugung des einen und damit notwendig für die Zurückstellung eines anderen zu entscheiden, als »elementare planerische Entschließung« anerkannt.[74] Gleichzeitig wird mit der Formulierung des *Bundesverwaltungsgerichts* die gemeindliche Entscheidungsfreiheit andererseits aber auch begrenzt: Das Abwägungsergebnis darf zum objektiven Gewicht einzelner Belange nicht außer Verhältnis stehen. Bezogen auf nachbargemeindliche Belange bedeutet dieses allgemein, dass die planende Gemeinde ihre Planungshoheit nicht rücksichtslos zum Nachteil einer anderen Gemeinde ausüben darf,[75] bzw. dass die städtebaulichen Belange der benachbarten Gemeinde nicht in unzumutbarer Weise beeinträchtigt werden dürfen.[76]

73 *BVerwG,* Urt. v. 12.12.1969 – IV C 105.66 –, BVerwGE 34, 301 (309 f); *BVerwG,* Urt. v. 05.07.1974 – IV C 50.72 –, BVerwGE 45, 309 (325 f).

74 *BVerwG,* Urt. v. 12.12.1969 – IV C 105.66 –, BVerwGE 34, 301 (309).

75 *BVerwG,* Urt. v. 17.09.2003 – 4 C 14.01 –, BVerwGE 119, 25 (35).

76 *W. Schrödter,* in: Schrödter, BauGB, 2006, § 2 Rn.42; *Jäde,* in: Jäde/Dirnberger/Weiß, BauGB/BauNVO, 2007, § 2 BauGB Rn.13.

Bei der Frage, wann in diesem Sinne eine Rücksichtslosigkeit bzw. Unzumutbarkeit gegeben ist, gilt es zunächst wieder zu beachten, dass sie sich – ebenso wie die Bestimmung des objektiven Gewichtes der Belange[77] – nicht generalisierend beantworten lässt. Das Vorziehen und Zurückstellen von Belangen im Rahmen der Abwägung nach § 1 Abs.7 BauGB bildet letztlich den Kern der planerischen Gestaltungsfreiheit der planenden Gemeinde.

Unbeschadet der Notwendigkeit, bei der Frage nach dem Überschreiten der Unzumutbarkeitsschwelle – und damit der Disproportionalität der Abwägungsentscheidung im Hinblick auf nachbargemeindliche Belange – den Blick immer auf die konkreten Umstände des Einzelfalles zu richten, haben sich in der Praxis jedoch einige Konkretisierungen bzw. Fallgruppen herausgebildet, die den Umgang mit dieser Problematik erleichtern sollen. Hierauf soll im Folgenden ein Blick geworfen werden:

1. Blick auf die Zielstellung der Bauleitplanung

Es liegt auf der Hand, dass bei der Einschätzung, ob nachbargemeindliche Belange durch eine Bauleitplanung bereits in unzumutbarer Weise beeinträchtigt werden, die Zielstellung dieser Planung von erheblicher Bedeutung ist. Je stärker die Bauleitplanung darauf ausgerichtet ist, über das Gemeindegebiet hinausgehende Auswirkungen zu erzielen und je weniger die Planung gleichzeitig dazu dient, dem eigenen örtlichen Bedarf gerecht zu werden, desto eher ist von einem unzumutbaren, unverhältnismäßigen Zurückdrängen der städtebaulichen Interessen der Nachbargemeinde auszugehen.[78]

Das Problem ist allerdings, dass die planende Gemeinde ihre »überörtlichen Absichten« im vorstehenden Sinne bei der Aufstellung des Bauleitplanes im Regelfall nicht entsprechend offen kundtun wird. Die Fälle, in denen die Rücksichtslosigkeit einer gemeindlichen Planung gegenüber den Belangen einer Nachbargemeinde schon anhand des Studiums der Entwurfsbegründung ohne weiteres deutlich wird, dürften daher die Ausnahme bilden. Vielmehr wird sich die Planbegründung üblicherweise darauf

77 Siehe soeben oben S.106 ff.

78 *Erbguth,* Öffentliches Baurecht, 2009, § 5 Rn.172; *Reidt,* in: Gelzer/Bracher/Reidt, Bauplanungsrecht, 2004, Rn.703.

beschränken, die Versorgungslücken im eigenen Gemeindegebiet und die Notwendigkeit ihrer Schließung aufzuzeigen.

2. Blick auf § 34 Abs.3 BauGB

Hilfreich könnte ein Blick auf § 34 Abs.3 BauGB sein. Nach dieser Vorschrift ist ein Vorhaben im unbeplanten Innenbereich nur zulässig, wenn von ihm »keine schädlichen Auswirkungen auf zentrale Versorgungsbereiche (...) in anderen Gemeinden zu erwarten« sind. Das *Bundesverwaltungsgericht* hat bereits betont, dass die Schwelle der Rücksichtslosigkeit bzw. Unzumutbarkeit im Rahmen des § 2 Abs.2 S.1 und S.2 Hs.2 BauGB höher anzusiedeln ist als die Schwelle der »Schädlichkeit von Auswirkungen« im Sinne des § 34 Abs.3 BauGB.[79]

Letztlich kann dieser Befund des *Bundesverwaltungsgerichts* aber nur eine (weitere) Orientierungshilfe sein. Denn selbst wenn der Gesetzgeber oder die Rechtsprechung die »schädlichen Auswirkungen« noch weiter (mittels Zahlenwerten) konkretisieren sollte, führt die Bejahung von »schädlichen Auswirkungen« im Sinne von § 34 Abs.3 BauGB doch noch nicht zwangsläufig auch zur Rücksichtslosigkeit bzw. Unzumutbarkeit einer Bauleitplanung. Vielmehr bleiben die nachbargemeindlichen Belange bei entsprechend gewichtigen städtebaulichen Interessen der planenden Gemeinde prinzipiell weiterhin im Wege der Abwägung überwindbar.

3. Blick auf die gemeindliche Rechtsstellung gegenüber Fachplanungsvorhaben

Einen weiteren Orientierungspunkt für die Beurteilung der Zumutbarkeit einer Bauleitplanung im Hinblick auf nachbargemeindliche Belange kann der Vergleich zur Beeinträchtigung von kommunalen Belangen durch Fachplanungsvorhaben bieten. Nach der Rechtsprechung des *Bundesverwaltungsgerichts* sind kommunale Interessen nach Maßgabe des fachplanungsrechtlichen Abwägungsgebotes[80] in Verbindung mit § 38 S.1 Hs.2 BauGB bei der Planfeststellung für ein Fachplanungsvorhaben dann zu berücksichtigen, wenn durch das Vorhaben eine hinreichend bestimmte

79 *BVerwG*, Urt. v. 11.10.2007 – 4 C 7/07 –, BVerwGE 129, 307 (311 f, Abs.15).
80 Vgl. zB § 18 S.2 AEG, § 17 Abs.1 S.2 FStrG.

kommunale Planung nachhaltig gestört wird oder wesentliche Teile des Gemeindegebietes einer durchsetzbaren Planung entzogen werden.[81]

Während allerdings im Anwendungsbereich des fachplanungsrechtlichen Abwägungsgebotes in Verbindung mit § 38 S.1 Hs.2 BauGB die Kriterien der nachhaltigen Störung einer konkretisierten kommunalen Planung sowie des Entzuges wesentlicher Teile des Gemeindegebietes nur die Schwelle der (konkreten) Abwägungserheblichkeit kommunaler Belange markiert, die für das Fachplanungsvorhaben sprechenden Belange sich also durchaus noch durchsetzen können, dürfte bei der interkommunalen Abstimmung im Sinne des § 2 Abs.2 S.1 BauGB bei der Erfüllung dieser Kriterien bereits die Grenze der Unzumutbarkeit überschritten sein. Denn anders als § 38 BauGB, der Fachplanungsvorhaben von überörtlicher Bedeutung von vornherein gegenüber der Bauleitplanung privilegiert, stehen sich im Rahmen der interkommunalen Abstimmung verschiedene Gemeinden gleichgeordnet gegenüber. Auf der Grundlage eines solchen Gleichordnungsverhältnisses ist es eine Selbstverständlichkeit, dass eine Gemeinde es nicht hinnehmen muss, wenn die Bauleitplanung einer anderen Gemeinde zu einer nachhaltigen Störung ihrer eigenen Planung oder dazu führt, dass wesentliche Teile ihres Gebietes einer durchsetzbaren Planung entzogen werden.

Der praktische Erkenntniswert der vorstehenden Feststellungen ist gleichwohl gering. Denn soweit auf die *Nachhaltigkeit* der Störung von konkretisierten Planungen (der Nachbargemeinde) abgestellt wird, ist diese Formulierung ebenso wenig griffig wie die Kriterien der *Unzumutbarkeit* bzw. der *Rücksichtslosigkeit*. In der Sache handelt es sich insoweit also nur um einen Austausch von Begrifflichkeiten.

Nur unwesentlich anders liegt es im Ergebnis hinsichtlich der Option, dass wesentliche Teile des Gemeindegebietes einer durchsetzbaren Planung entzogen werden. Auch wenn dieses Kriterium für sich betrachtet durchaus griffiger sein mag, ist es doch – jedenfalls primär – auf das Verhältnis zwischen Fachplanungsvorhaben einerseits und Bauleitplanungen andererseits zugeschnitten. Denn nur in dieser Konstellation ist es denkbar, dass

---

81 *BVerwG*, Urt. v. 27.03.1992 – 7 C 18.91 –, BVerwGE 90, 96 (100); *BVerwG*, Beschl. v. 09.01.1995 – 4 NB 42.94 –, NVwZ 1995, 694 (695); ebenso zB *OVG Lüneburg*, Beschl. v. 26.09.2006 – 7 ME 93/06 –, NuR 2007, 40 (40).

zwei unterschiedliche Planungsträger unmittelbar auf denselben Planungsraum zugreifen wollen. Im Gegensatz dazu ist bei »konkurrierenden« Bauleitplanungen jede Gemeinde von vornherein auf die Überplanung ihres eigenen Gemeindegebietes beschränkt. Die Möglichkeit, dass eine Bauleitplanung wesentliche Teile des Gebietes einer Nachbargemeinde einer durchsetzbaren Planung entzieht, ist also zwangsläufig auf mittelbare Beeinträchtigungen beschränkt.

Aus der letztgenannten Beschränkung folgt wiederum, dass die Anzahl der praktischen Fälle, in denen durch eine Bauleitplanung mittelbar wesentliche Teile des Gebietes einer Nachbargemeinde einer durchsetzbaren Planung entzogen werden, gegen Null tendieren dürfte. Selbst wenn man zum Beispiel davon ausgeht, dass die planende Gemeinde unmittelbar an der Grenze zur Nachbargemeinde ein immissionsintensives Gewerbegebiet festsetzt und damit zugleich die Festsetzungsmöglichkeiten der Nachbargemeinde wegen der Erfordernisse des Immissionsschutzes[82] beschränkt, handelt es sich doch immer noch um lokal sehr begrenzte Auswirkungen. Davon, dass der Nachbargemeinde *wesentliche* Teile ihres Gebietes einer durchsetzbaren Planung entzogen werden, kann in einer solchen Konstellation schwerlich die Rede sein.

4. Blick auf den durch Art.14 GG vermittelten Nachbarrechtsschutz

Nur bedingt hilfreich ist auch ein Blick auf den Nachbarrechtsschutz, der durch Art.14 GG bzw. den Gedanken der Aufopferung für das Gemeinwohl vermittelt wird. Soweit insbesondere im Zusammenhang mit dem enteignungsgleichen und dem enteignenden Eingriff die Grenze einer zumutbaren Eigentumsbeeinträchtigung dort gezogen wird, wo die Auswirkungen des hoheitlichen Handelns sich als »schwer und unerträglich« erweisen, ist der Blickwinkel dort unter zwei Gesichtspunkten ein anderer. Zum einen vermittelt die kommunale Planungshoheit der Gemeinde – anders als Art.14 Abs.1 GG dem betroffenen Bürger – kein Grundrecht. Zum anderen – und das ist der wesentliche Aspekt – ist auch hier wieder zu beachten, dass sich die Gemeinden im Rahmen der interkommunalen Abstimmung auf der Ebene der Gleichordnung gegenüberstehen. Der Grad der Betroffenheit, der die Annahme einer unzumutbaren Beeinträchtigung

82 Vgl. nur § 50 BImSchG.

der nachbargemeindlichen Planungshoheit zulässt, dürfte daher geringer anzusetzen sein als die Schwelle des Schweren und Unerträglichen.[83]

5. Blick auf die mittelbaren Folgen der Bauleitplanung

Die vorstehenden Ausführungen haben deutlich gemacht, dass für die Beurteilung der Zumutbarkeit einer gemeindlichen Bauleitplanung im Hinblick auf die städtebauliche Entwicklung in den Nachbargemeinden in erster Linie ein Blick auf die mittelbaren Folgen der Planung zu werfen ist:

a) (Infrastrukturelle) Folgelasten

Es liegt auf der Hand, dass die Ausweisung zum Beispiel eines neuen Wohngebietes infrastrukturelle Folgefragen auslöst. Zu nennen sind hier insbesondere die schulische Versorgung, die Vorhaltung von Krankenhauskapazitäten, die Existenz von kulturellen Angeboten oder die Organisation der Rettungsdienste.[84] Wenn nun in einer (flächenmäßig größeren) Gemeinde abseits der Ortskerne an der Grenze zur Nachbargemeinde ein neues Wohngebiet ausgewiesen werden soll und dieses Wohngebiet sich in unmittelbarer Nähe zu einem Ortskern der Nachbargemeinde befindet, liegt auf der Hand, dass die Bevölkerung dieses Wohngebietes bei der Befriedigung seiner infrastrukturellen Bedürfnisse in erheblichem Umfang auf das Angebot in dem Ortskern der Nachbargemeinde zurückgreifen wird. Die Konsequenz hieraus kann wiederum sein, dass die in öffentlichen Einrichtungen gebündelten strukturellen Kapazitäten der Nachbargemeinde nicht mehr ausreichen, um eine hinreichende Versorgung der Bürger im eigenen Gemeindegebiet zu gewährleisten.[85]

Angesichts des vorstehenden Befundes nimmt das *Bundesverwaltungsgericht* an, dass eine Nachbargemeinde auf der Grundlage des interkommunalen Abstimmungsgebotes einen Anspruch darauf hat, dass das

83 *Jäde,* in: Jäde/Dirnberger/Weiß, BauGB/BauNVO, 2007, § 2 BauGB Rn.13; a.A. *Lerche,* Festschr. VGH München, 1979, S.223 (233).

84 Vgl. *BVerwG,* Urt. v. 08.09.1972 – IV C 17.71 –, BRS 25 Nr.14 (S.49).

85 Ebenso ist denkbar, dass die Errichtung von Industrie- oder Gewerbegebieten an der Gemeindegrenze einen gesteigerten Bedarf an Wohnraum auslöst, der nur unter Rückgriff auf die Kapazitäten in der Nachbargemeinde gelöst werden kann; vgl. *Söfker,* in: Ernst u.a., BauGB, Oktober 2008, § 2 Rn.111.

Problem derartiger Folgelasten von vornherein in einer für sie tragbaren Weise gelöst wird.[86] Lässt die Bauleitplanung bzw. das sonstige planerische Konzept der agierenden Gemeinde hingegen in einer solchen Konstellation diesen Konflikt ungelöst, kann ohne weiteres eine unzumutbare Beeinträchtigung der Nachbargemeinde angenommen werden.

Das im vorstehenden Sinne für die abwägende Berücksichtigung nachbargemeindlicher Belange konkretisierte Gebot der Konfliktbewältigung[87] bedeutet allerdings nicht, dass jede Zusatzbelastung von öffentlichen Einrichtungen in der Nachbargemeinde zwangsläufig zu einer unzumutbaren (Folge-)Last und damit zu einem Abwägungsfehler führt. Denn es liegt gleichsam in der Natur der Sache, dass im Bereich von Gemeindegrenzen eine gewisse Lastenkommunikation stattfindet oder doch stattfinden kann.[88]

Letztere Erkenntnis führt wiederum dazu, dass auch der Blick auf die (infrastrukturellen) Folgelasten für die Beurteilung der Zumutbarkeit einer Bauleitplanung im Hinblick auf nachbargemeindliche Belange nur eine indizielle Bedeutung haben kann. Diese Fallgruppe ist dazu geeignet, sich der Bestimmung der Unzumutbarkeitsschwelle anzunähern, liefert jedoch keine abstrahierbaren Aussagen, die den Blick auf den Einzelfall entbehrlich machen könnten.

Letzteres gilt grundsätzlich auch dann, wenn die Folgelasten durch Zahlenwerte – als Beispiel sei die in Prozentwerten ausgedrückte Erhöhung der Inanspruchnahme des städtischen Schwimmbades in der Nachbarkommune genannt – messbar gemacht werden. Zwar sind auch derartige, in Zahlen ausgedrückte Konkretisierungen der für die Nachbargemeinde belastenden Folgen einer Bauleitplanung für die Bestimmung der Unzumutbarkeitsschwelle hilfreich, jedoch können sie nicht davon befreien, immer im Einzelfall die für die Planung sprechenden Belange zu betrachten. Hinzu

---

86 *BVerwG,* Urt. v. 08.09.1972 – IV C 17.71 –, BRS 25 Nr.14 (S.50).

87 Vgl. zum Gebot der (planerischen) Konfliktbewältigung grundlegend zB *BVerwG,* Urt. v. 09.03.1979 – 4 C 41.75 –, BVerwGE 57, 297 (300); *BVerwG,* Urt. v. 23.01.1981 – 4 C 68.78 –, BVerwGE 61, 307 (311); *Hoppe,* in: Hoppe/Bönker/Grotefels, Öffentliches Baurecht, 2004, § 5 Rn.142 ff; *Weyreuther,* BauR 1975, 1 ff.

88 *BVerwG,* Urt. v. 08.09.1972 – IV C 17.71 –, BRS 25 Nr.14 (S.50).

kommen selbstverständlich die rein praktischen Probleme, die bei der zahlenmäßigen Bestimmung des Umfanges von Folgelasten auftreten.[89]

b) Zunahme von Immissions- und Verkehrsbelastungen

Ein weiterer Fall, in dem unter dem Blickwinkel der mittelbaren Folgen einer Bauleitplanung eine unzumutbare Beeinträchtigung nachbargemeindlicher Belange möglich erscheint, ist die Zunahme von Immissions- und Verkehrsbelastungen. So kann ein Bauleitplan sich dann als rücksichtslos und damit abwägungsfehlerhaft erweisen, wenn er zwar den Bedürfnissen der Bevölkerung im eigenen Gemeindegebiet entspricht, jedoch die Sicherheit und Gesundheit der Bürger einer benachbarten Gemeinde durch Immissions- und Verkehrsbelastungen beeinträchtigt.[90] Zu denken ist hier insbesondere an die Ansiedlung eines (geruchsintensiven) Schlachthofes oder eines (lärmintensiven) Industriebetriebes an der Gemeindegrenze.[91] In derartigen Konstellationen ist es ohne weiteres denkbar, dass das Ansiedlungsbestreben die Bauleitplanung der Nachbargemeinde für ein ebenfalls in Grenznähe gelegenes Wohngebiet konterkariert, wobei es nicht darauf ankommt, ob der Bauleitplan bereits vollzogen wurde.[92]

Denkbar ist aber auch die Planung für eine attraktive Freizeiteinrichtung, die sich – jedenfalls günstig – nur über das Straßennetz der Nachbargemeinde erreichen lässt. Hier können die Zunahme der Immissionsbelastungen und gegebenenfalls die Auswirkungen auf den Verkehrsfluss so immens sein, dass sich die planende Gemeinde ebenfalls den Vorwurf einer nicht hinreichenden Konfliktbewältigung und damit eines Abwägungsfehlers machen lassen muss.

Aber auch die Fallgruppe der Immissions- und Verkehrsbelastungen kann für die Bestimmung der Unzumutbarkeitsschwelle im Einzelfall nur indizielle Bedeutung haben. Denn auch sie beantwortet die Frage, wann diese Folgewirkungen einer Bauleitplanung die Grenzen der Verhältnismäßigkeit übersteigen, nicht in einer generalisierbaren Weise.

---

89 Siehe dazu oben S.104 f und unten S.116 ff sowie bereits oben S.64 ff.
90 Vgl. *VGH München,* Urt. v. 04.09.1984 – 1 B 82 A.439 –, BayVBl 1985, 83 (86).
91 Vgl. dazu bereits oben S.110.
92 Vgl. *Söfker,* in: Ernst u.a., BauGB, Stand Oktober 2008, § 2 Rn.111.

c) Gefährdung der warenmäßigen Nahversorgung und Kaufkraftabfluss

Mittelbare Folgen einer Bauleitplanung, die zu einer unzumutbaren Belastung der Nachbargemeinde führen, sind schließlich insoweit denkbar, als aufgrund der Attraktivität (Warenangebot, Erreichbarkeit, Parkplatzangebot) der auf Basis der neuen Bauleitplanung zulassungsfähigen Vorhaben in erheblichem Umfang Kaufkraft in der Nachbargemeinde abgeschöpft und auf diese Weise die Existenz der lokalen Einzelhandelsbetriebe gefährdet wird. Dabei ist allerdings zu beachten, dass weder die Existenz eines konkreten Einzelhandelsbetriebes noch sein Schutz vor konkurrierenden Unternehmen in anderen Gemeinden solche Belange darstellen, die eine Gemeinde im Rahmen der Abwägung nach § 1 Abs.7 BauGB in Verbindung mit § 2 Abs.2 S.1 BauGB erfolgreich ins Feld führen kann. Die Existenz des konkreten Einzelhandelsbetriebes stellt vielmehr einen privaten Belang dar, der von dem betroffenen Unternehmer allenfalls individuell geltend gemacht werden kann.

Das private Interesse am Fortbestand des konkreten Einzelhandelsbetriebes kann sich jedoch – unter einem anderen Blickwinkel – zu einem kommunalen Belang wandeln, wenn durch den Kaufkraftabfluss die Einzelhandelslandschaft insgesamt und damit die Versorgung der (immobilen) Bevölkerung in Frage gestellt wird. Denn die verbrauchernahe Versorgung stellt – wie auch § 1 Abs.6 Nr.8 lit.a BauGB verdeutlicht[93] – sehr wohl einen Belang dar, dessen sich die Gemeinde annehmen darf und soll. Die verbrauchernahe Versorgung durch Ansiedlung von Einzelhandelsbetrieben an städtebaulich integrierten Standorten ist ein wesentliches Anliegen einer nachhaltigen städtebaulichen Entwicklung.[94] Entsprechend geht auch die Tendenz in der Rechtssprechung recht eindeutig und zunehmend dahin, dem auf der Grundlage einer Planung voraussichtlich zu erwartenden Kaufkraftabfluss eine besondere indizielle Bedeutung für die Beurteilung

93 Dort heißt es: »Bei der Aufstellung der Bauleitpläne sind insbesondere zu berücksichtigen (...) die Belange der Wirtschaft, auch ihrer mittelständischen Struktur im Interesse einer verbrauchernahen Versorgung der Bevölkerung (...)«. Vgl. hierzu auch *BVerwG*, Urt. v. 03.04.2008 – 4 CN 3.07 –, NVwZ 2008, 902 (903, Abs.22).

94 *Krautzberger*, in: Battis/Krautzberger/Löhr, BauGB, 2009, § 1 Rn.72.

der Zumutbarkeit der Planung im Hinblick auf die Versorgungsstruktur in der Nachbargemeinde beizumessen.[95]

Im Folgenden soll daher ein kurzer Überblick über die grundlegenden Eck- und Problempunkte bei der Ermittlung und Bewertung des Kaufkraftabflusses gegeben werden:

aa) Maßgebliche Bezugsgrößen für den Kaufkraftabfluss

Um den Kaufkraftabfluss überhaupt als Bewertungsmaßstab für die Auswirkungen auf die Einzelhandelsinfrastruktur in der Nachbargemeinde fruchtbar machen zu können, gilt es zunächst einmal, die einschlägigen Bezugsgrößen zu definieren, wobei zwischen der räumlichen und der sachlichen Bezugsgröße zu differenzieren ist.

(1) In räumlicher Hinsicht stellt sich im Wesentlichen die Frage, ob der Kaufkraftabzug auf die Nachbargemeinde insgesamt oder aber auf Teile des Gebietes der Nachbargemeinde zu beziehen ist. Blickt man in diesem Zusammenhang auf § 2 Abs.2 S.2 Hs.2 BauGB, so spricht diese Regelung eher dafür, nur Teile des Gemeindegebietes zum Bezugspunkt zu wählen. Denn indem der Gesetzgeber gerade die Auswirkungen auf die zentralen Versorgungsbereiche als für die Nachbargemeinde berufungsfähig erklärt hat, hat er damit gleichzeitig die Teile des Gemeindegebietes, die (faktisch oder planerisch) die Kriterien für einen zentralen Versorgungsbereich erfüllen, als ein Schutzobjekt der nachbargemeindlichen Abstimmung im Sinne des § 2 Abs.2 S.1 BauGB anerkannt.[96] Es liegt daher nahe, dieses durch den Gesetzgeber selbst ausdrücklich anerkannte Schutzobjekt auch als Bezugsgröße für die Bemessung des Kaufkraftabflusses zu wählen.

Zwingend ist die vorstehende Sichtweise allerdings nicht. Denn zum einen hat der Gesetzgeber die zentralen Versorgungsbereiche in § 2 Abs.2 S.2 Hs.2 BauGB wegen ihrer besonderen praktischen Bedeutung nur bewusst hervorgehoben.[97] Die zentralen Versorgungsbereiche sind daher nicht *das*

---

95 Vgl. nur *BVerwG,* Urt. v. 11.10.2007 – 4 C 7.07 –, BVerwGE 129, 307 (312, Abs.16); *BVerwG,* Urt. v. 17.09.2003 – 4 C 14.01 –, BVerwGE 119, 25 (33); *OVG Bremen,* Urt. v. 31.10.2007 – 1 D 147/07 –, JURIS-Rn.60 ff; *VGH Mannheim,* Beschl. v. 19.05.2008 – 3 S 2509/07 –, ZfBR 2009, 71 (73).

96 Siehe dazu oben S.77 ff.

97 Siehe dazu oben S.77 ff.

ausschließliche Schutzobjekt der interkommunalen Abstimmungsverpflichtung, sondern vielmehr nur *ein* mögliches Schutzobjekt.

Zum anderen ist zu berücksichtigen, dass das Kriterium des Kaufkraftabflusses – jedenfalls im unmittelbaren Anwendungsbereich von § 1 Abs.7 BauGB in Verbindung mit § 2 Abs.2 S.1 BauGB – lediglich eine durch Rechtsprechung und Literatur entwickelte Hilfe zur Bestimmung der Unzumutbarkeitsschwelle darstellt. Da der Kaufkraftabfluss als Maßstab somit ohnehin einer unmittelbaren gesetzlichen Grundlage entbehrt, können auch für die Bezugsgrößen keine strikten Vorgaben angenommen werden.

Hinzu kommt, dass insbesondere die Rechtsprechung immer wieder betont, dass den von ihr benannten Zahlenwerten nur eine *indizielle* Bedeutung beikommt und dementsprechend eine Auseinandersetzung mit den konkreten Umständen des Einzelfalles nicht unterbleiben darf.[98] Für eine indizielle Wirkung sind aber sowohl das Abstellen auf das gesamte Gemeindegebiet als auch auf Teile des Gemeindegebietes – insbesondere auf die zentralen Versorgungsbereiche – ohne weiteres geeignet.

(2) Wie für die räumliche Bezugsgröße gilt auch für die sachliche Bezugsgröße, dass es im Rahmen der Abwägung nach § 1 Abs.7 BauGB in Verbindung mit § 2 Abs.2 S.1 BauGB keine starren Vorgaben gibt. Ob und gegebenenfalls auf welche Sortimente die Betrachtung bei der Bemessung des Kauftkraftabflusses zu beschränken ist, lässt sich dem Gesetz in keiner Weise entnehmen.

bb) Problematik fachgutachterlicher Grundannahmen

Um das Ausmaß des zu erwartenden Kaufkraftabzugs zu ermitteln, lassen die handelnden Akteure – also die planende Gemeinde und die Nachbargemeinde – in der Regel Fachgutachten mit einer Prognose über die in der Nachbargemeinde zu erwartenden Umsatzverluste erstellen. Da es allerdings – im Gegensatz zum Beispiel zur Verkehrslärmprognose nach der 16. BImSchV – an einem gesetzlich kodifizierten Prognoseverfahren und

98 Vgl. zB *OVG Frankfurt (Oder),* Beschl. v. 16.12.1998 – 3 B 116/98 –, NVwZ 1999, 434 (435); *OVG Münster,* Urt. v. 06.06.2005 – 10 D 148.04 NE –, BauR 2005, 1587 (1593); *VGH München,* Urt. v. 14.01.1991 – 2 B 89.785 –, GewArch 1991, 314 (316).

zumeist auch an einer zuverlässigen Datengrundlage fehlt,[99] liegt auf der Hand, dass sich die Prognose des Umsatzverlustes als besonders heikel erweist.[100] So waren beispielsweise vor der Genehmigung des »CentrO« in Oberhausen im Jahre 1992 für die Innenstädte von Oberhausen und Bottrop Umsatzverluste von 4,3 % bzw. 2,5 % vorhergesagt worden,[101] wohingegen zwei Untersuchungen aus dem Jahr 1999 feststellten, dass die durch das neue Einkaufszentrum hervorgerufene Umsatzumverteilung tatsächlich bei jeweils etwa 10 % lag.[102]

Zwar überprüft die Rechtsprechung selbst bei Prognosen auf einer gesetzlichen Grundlage nur, ob diese mit den im maßgebenden Zeitpunkt verfügbaren Erkenntnismitteln unter Beachtung der für sie erheblichen Umstände sachgerecht erarbeitet worden sind,[103] jedoch lässt sich nicht leugnen, dass ein Vergleich zwischen Prognose und tatsächlicher Entwicklung zumindest dazu geeignet ist, Rückschlüsse auf die Qualität der Prognosegrundlagen und gegebenenfalls auch der Prognosemethode zuzulassen.

---

99 Vgl. hierzu *Schmitz*, in: Sieber u.a. (Hg.), Der gekaufte Verstand, 2001, S. 79 ff.

100 Vgl. zB die Ausführungen in *OVG Lüneburg*, Urt. v. 31.05.2007 – 1 KN 265/05 –, BRS 71 Nr.40 (S.196). Eine übliche Methode zur Prognostizierung von Kaufkraftabflüssen stellt das sog. ökonometrische Verfahren dar. Hierbei wird ein Einzugsbereich geschätzt und in Zonen potentiell unterschiedlicher Marktdurchdringung eingeteilt. Für die einzelnen Zonen werden die zu erwartenden Marktanteile per Schätzung ermittelt. Aus dem zonenspezifischen Marktanteil sowie der zonenspezifischen Kaufkraft und Einwohnerzahl errechnet man den absolut zu erwartenden Umsatz, an welchem sich die Güte des ins Auge gefassten Standorts bemisst. Vgl. *Bienert*, Standortmanagement – Methoden und Konzepte für Handels- und Dienstleistungsunternehmen, 1996, S.73; *Schmitz/Federwisch*, Einzelhandel und Planungsrecht, 2004, Rn.29 f; krit. zu der Aussagekraft solcher Untersuchungen *Heinritz/Rauh*, RuR 2000, 47 ff.

101 Vgl. *Schmitz*, ZfBR 2001, 85 (89).

102 Vgl. *Liesche*, Auswirkungen und Entwicklungsdynamik im Einzelhandel im Naheinzugsbereich des CentrO, 1999; *Schneider*, Räumliche und marketingorientierte Anpassungsstrategien des mittelständischen Einzelhandels bei Realisierung eines Einzelhandelsgroßprojektes, 1999.

103 Vgl. *BVerwG*, Urt. v. 08.07.1998 – 11 A 53.97 –, DVBl 1998, 1188 (1189); *BVerwG*, Urt. v. 07.07.1978 – 4 C 79.76 u.a. –, BVerwGE 56, 110 (121); *BVerwG*, Urt. v. 05.12.1986 – 4 C 13.85 –, BVerwGE 75, 214 (234).

cc) Bestimmung eines Grenzwertes

Eine eindeutige Tendenz, ab welchem konkreten prozentualen Wert eine Unzumutbarkeit und damit eine Verletzung des Abwägungsgebotes nach § 1 Abs.7 BauGB in Verbindung mit § 2 Abs.2 S.1 BauGB gegeben ist, kann der bisherigen Rechtsprechung nicht entnommen werden. Während zB das *Oberverwaltungsgericht Bautzen*[104] einen Bebauungsplan für nichtig erklärte, weil das auf dessen Grundlage zulassungsfähige Einzelhandelsgroßprojekt dazu geeignet war, 25 % der Kaufkraft eines Stadtteils der Nachbargemeinde abzuziehen, maß der *Verwaltungsgerichtshof München*[105] erst einem Kaufkraftabfluss von 45 % eine bestätigende Indizwirkung für eine Überschreitung der Zumutbarkeitsgrenze bei. Das *Bundesverwaltungsgericht* hat sich zu konkreten Zahlenwerten – soweit ersichtlich – bisher nicht konkret geäußert.[106]

dd) Fazit

Es lässt sich konstatieren, dass das Kriterium des (prozentualen) Kaufkraftabflusses derzeit keine pauschale und generalisierbare Bestimmung der Grenze erlaubt, ab der sich eine Bauleitplanung im Hinblick auf die Beeinträchtigung der Einzelhandelsversorgungsstrukturen in der Nachbargemeinde als unzumutbar bzw. rücksichtslos erweist. Gleichwohl bildet ein gutachterlich prognostizierter Kaufkraftabfluss eine legitime und zweckmäßige Argumentationsgrundlage im Rahmen der planerischen Abwägung. Allerdings ist dabei zu beachten, dass die der Prognose zu Grunde liegenden tatsächlichen und methodischen Grundlagen – ebenso wie bei einer Prognose auf gesetzlicher Grundlage – einen Mindeststandard erfüllen müssen. Entsprechend müssen insbesondere auch die der Prognose zu Grunde liegenden Bezugsgrößen eindeutig benannt werden und ihre Wahl im Hinblick auf den konkreten Einzelfall plausibel sein.

---

104 *OVG Bautzen,* Urt. v. 08.12.1993 – 1 S 81/93 –, LKV 1995, 84 (86).

105 *VGH München,* Urt. v. 14.01.1991 – 2 B 89.785 –, GewArch 1991, 314 (316).

106 Der Kaufkraftabfluss wird vom *Bundesverwaltungsgericht* allerdings durchaus als wesentlicher tatsächlicher Faktor für die Beantwortung der Frage, ob eine Planung bzw. ein Vorhaben für die Nachbargemeinde unzumutbar bzw. schädlich ist, anerkannt; vgl. *BVerwG,* Urt. v. 17.09.2003 – 4 C 14.01 –, BVerwGE 119, 25 (33); *BVerwG,* Urt. v. 11.10.2007 – 4 C 7.07 –, BVerwGE 129, 307 (312, Abs.16).

Darüber hinaus muss man sicherlich immer kritisch hinterfragen, ob das in das Verfahren eingebrachte Gutachten von der planenden Gemeinde oder aber von der (betroffenen) Nachbargemeinde vorgelegt wird. Denn dort, wo der Gutachter sich auf ohnehin unsicherem Terrain bewegt und gesetzliche Maßstäbe für die Erstellung der Prognose fehlen, besteht die verstärkte Gefahr, dass der jeweilige Auftraggeber entsprechend seinem Interesse Einfluss nimmt.

Solange sich der Kaufkraftabfluss als Kriterium zur Ermittlung von unzumutbaren Beeinträchtigungen der Einzelhandelsinfrastruktur in der Nachbargemeinde gleichsam »freischwebend« im Abwägungsgebot nach § 1 Abs.7 BauGB in Verbindung mit § 2 Abs.2 S.1 BauGB bewegt, kann prognostischen Aussagen zu der zu erwartenden Umsatzumverteilung nur eine indizielle Bedeutung beigemessen werden. Erst wenn der Gesetzgeber oder gegebenenfalls die höchstrichterliche Rechtsprechung konkrete Zahlenwerte und vor allen Dingen auch die maßgeblichen Prognosegrundlagen und -methoden vorgibt, könnte sich der Kaufkraftabfluss eventuell sogar zum ausschließlichen Entscheidungsgesichtspunkt wandeln.

Ob eine Festlegung von Gesetzgeber oder Rechtsprechung in vorstehendem Sinne allerdings rechtspolitisch wirklich sinnvoll ist, erscheint durchaus zweifelhaft. Denn der Gewinn an Rechtssicherheit müsste durch einen Verlust an planerischer Gestaltungsfreiheit und vor allen Dingen an Einzelfallgerechtigkeit recht teuer erkauft werden. Wenn man sich zum Beispiel vorstellt, dass die Nachbargemeinde, die sich nunmehr auf eine Gefährdung ihrer Versorgungsinfrastruktur beruft, sich im Vorfeld ihrerseits aus der Kaufkraft der nunmehr planenden Gemeinde »bedient« hat und daher überversorgt ist, ist schwerlich einsichtig, warum die planende Gemeinde dieses Terrain nicht zurückerobern dürfen soll. Aus diesem Grunde erweist es sich als ausreichend, dass bereits mit dem neuen § 2 Abs.2 S.2 Hs.1 BauGB die Rechte der Nachbargemeinde in Gestalt eines zwingenden Rechtssatzes gestärkt wurden. Eine weitergehende pauschale Steuerung der planerischen Gestaltungsfreiheit erscheint hingegen nicht erforderlich; hier sollte vielmehr weiterhin die Vorherrschaft der – nur eingeschränkt gerichtlich kontrollierbaren – Einzelfallentscheidung gelten.

§ 8 Verfahrensmäßige Absicherung der materiell-rechtlichen Abstimmungsverpflichtung

I. Vorüberlegungen

Die Beachtung zentralörtlicher Funktionszuweisungen zu Gunsten von Nachbargemeinden gemäß § 2 Abs.2 S.2 Hs.1 BauGB sowie die Berücksichtigung (sonstiger) nachbargemeindlicher Belange in der Abwägung gemäß § 1 Abs.7 BauGB in Verbindung mit § 2 Abs.2 S.1 BauGB stellen materiell-rechtliche Anforderungen an die Bauleitplanung dar. Dieses gilt auch für das Ermitteln und das Gewichten der Belange im Rahmen der Abwägung, da nach der hier vertretenen Auffassung durch § 2 Abs.3 BauGB der Charakter dieser Abwägungsphasen als (äußere) Verfahrensanforderungen nur fingiert wird. Die Fiktion führt ausschließlich dazu, dass ein materieller Fehler bei der Ermittlung oder der Gewichtung der Belange auf der Fehlerfolgenseite als Verfahrensmangel behandelt wird.[1]

Da somit »echte« Verfahrensvorschriften bisher noch nicht Gegenstand der Betrachtung waren, stellt sich nunmehr die Frage, wie die materiell-rechtlichen Positionen der Nachbargemeinde verfahrensrechtlich abgesichert sind. Blickt man hierzu zunächst in § 2 Abs.2 BauGB, so wird schnell deutlich, dass diese Vorschrift selbst keinerlei verfahrensrechtliche Anforderungen normiert.[2] Vielmehr beschränkt sich die Norm auf die Statuierung eines zwingenden Rechtssatzes in § 2 Abs.2 S.2 Hs.1 BauGB sowie auf die Betonung der Abwägungserheblichkeit von nachbargemeindlichen Belangen in § 2 Abs.2 S.1 BauGB und § 2 Abs.2 S.2 Hs.2 BauGB.

Da somit Verfahrensvorschriften, welche ausschließlich der Absicherung der materiellen Abstimmungspflichten nach § 1 Abs.7 BauGB in Verbindung mit § 2 Abs.2 BauGB dienen, nicht existieren, können insoweit nur die allgemeinen Anforderungen für die Aufstellung der Bauleitpläne zur Anwendung kommen. Auf diese soll – selbstverständlich beschränkt auf konkrete Berührungspunkte mit dem materiell-rechtlichen nachbarge-

---

1 Siehe oben S.87 f.

2 So auch *BVerwG*, Urt. v. 15.12.1989 – 4 C 36.86 –, BVerwGE 84, 209 (216); *BVerwG*, Urt. v. 08.09.1972 – IV C 17.71 –, BVerwGE 40, 323 (328 f); *Uechtritz*, in: Spannowsky/Uechtritz, BauGB, 2009, § 2 Rn.20.

meindlichen Abstimmungsgebot – im Folgenden näher eingegangen werden.

II. Maßgebliche Beteiligungsvorschriften im Einzelnen

Es liegt auf der Hand, dass eine Nachbargemeinde, deren Belange durch eine fremde Bauleitplanung beeinträchtigt werden können, ein gesteigertes Interesse daran hat, in den Planungsprozess einbezogen zu werden und ihre Belange geltend zu machen. Die Suche nach Verfahrensvorschriften, die einen Bezug zum materiell-rechtlichen interkommunalen Abstimmungsgebot aufweisen, ist somit faktisch eine Suche nach Beteiligungsvorschriften.

1. Frühzeitige Behördenbeteiligung (§ 4 Abs.1 BauGB)

Gemäß § 4 Abs.1 BauGB sind »die Behörden und sonstigen Träger öffentlicher Belange, deren Aufgabenbereich durch die Planung berührt werden kann, (…) entsprechend § 3 Abs.1 S.1 Hs.1 zu unterrichten und zur Äußerung auch im Hinblick auf den erforderlichen Umfang und Detaillierungsgrad der Umweltprüfung nach § 2 Abs.4 aufzufordern«. Durch den Verweis auf den § 3 Abs.1 S.1 Hs.1 BauGB wird somit neben der frühzeitigen Öffentlichkeitsbeteiligung auch eine frühzeitige Beteiligung von Behörden und sonstigen Trägern öffentlicher Belange etabliert.

a) Nachbargemeinde als Trägerin öffentlicher Belange

In persönlicher Hinsicht ist der Anwendungsbereich des § 4 Abs.1 BauGB im Hinblick auf Nachbargemeinden ohne weiteres eröffnet.[3] Denn die Gemeinden nehmen als eigenständige Einheiten öffentliche Aufgaben wahr[4] und sind damit jedenfalls (sonstige) Träger öffentlicher Belange im Sinne dieser Vorschrift. Auf die Frage, ob die Gemeinden darüber hinaus

---

3 So auch *Battis,* in: Battis/Krautzberger/Löhr, BauGB, 2009, § 4 Rn.3; *Bönker,* in: Hoppe/Bönker/Grotefels, Öffentliches Baurecht, 2004, § 3 Rn.216; *Siegel,* Verfahrensbeteiligung von Behörden und anderen Trägern öffentlicher Belange, 2001, S.21.

4 Zur Maßgeblichkeit dieses Kriteriums vgl. *Reidt,* in: Gelzer/Bracher/Reidt, Bauplanungsrecht, 2004, Rn.556; *Bönker,* in: Hoppe/Bönker/Grotefels, Öffentliches Baurecht, 2004, § 3 Rn.216.

zugleich auch dem Behördenbegriff des § 1 Abs.4 VwVfG unterfallen, kommt es hingegen nicht entscheidend an.

b) Möglichkeit der Berührung des nachbargemeindlichen Aufgabenbereiches

In sachlicher Hinsicht ist für die Anwendbarkeit des § 4 Abs.1 BauGB entscheidend, dass durch die Bauleitplanung der Aufgabenbereich der Nachbargemeinde berührt werden kann. Mit dieser Voraussetzung wird gleichsam die Schnittstelle zwischen den materiell-rechtlichen Anforderungen der §§ 1 Abs.7 und 2 Abs.2 BauGB einerseits sowie dem äußeren Verfahrensrecht andererseits geschaffen. Denn die in § 4 Abs.1 BauGB vorausgesetzte Berührung des Aufgabenbereiches der Nachbargemeinde knüpft letztlich an das materiell-rechtliche Abwägungserfordernis der Betroffenheit in nachbargemeindlichen Belangen an.

Zu beachten ist allerdings, dass das Beteiligungserfordernis nach § 4 Abs.1 BauGB in Verbindung § 3 Abs.1 S.1 Hs.1 BauGB noch keine tatsächliche Betroffenheit nachbargemeindlicher Belange voraussetzt. Denn das Beteiligungsverfahren dient ja gerade dazu, den Kreis der durch die Planung Betroffenen und den Grad der Betroffenheit erst zu ermitteln. Daher genügt für die Notwendigkeit der Beteiligung nach § 4 Abs.1 BauGB, dass der Aufgabenbereich der Nachbargemeinde durch die Planung berührt werden *kann*. Es ist also nur maßgeblich, ob der von der Nachbargemeinde zu erwartenden Stellungnahme eine potenzielle Abwägungsrelevanz zukommt[5] oder ob – mit anderen Worten – die Möglichkeit nicht auszuschließen ist, dass die benachbarte Gemeinde in ihren Belangen berührt sein kann.[6] Um die Vollständigkeit des Abwägungsmateriales zu gewährleisten, empfiehlt sich in Zweifelsfällen eine eher großzügige Handhabung der Beteiligungsvorschriften.[7]

Zusammenfassend lässt sich festhalten, dass es insgesamt drei Ebenen gibt, auf denen die Frage nach der Berührung bzw. der Betroffenheit nachbargemeindlicher Belange bei der Abarbeitung des interkommunalen Abstimmung relevant wird: Auf der ersten Ebene, der äußeren Verfahrensebene,

5 Vgl. *Bönker,* in: Hoppe/Bönker/Grotefels, Öffentliches Baurecht, 2004, § 3 Rn.216.
6 *Söfker,* in: Ernst u.a., BauGB, Stand Oktober 2008, § 2 Rn.108.
7 *Bönker,* in: Hoppe/Bönker/Grotefels, Öffentliches Baurecht, 2004, § 3 Rn.216.

genügt die bloße Möglichkeit der Berührung nachbargemeindlicher Belange (potenzielle Abwägungserheblichkeit). Auf der zweiten Ebene, die bereits dem materiellen Recht zuzuordnen ist, ist die Frage zu stellen, ob nachbargemeindliche Belange in mehr als geringfügiger Weise betroffen sind (konkrete Abwägungserheblichkeit). Und schließlich kommt es auf einer dritten Ebene maßgeblich darauf an, ob die als konkret abwägungserheblich identifizierten Belange der Nachbargemeinde gegenüber den Belangen der planenden Gemeinde nicht in unverhältnismäßiger Weise zurückgestellt werden (Unzumutbarkeitsprüfung).

c) Gegenstand, Form und Inhalt der Beteiligung der Nachbargemeinde

Wenn im vorstehenden Sinne die Möglichkeit besteht, dass eine Nachbargemeinde durch eine Planung in ihrem Aufgabenbereich berührt werden kann, ist sie möglichst frühzeitig[8] über die allgemeinen Ziele und Zwecke der Planung, über die sich wesentlich unterscheidenden Lösungen, die für die Neugestaltung oder Entwicklung eines Gebietes in Betracht kommen, sowie über die voraussichtlichen Auswirkungen der Planung zu unterrichten und zur Äußerung – auch im Hinblick auf den erforderlichen Umfang und Detaillierungsgrad der Umweltprüfung nach § 2 Abs.4 BauGB – aufzufordern.

Regelungen über die Form der Beteiligung oder über Äußerungsfristen enthalten der § 4 Abs.1 BauGB und der durch diese Vorschrift in Bezug genommene § 3 Abs.1 BauGB nicht. Soweit die Erreichung des Verfahrenszweckes gewährleistet werden kann, ist die planende Gemeinde daher in der Ausgestaltung des Verfahrens weitestgehend frei.[9] Insbesondere besteht keine Verpflichtung zur schriftlichen Beteiligung der Nachbargemeinden.[10]

Da die frühzeitige Beteiligung der Träger öffentlicher Belange primär der Entlastung der planenden Gemeinde bei der Zusammenstellung des

8 Zum Begriff der Frühzeitigkeit siehe *Jäde,* in: Jäde/Dirnberger/Weiß, BauGB/BauNVO, 2005, § 3 BauGB, Rn.4.

9 *Jäde,* in: Jäde/Dirnberger/Weiß, BauGB/BauNVO, 2007, § 4 BauGB Rn.12. Zur beschränkten Präklusion bei Stellungnahmen, die nicht binnen einer von der planenden Gemeinde gesetzten Frist abgegeben werden, siehe unten S.128 f.

10 *W. Schrödter,* in: Schrödter, BauGB, 2006, § 4 Rn.7;

Abwägungsmaterials dient,[11] kann von benachbarten Gemeinden durchaus erwartet werden, dass sie sämtliche Gesichtspunkte zur Sprache bringen, die sie aus ihrer Sicht für abstimmungsbedürftig halten.[12] Die planende Gemeinde hat jedoch ihrerseits alle Informationen bereitzustellen, die es den sich äußernden Nachbargemeinden ermöglichen, die grenzüberschreitenden Auswirkungen der Planungsabsichten vollständig zu erfassen.[13]

2. Förmliche Behördenbeteiligung (§ 4 Abs.2 BauGB)

a) Anlass, Gegenstand und Form der Beteiligung

Im Anschluss an die frühzeitige Behördenbeteiligung nach § 4 Abs.1 BauGB trifft die planende Gemeinde gemäß § 4 Abs.2 BauGB die Verpflichtung, in einem nunmehr formalisierten Verfahren – regelmäßig durch Übersendung der einschlägigen Unterlagen[14] – die Stellungnahmen der Behörden und sonstigen Träger öffentlicher Belange zum Planentwurf und zur Begründung des Entwurfes einzuholen. Wie bei der frühzeitigen Behördenbeteiligung nach § 4 Abs.1 BauGB bildet auch im Rahmen des § 4 Abs.2 BauGB die Möglichkeit der Berührung des nachbargemeindlichen Aufgabenbereiches den Auslöser für das Beteiligungserfordernis. Die Ausführungen zur frühzeitigen Behördenbeteiligung gelten insoweit entsprechend.[15]

Deutliche Unterschiede zur frühzeitigen Behördenbeteiligung nach § 4 Abs.1 BauGB weist der § 4 Abs.2 BauGB aber im Hinblick auf den Gegenstand der Beteiligung auf. Während nämlich im Rahmen der frühzeitigen Behördenbeteiligung im Wesentlichen (nur) die allgemeinen Ziele und Zwecke der Planung zur Diskussion stehen, geht es im Verfahren nach § 4 Abs.2 BauGB bereits um den konkreten Planentwurf und die – ebenso konkrete – Begründung hierzu. Darüber hinaus sind die in ihrem

---

11 *Erbguth,* Öffentliches Baurecht, 2009, § 5 Rn.15; *Peine,* Öffentliches Baurecht, 2003, Rn.403.

12 *Söfker,* in: Ernst u.a., BauGB, Stand Oktober 2008, § 2 Rn.108; entsprechend heißt es in § 4a Abs.1 BauGB ausdrücklich, dass »die Vorschriften über die Öffentlichkeits- und Behördenbeteiligung (…) insbesondere der vollständigen Ermittlung und zutreffenden Bewertung der von der Planung berührten Belange dienen«.

13 *Kriener,* BayVBl 1984, 97 (98).

14 *Bönker,* in: Hoppe/Bönker/Grotefels, Öffentliches Baurecht, 2004, § 3 Rn.219.

15 Siehe oben S.123 ff.

Aufgabenbereich berührten Träger öffentlicher Belange, also auch die Nachbargemeinden, insbesondere verpflichtet, ihre Stellungnahmen innerhalb eines Monats abzugeben (§ 4 Abs.2 S.2 Hs.1 BauGB); nur bei Vorliegen eines wichtigen Grundes soll die planende Gemeinde diese Frist gemäß § 4 Abs.2 S.2 Hs.2 BauGB angemessen verlängern.

Ebenso wie § 4 Abs.1 BauGB enthält auch § 4 Abs.2 BauGB keine Bestimmung zur Form der Stellungnahme der Nachbargemeinde. Die Schriftform ist zwar üblich, jedoch ist auch eine Beteiligung in Gestalt eines Erörterungstermins denkbar.[16]

b) *Inhalt der nachbargemeindlichen Stellungnahme*

Hinsichtlich des Inhalts ihrer Stellungnahme ist die Nachbargemeinde grundsätzlich frei. Die Bestimmung in § 4 Abs.2 S.3 Hs.1 BauGB, wonach die Behörden und sonstigen Träger öffentlicher Belange sich in ihren Stellungnahmen auf ihren Aufgabenbereich beschränken sollen, bedeutet insoweit keine wirkliche Einschränkung, da die Nachbargemeinde dadurch rein tatsächlich nicht an umfassenden Ausführungen – auch zu allgemeinen Themen – gehindert wird.

Praktisch bedeutsamer für den Inhalt der nachbargemeindlichen Stellungnahme sind allerdings die Regelungen in § 4 Abs.2 S.3 Hs.2 und S.4 BauGB. Nach diesen Vorschriften haben die Nachbargemeinden in ihrer Eigenschaft als Träger öffentlicher Belange Aufschluss über von ihnen beabsichtigte oder bereits eingeleitete Planungen und sonstige Maßnahmen sowie deren zeitliche Abwicklung zu geben, sofern dies für die städtebauliche Entwicklung und Ordnung des Gebietes der planenden Gemeinde erforderlich sein kann. Ferner hat die Nachbargemeinde alle ihr zur Verfügung stehenden Informationen, die für die Ermittlung und Bewertung des Abwägungsmaterials zweckdienlich sind, der planenden Gemeinde zur Verfügung zu stellen. Der Nachbargemeinde, die durch die gegenständliche Planung in ihren städtebaulichen Belangen berührt sein kann, werden somit Mitwirkungspflichten auferlegt, die über die bloße Berechtigung zur Stellungnahme hinausgehen.

---

16 *Jäde,* in: Jäde/Dirnberger/Weiß, BauGB/BauNVO, 2007, § 4 BauGB Rn.16.

Sofern die Voraussetzungen des § 4 Abs.2 S.3 Hs.2 BauGB oder des § 4 Abs.2 S.4 BauGB erfüllt sind und sich die Nachbargemeinde dennoch nicht äußert, bleibt dieses Versäumnis zunächst einmal unmittelbar sanktionslos. Insbesondere dürfte der planenden Gemeinde aus diesen Vorschriften kein (einklagbarer) Anspruch auf die entsprechenden Informationen zustehen, da die planende Gemeinde bei der Abwägung die für sie nicht erkennbaren Belange – sofern sie sich nicht aufdrängen – ohnehin materiell-rechtlich unberücksichtigt lassen darf.[17] Insoweit liegt es ausschließlich im Interesse der Nachbargemeinde, der ihr durch § 4 Abs.2 S.3 Hs.2 und S.4 BauGB aufgebürdeten Mitwirkungslast möglichst umfassend nachzukommen.[18]

c) Eingeschränkte Präklusion bei nicht rechtzeitiger Stellungnahme

Für den Fall, dass die Nachbargemeinde die gesetzliche Monatsfrist des § 4 Abs.2 S.2 Hs.1 BauGB[19] oder die durch die planende Gemeinde im Rahmen der frühzeitigen Behördenbeteiligung nach § 4 Abs.1 S.1 BauGB individuell gesetzte Frist versäumt und ihre Stellungnahme nicht rechtzeitig abgibt, sieht § 4a Abs.6 S.1 BauGB eine einheitliche Präklusionsregelung vor.[20] Danach können derart verspätete Stellungnahmen »bei der Beschlussfassung über den Bauleitplan unberücksichtigt bleiben, sofern die Gemeinde deren Inhalt nicht kannte und nicht hätte kennen müssen und deren Inhalt für die Rechtmäßigkeit des Bauleitplans nicht von Bedeutung ist«. Die Vorschrift ist der planfeststellungsrechtlichen Regelung in § 73 Abs.3a S.2 VwVfG nachgebildet.

Da die Regelung in § 4a Abs.6 S.1 BauGB für den Eintritt der Ausschlusswirkung immer verlangt, dass die Rechtmäßigkeit des Bauleitplans – und damit insbesondere auch die Rechtmäßigkeit der Abwägung – nicht in

17 Siehe oben S.100 f.

18 Zum Umgang mit nicht rechtzeitig abgegebenen Stellungnahmen siehe sogleich unten c.

19 Sofern die Frist im Einzelfall verlängert (§ 4 Abs.2 S.2 Hs.2 BauGB) oder bei Planänderungen im laufenden Verfahren verkürzt wird (§ 4a Abs.3 S.3 BauGB), ist selbstverständlich die jeweils modifizierte Frist maßgeblich.

20 Siehe allgemein zur rechtlichen Beurteilung einer Behördenpräklusion zB *Peine,* in: Ziekow (Hg.), Beschleunigung von Planungs- und Genehmigungsverfahren, 1998, S.249 ff; *Siegel,* DÖV 2004, 589 ff.

Frage gestellt wird, handelt es sich – im Gegensatz zum Beispiel zur Einwendungspräklusion nach § 14 BImSchG oder § 73 Abs.4 VwVfG – (nur) um eine verfahrensrechtliche Präklusion.[21] In der Sache führt die eingeschränkte Behördenpräklusion nach § 4a Abs.6 S.1 BauGB also ausschließlich dazu, dass die planende Gemeinde auf eine argumentative Auseinandersetzung mit solchen Stellungnahmen, die ohnehin keinen Einfluss auf das Abwägungsergebnis nehmen, verzichten kann.

3. Auslegungsbenachrichtigung (§ 3 Abs.2 S.3 BauGB)

Der § 3 Abs.2 S.3 BauGB schreibt vor, dass die gemäß § 4 Abs.2 BauGB Beteiligten – und damit auch die möglicherweise in ihren städtebaulichen Belangen berührten Nachbargemeinden – von der öffentlichen Auslegung des Planentwurfes (§ 3 Abs.2 S.1 BauGB) unterrichtet werden sollen. Ziel dieser gesetzlichen Regelung ist es, den bereits gemäß § 4 Abs.2 BauGB in das Verfahren eingebundenen Trägern öffentlicher Belange eine Überprüfung zu ermöglichen, ob und inwieweit die von ihnen abgegebenen Stellungnahmen im Planentwurf und/oder seiner Begründung berücksichtigt worden sind.[22] Es liegt somit auf der Hand, dass dem § 3 Abs.2 S.3 BauGB eine Konstellation zu Grunde liegt, in der die Öffentlichkeitsbeteiligung gemäß § 3 Abs.2 S.3 BauGB erst nach Abschluss der förmlichen Behördenbeteiligung gemäß § 4 Abs.2 BauGB durchgeführt wird. Sofern sich die planende Gemeinde im Rahmen ihres Verfahrensermessens hingegen dazu entschließt, die Auslegung gemäß § 3 Abs.2 S.1 BauGB und die förmliche Behördenbeteiligung gemäß § 4 Abs.2 BauGB zeitgleich durchzuführen,[23] läuft die Regelung des § 3 Abs.2 S.3 BauGB daher in der Sache leer: Die Nachbargemeinde wird in diesem Fall nur über die Auslegung des Planentwurfes informiert, zu dem sie ohnehin gleichzeitig gemäß § 4 Abs.2 BauGB zur Stellungnahme aufgefordert wird.

---

21 So auch *Battis,* in: Battis/Krautzberger/Löhr, BauGB, 2009, § 4a Rn.14.

22 *Söfker,* in: Ernst u.a., BauGB, Stand Oktober 2008, § 2 Rn.108; *Battis,* in: Battis/Krautzberger/Löhr, BauGB, 2009, § 3 Rn.17; *Bönker,* in: Hoppe/Bönker/Grotefels, Öffentliches Baurecht, 2004, § 3 Rn.204.

23 Die Zulässigkeit dieses Vorgehens wird durch § 4a Abs.2 BauGB (deklaratorisch) ausdrücklich betont.

4. Ergänzende Beteiligung nach Planänderungen im laufenden Verfahren (§ 4a Abs.3 BauGB)

Sofern der Planentwurf nach der Durchführung des Auslegungsverfahrens gemäß § 3 Abs.2 BauGB oder der förmlichen Behördenbeteiligung gemäß § 4 Abs.2 BauGB geändert oder ergänzt wird, sind diese beiden Verfahrensschritte gemäß § 4a Abs.3 S.1 BauGB erneut durchzuführen. Insbesondere ist also auch die Nachbargemeinde, die bereits durch den (ursprünglichen) Planentwurf möglicherweise in ihrem Aufgabenbereich berührt wurde, grundsätzlich erneut gemäß § 4 Abs.2 S.1 BauGB zu beteiligen.

Da eine Planänderung im laufenden Verfahren im Einzelfall jedoch nur von untergeordneter Bedeutung sein kann oder die Planänderung gegebenenfalls sogar ausschließlich zu einer geringeren Belastung der berührten öffentlichen und privaten Belange führt, ist es nahezu eine Selbstverständlichkeit, dass das in § 4a Abs.3 S.1 BauGB enthaltene Gebot zur vollständigen Wiederholung der in § 3Abs.2 BauGB und § 4 Abs.2 BauGB vorgeschriebenen Verfahrensschritte nur einen Grundsatz normiert. Entsprechend sieht § 4a Abs.3 S.2 – 4 BauGB im Interesse der Verfahrensvereinfachung und -beschleunigung im Hinblick auf die Behördenbeteiligung vor, dass

- Stellungnahmen nur zu den geänderten oder ergänzten Planteilen abgegeben werden können (§ 4a Abs.3 S.2 Hs.1 BauGB),
- die Monatsfrist zur Stellungnahme angemessen verkürzt werden kann (§ 4 Abs.3 S.3 BauGB) und
- bei Planänderungen und -ergänzungen, die die Grundzüge der Planung nicht berühren, die Einholung der Stellungnahmen auf die von der Änderung oder Ergänzung berührten Träger öffentlicher Belange beschränkt werden kann (§ 4a Abs.3 S.4 BauGB).

Wenn die Planänderung also die Grundkonzeption des ursprünglichen Planentwurfes unberührt lässt, hat eine zuvor nach § 4 Abs.2 BauGB beteiligte Nachbargemeinde insbesondere nur dann einen Anspruch auf eine erneute Beteiligung, wenn die Planänderung auch konkrete Auswirkungen hinsichtlich ihrer städtebaulichen Interessen entfalten kann. Ist Letzteres hingegen nicht der Fall, so ist die planende Gemeinde gemäß § 4a Abs.3 S.4 BauGB von der grundsätzlichen Pflicht zur neuerlichen Beteiligung dieser Nachbargemeinde befreit.

Vierter Teil: Folgefragen

§ 9 Gesetzliche Fehlerfolgen

Während ein Verwaltungsakt, der unter einem rechtlichen Mangel leidet, vorbehaltlich des Vorliegens eines Nichtigkeitsgrundes im Sinne von § 44 VwVfG im Regelfall wirksam ist, gibt es eine entsprechende pauschale Privilegierung für mangelbehaftete Bauleitpläne, also für Flächennutzungs- und Bebauungspläne, nicht. Vielmehr führt ein rechtlicher Mangel beim Flächennutzungsplan, der nach noch immer überwiegender Auffassung eine hoheitliche Maßnahme eigener Art darstellt und keine Rechtsnormqualität aufweist[1], ebenso wie bei einem als Satzung (§ 10 Abs.1 BauGB) beschlossenen Bebauungsplan jedenfalls nach dem Grundprinzip zur Nichtigkeit.[2]

Bei näherem Hinsehen stellt sich dieses »Nichtigkeitsdogma« jedoch als ein Grundprinzip mit eher nur theoretischer Natur dar. Denn der Gesetzgeber hat in den §§ 214 und 215 BauGB ein ausdifferenziertes System von Fehlerfolgenregelungen geschaffen, welches im Interesse der Planerhaltung – und dahinter stehend: der Rechtssicherheit – dazu führt, dass die automatische Nichtigkeit bzw. Unwirksamkeit des Bauleitplanes bei Vorliegen eines Mangels faktisch nicht mehr die Regel, sondern vielmehr die Ausnahme bildet. Bei einer rein tatsächlichen Betrachtung haben sich die Fehlerfolgen für Bauleitpläne damit weitgehend denen für Verwaltungsakte angenähert.[3]

Im Folgenden soll in knapper Form der Frage nachgegangen werden, welche gesetzlichen Fehlerfolgen ein Mangel bei der interkommunalen Abstimmung nach sich zieht. Betrachtet werden dabei sowohl Mängel bei der inhaltlichen (materiellen) Abstimmung gemäß § 2 Abs.2 BauGB als

1 Siehe nur *BVerwG,* Urt. v. 18.08.2005 – 4 C 13.04 –, BVerwGE 124, 132 (141); *Jaeger,* in: Spannowsky/Uechtritz, BauGB, 2009, § 5 Rn.11; *Löhr,* in: Battis/Krautzberger/Löhr, BauGB, 2009, § 5 Rn.45.

2 Vgl. *BVerwG,* Beschl. v. 06.02.1995 – 4 NB 210.94 –, Buchholz 406.11 § 12 BauGB Nr.20; *Uechtritz,* in: Spannowsky/Uechtritz, BauGB, 2009, § 214 Überblick.

3 Vgl. dazu *Schoen,* Die Planfeststellung zwischen Kontrollerlaubnis und Planungsentscheidung, 2003, S.175 ff.

auch (äußere) Verfahrensfehler, also insbesondere Verstöße gegen § 4 BauGB.

1. Verstoß gegen funktionszuweisende Ziele der Raumordnung (§ 2 Abs.2 S.2 Hs.1 BauGB)

Wenn die planende Gemeinde entgegen § 2 Abs.2 S.2 Hs.1 BauGB ein Ziel der Raumordnung missachtet, welches einer Nachbargemeinde eine Funktion zuweist, und diese Nachbargemeinde sich im bauleitplanerischen Verfahren auch auf dieses Ziel der Raumordnung berufen hat[4], liegt darin nach der hier vertretenen Auffassung grundsätzlich ein materiell-rechtlicher Fehler in Gestalt eines Verstoßes gegen einen zwingenden Rechtssatz.[5] Da somit die Bestimmungen in den §§ 214 und 215 BauGB, die an das »äußere« Verfahren anknüpfen,[6] ebenso wenig einschlägig sind wie die Bestimmungen über Abwägungsmängel,[7] gilt für eine Missachtung des § 2 Abs.2 S.2 Hs.1 BauGB an sich zunächst einmal das (theoretische) Grundprinzip: Der Bauleitplan ist nichtig und unwirksam.

Fraglich ist allerdings, ob die planende Gemeinde die Möglichkeit hat, den gegen § 2 Abs.2 S.2 Hs.1 BauGB verstoßenden – und damit jedenfalls zunächst unwirksamen – Bauleitplan gemäß § 214 Abs.4 BauGB rückwirkend in Kraft zu setzen. Im Wortlaut heißt es in § 214 Abs.4 BauGB: *»Der Flächennutzungsplan oder die Satzung können durch ein ergänzendes Verfahren zur Behebung von Fehlern auch rückwirkend in Kraft gesetzt werden.«*

a) *Zieländerungs- und Zielabweichungsverfahren als Mittel zur nachträglichen Herstellung der Zielkonformität*

Hierzu ist zunächst einmal festzustellen, dass die Ziele der Raumordnung, die § 2 Abs.2 S.2 Hs.1 BauGB in Bezug nimmt, keinesfalls unverrückbar sind. Es handelt sich zwar um zwingende Rechtssätze in dem Sinne, dass

4 Zu den diesbezüglichen Anforderungen siehe oben S.75 ff.

5 Siehe oben S.87 f.

6 §§ 214 Abs.1 S.1, Abs.2a und 215 Abs.1 Nr.1, Abs.2 BauGB. Zu der nur fiktiven Inbezugnahme des § 2 Abs.3 BauGB als Verfahrensvorschrift in § 214 Abs.1 S.1 Nr.1 BauGB siehe bereits oben S.82 ff.

7 §§ 214 Abs.3 S.2 Hs.2 und 215 Abs.1 S.1 Nr.3 BauGB.

sie im Rahmen der Aufstellung eines Bauleitplanes nicht im Wege der Abwägung überwunden werden dürfen, jedoch bedeutet dieser Befund keinesfalls die Unveränderlichkeit des Zieles der Raumordnung selbst. Vielmehr können die Ziele der Raumordnung in dem für ihre Aufstellung geltenden Verfahren[8] prinzipiell jederzeit geändert, ergänzt oder aufgehoben werden. Damit ist auch eine Änderung, Ergänzung oder Aufhebung von Zielen der Raumordnung dahingehend möglich, dass eine bisher im Sinne des § 2 Abs.2 S.2 Hs.1 BauGB inhaltlich zielwidrige Bauleitplanung im Nachhinein zielkonform wird.

Unbeschadet einer Zieländerung, -ergänzung oder -aufhebung im vorstehenden Sinne eröffnet § 6 Abs.2 ROG der planenden Gemeinde überdies die Möglichkeit, unter bestimmten Voraussetzungen eine so genannte Zielabweichung zu beantragen. Anders als die Zieländerung, -ergänzung oder -aufhebung ist die Zielabweichung dadurch gekennzeichnet, dass das Ziel der Raumordnung selbst unberührt bleibt und nur dem Planungsträger, der den entsprechenden Antrag stellt, ausnahmsweise für den konkreten Einzelfall erlaubt wird, von dem Ziel der Raumordnung abzuweichen.[9] Auch im Wege eines Zielabweichungsverfahrens kann also grundsätzlich im Nachhinein eine dem § 2 Abs.2 S.2 Hs.1 BauGB genügende Zielkonformität einer ursprünglich zielwidrigen Bauleitplanung herbeigeführt werden.

Es ist somit festzuhalten, dass sowohl ein Zieländerungsverfahren als auch ein Zielabweichungsverfahren prinzipiell dazu geeignet sind, einen inhaltlichen Widerspruch zwischen einer Bauleitplanung und einem Ziel der Raumordnung im Nachhinein zu beseitigen.

b) Zieländerungs- und Zielabweichungsverfahren als Optionen im Sinne des § 214 Abs.4 BauGB

Das Zieländerungs- und das Zielabweichungsverfahren müssten aber darüber hinaus auch überhaupt als ergänzendes Verfahren bzw. zumindest Bestandteil eines ergänzenden Verfahrens im Sinne des § 214 Abs.4 BauGB in Betracht kommen.

---

8 Siehe § 7 Abs.7 ROG.

9 Die Zielabweichung iSd § 6 Abs.2 ROG ist damit der Befreiung von den Festsetzungen eines Bebauungsplanes nach § 31 Abs.2 BauGB vergleichbar.

(1) Der »Nutzbarkeit« von Zieländerungs- und Zielabweichungsverfahren im Rahmen des § 214 Abs.4 BauGB steht zunächst einmal nicht entgegen, dass damit der Verstoß gegen einen zwingenden Rechtssatz geheilt würde. Denn der § 214 Abs.4 BauGB erfasst – schon mangels einer Beschränkung in seinem Wortlaut – grundsätzlich alle formellen und materiellen Fehler in Flächennutzungs- und Bebauungsplänen.[10]

(2) Dem Rückgriff auf ein Zieländerungs- oder Zielabweichungsverfahren im Rahmen des § 214 Abs.4 BauGB steht des Weiteren auch nicht die mangelnde Zuständigkeit der Gemeinden für die Durchführung dieser Verfahren entgegen.[11] Für die Anwendbarkeit des § 214 Abs.4 BauGB ist es also kein Hinderungsgrund, dass die Kompetenz für eine Änderung von Zielen der Raumordnung, die ja ausschließlich in Raumordnungsplänen enthalten sein können, oder für die Zulassung einer Abweichung von einem Ziel der Raumordnung im Einzelfall bei den Trägern der Landes- und Regionalplanung liegt und die planende Gemeinde selbst auf die diesbezüglichen Sachentscheidungen keinen unmittelbaren Einfluss nehmen kann, sondern es sich aus ihrer Sicht gleichsam um ein »externes« Verfahren handelt. Letzteren Befund hat das *Bundesverwaltungsgericht* zwar bisher nur für das Zielabweichungsverfahren sowie für die nachträgliche Änderung oder Aufhebung von naturschutzrechtlichen Verordnungen[12] ausdrücklich bestätigt, jedoch besteht kein Anlass, die grundsätzliche Übertragbarkeit dieser Rechtsprechung auf Zieländerungsverfahren anzuzweifeln.

---

10 So im Erg. bereits für die Vorgängernorm des § 215a Abs.1 BauGB a.F. *BVerwG,* Urt. v. 16.12.1999 – 4 CN 7.98 –, BVerwGE 110, 193 (202). Vgl. ferner *Battis,* in: Battis/Krautzberger/Löhr, BauGB, 2009, § 214 Rn.23; *Kment,* Nationale Unbeachtlichkeits-, Heilungs- und Präklusionsvorschriften, 2005, S.126; *Erbguth,* DVBl 2004, 802 (808); *Finkelnburg,* NVwZ 2004, 897 (901); *Krautzberger/Stüer,* DVBl 2004, 781 (790).

11 So im Erg. bereits für die Vorgängernorm des § 215a Abs.1 BauGB a.F. *BVerwG,* Urt. v. 18.09.2003 – 4 CN 20.02 –, BVerwGE 119, 54 (62 f); *Schoen,* Die Planfeststellung zwischen Kontrollerlaubnis und Planungsentscheidung, 2003, S.178; *Stüer/Rude,* ZfBR 2000, 85 (87); *Dolde,* NVwZ 2001, 976 (977 f); vgl. auch *Lemmel,* in: Schlichter u.a., BK-BauGB, Stand Mai 2009, § 214 Rn.70; *Kalb,* in: Ernst u.a., BauGB, Stand Oktober 2008, § 214 Rn.219; A.A. *Quaas/Kukk,* in: Schrödter, BauGB, 2006, § 214 Rn.55; *dies.,* BauR 2004, 1541 (1548); *Berkemann,* in: Berkemann/Halama, Erstkommentierungen BauGB 2004, 2005, § 214 Rn.155; *Rieger,* UPR 2003, 161 (163).

12 *BVerwG,* Urt. v. 18.09.2003 – 4 CN 20.02 –, BVerwGE 119, 54 (63).

Die »Nutzbarkeit« von Zieländerungs- und Zielabweichungsverfahren im Rahmen des § 214 Abs.4 BauGB bedeutet selbstverständlich nicht, dass der Gemeinde selbst im Rahmen des ergänzenden Verfahrens keine eigenen Handlungen abzuverlangen wären. Sie muss auf der Grundlage des geänderten Zieles der Raumordnung bzw. der Dispensentscheidung nach § 6 Abs.2 ROG den ursprünglich fehlerhaften Bauleitplan zumindest erneut beschließen.

(3) Ein Rückgriff auf § 214 Abs.4 BauGB ist allerdings dann ausgeschlossen, wenn eine Behebbarkeit wegen der Schwere des Mangels von vornherein nicht in Betracht kommt.[13] Wenn also eine rechtmäßige Zieländerung oder Zielabweichungsentscheidung dahingehend, dass die bauleitplanerische und die raumordnerische Ebene deckungsgleich werden, offensichtlich nicht möglich ist, bedeutet das die endgültige Nichtigkeit bzw. Unwirksamkeit des Bauleitplanes.

2. Verstoß gegen § 2 Abs.2 S.1 und S.2 Hs.2 BauGB

Etwaige Mängel bei der interkommunalen Abstimmung, die nicht dem Anwendungsbereich des § 2 Abs.2 S.2 Hs.1 BauGB unterfallen, sondern (nur) § 2 Abs.2 S.1 und S.2 Hs.2 zuzuordnen sind, erweisen sich nach der hier vertretenen Auffassung als materiell-rechtliche Fehler bei der Abwägung auf der Grundlage des § 1 Abs.7 BauGB, wobei allerdings noch einmal darauf hinzuweisen ist, dass der § 2 Abs.3 BauGB die Phasen des Ermittelns und Gewichtens bzw. Bewertens der abwägungserheblichen Belange im Rahmen des Abwägungsgebotes fiktiv als (äußeres) Verfahrensrecht einstuft.[14] Mit der Zuordnung der interkommunalen Abstimmung nach § 2 Abs.2 S.1 und S.2 Hs.2 BauGB zum Abwägungsgebot des § 1 Abs.7 BauGB sind zugleich auch die in der Literatur geäußerten Vorbehalte[15] zurückzuweisen, mit denen die Zulässigkeit des Rückgriffs auf die Planerhaltungsvorschriften der §§ 214 und 215 BauGB im Falle eines

13 *BVerwG,* Urt. v. 18.09.2003 – 4 CN 20.02 –, BVerwGE 119, 54 (63); *Battis,* in: Battis/Krautzberger/Löhr, BauGB, 2009, § 214 Rn.23.

14 Siehe oben S.82 ff.

15 Siehe insb. *Uechtritz,* in: Spannowsky/Uechtritz, BauGB, 2009, § 2 Rn.50; *Hug,* Gemeindenachbarklagen im öffentlichen Baurecht, 2008, S.173 ff; *Berkemann,* in: Berkemann/Halama, Erstkommentierungen BauGB 2004, 2005, § 215 Rn.10; *Schenke,* VerwArch 2007, 448 (453 f); *Stelkens,* UPR 2005, 81 (86 f).

Verstoßes gegen § 2 Abs.2 BauGB in prinzipieller Weise angezweifelt wird.

Aus der Qualifikation von Verstößen gegen § 2 Abs.2 S.1 und S.2 Hs.2 BauGB als Mängel der Abwägung nach § 1 Abs.7 BauGB folgt somit, dass hinsichtlich der Fehlerfolgen die Vorschriften gelten, die auch im Übrigen bei Abwägungsfehlern zum Tragen kommen, also namentlich die §§ 214 Abs.1 S.1 Nr.1, Abs.3 S.2 Hs.2 und 215 Abs.1 S.1 Nr.1 und Nr.3 BauGB. Da sich hier keine erkennbaren Unterschiede zu anderen Anwendungsfällen dieser Bestimmungen ergeben, kann insoweit auf die einschlägige Literatur verwiesen werden.[16] Auch die Durchführung eines ergänzenden Verfahrens im Sinne des § 214 Abs.4 BauGB kommt bei Abwägungsmängeln, die nicht von vornherein unbeachtlich sind oder gemäß § 215 Abs.1 S.1 BauGB mit Ablauf der Rügefrist unbeachtlich werden, grundsätzlich in Betracht.[17]

3. Verstoß gegen (äußere) Verfahrensvorschriften

Die verfahrensmäßige Absicherung und Umsetzung der materiellen interkommunalen Abstimmungspflichten aus § 2 Abs.2 BauGB erfolgt ausschließlich auf der Grundlage der allgemeinen Vorschriften für die Aufstellung von Bauleitplänen.[18] Für die interkommunale Abstimmung maßgeblich sind also die Vorschriften über die Beteiligung von Behörden und sonstigen Trägern öffentlicher Belange, da die von einer Planung betroffenen Nachbargemeinden ohne weiteres in den Anwendungsbereich dieser Bestimmungen fallen.[19]

Aus dem Umstand, dass für die verfahrensmäßige Absicherung und Umsetzung der materiellen Abstimmungspflichten uneingeschränkt die allgemeinen Vorschriften des Bauplanungsrechts gelten, folgt zugleich, dass sich auch die Fehlerfolgen ohne Besonderheiten nach den allgemeinen Bestimmungen richten. So sind Mängel bei der frühzeitigen Behördenbeteiligung

---

16 Siehe nur *Battis,* in: Battis/Krautzberger/Löhr, BauGB, 2009, § 214 Rn.4 f, Rn.19 ff und § 215 Rn.3; *Erbguth,* Öffentliches Baurecht, 2009, § 15 Rn.83 f, Rn.94 ff; *Bönker,* in: Hoppe/Bönker/Grotefels, 2004, § 17 Rn.39 ff.

17 *Battis,* in: Battis/Krautzberger/Löhr, BauGB, 2009, § 214 Rn.25.

18 Siehe oben S.122 f.

19 Siehe oben S.123 f.

nach § 4 Abs.1 BauGB mangels Erwähnung in den §§ 214 und 215 BauGB immer unbeachtlich; Mängel bei der förmlichen Behördenbeteiligung nach § 4 Abs.2 BauGB und § 4a Abs.3 BauGB erlangen ausschließlich nach Maßgabe des § 214 Abs.1 S.1 Nr.2 BauGB Beachtlichkeit. Sofern ein Beteiligungsmangel nach § 214 Abs.1 S.1 Nr.2 BauGB grundsätzlich beachtlich ist, ändert sich dieses Ergebnis wieder, sobald die Rügefrist des § 215 Abs.1 S.1 Nr.1 BauGB verstrichen ist. Hinsichtlich der Einzelheiten ist auch hier auf die einschlägige Fachliteratur zu verweisen.[20] Gleiches gilt für die selbstverständlich auch bei Verfahrensmängeln durch § 214 Abs.4 BauGB eröffnete Option, ein ergänzendes Verfahren durchzuführen.[21]

20 Siehe nur *Battis,* in: Battis/Krautzberger/Löhr, BauGB, 2009, § 214 Rn.5 f; *Erbguth,* Öffentliches Baurecht, 2009, § 15 Rn.85 f.

21 Siehe nur *Kalb,* in: Ernst u.a., BauGB, Stand Oktober 2008, § 214 Rn.221; *Jäde,* in: Jäde/Dirnberger/Weiß, BauGB/BauNVO, 2007, § 214 BauGB Rn.40 ff.

§ 10 Rechtsschutz

Zum Abschluss der Untersuchung soll noch ein Blick auf die Rechtsschutzfragen geworfen werden, die sich im Zusammenhang mit dem interkommunalen Abstimmungsgebot stellen. Im Fokus des Überblickes[1] stehen dabei ausschließlich die Rechtsschutzoptionen von Nachbargemeinden, die sich durch eine Bauleitplanung oder aber durch die Zulassung eines Einzelvorhabens in ihren Rechten verletzt fühlen. Keine Berücksichtigung findet hingegen die Konstellation, dass sich eine Gemeinde unmittelbar gegen einen Raumordnungsplan wendet, der ein Ziel der Raumordnung enthält, welches einer anderen Gemeinde im Sinne des § 2 Abs.2 S. 2 Hs.1 BauGB eine Funktion zuweist. Zwar erscheint auch insoweit eine Verletzung von gemeindlichen Rechten wegen der Beschränkung der eigenen planerischen Gestaltungsfreiheit nicht ausgeschlossen, jedoch handelt es sich hierbei um spezifische Fragen des Raumordnungsrechts, deren Betrachtung den Rahmen der vorliegenden Untersuchung sprengen würde.[2]

A. Prinzipaler Rechtsschutz gegen Bauleitpläne

Zunächst soll der prinzipale, unmittelbare Rechtsschutz gegen Bauleitpläne in den Blick genommen werden. Dabei wird zunächst der nachlaufende Rechtsschutz, also der Rechtsschutz gegen bereits bekannt gemachte Bauleitpläne betrachtet, bevor in einem zweiten Schritt darauf eingegangen wird, ob und inwieweit gegebenenfalls bereits ein vorbeugender Rechtsschutz gegen noch nicht bekannt gemachte Bauleitpläne in Betracht kommen kann.

---

1 Ausführliche Darstellungen zu den Rechtsschutzmöglichkeiten der Nachbargemeinden finden sich bei *Hug*, Gemeindenachbarklagen im Öffentlichen Baurecht, 2008, passim; *Schenke*, VerwArch 2007, 448 ff und 561 ff.

2 Zum gemeindlichen Rechtsschutz gegen Raumordnungspläne siehe grundlegend *Kment*, Rechtsschutz im Hinblick auf Raumordnungspläne, 2002, S.280 ff; *drs.*, DÖV 2003, 349 ff.

I. Nachlaufender Rechtsschutz gegen Bebauungspläne – Normenkontrolle

Bebauungspläne werden von der Gemeinde gemäß § 10 Abs.1 BauGB als Satzungen beschlossen, so dass gegen sie gemäß § 47 Abs.1 Nr.1 VwGO ein Normenkontrollantrag zum Oberverwaltungsgericht statthaft ist.

1. Antragsbefugnis der Nachbargemeinde

Es stellt sich daher zunächst die Frage, unter welchen Voraussetzungen eine Nachbargemeinde, die sich durch einen Bebauungsplan in ihren Rechten aus § 2 Abs.2 BauGB verletzt wähnt, in einem solchen Normenkontrollverfahren antragsbefugt sein kann.

a) Beteiligteneigenschaft der Gemeinde: Juristische Person oder Behörde?

Als beteiligte Antragsteller in einem Normenkontrollverfahren kommen gemäß § 47 Abs.2 S.1 VwGO grundsätzlich natürliche und juristische Personen sowie Behörden[3] in Betracht, wobei die Alternative »natürliche Person« im Hinblick auf Gemeinden offensichtlich ausscheidet. Während allerdings § 47 Abs.2 S.1 VwGO für die Antragsbefugnis bzw. -berechtigung[4] von juristischen Personen verlangt, dass diese geltend machen, »durch die Rechtsvorschrift oder deren Anwendung in ihren Rechten verletzt zu sein oder in absehbarer Zeit verletzt zu werden«, existiert eine entsprechende Begrenzung der Antragsbefugnis von Behörden dem Wortlaut nach nicht. Dieses legt jedenfalls dem ersten Anschein nach den Schluss nahe, dass der Normenkontrollantrag einer Behörde gleichsam als Popularklage ausgestaltet ist und somit die Verwaltung einer Gemeinde

---

3 Umstritten ist, ob auch im Rahmen des § 47 VwGO Behörden nur dann beteiligtenfähig sind, wenn dieses iSd § 61 Nr.3 VwGO durch Landesrecht bestimmt wird (so *VGH Kassel,* Beschl. v. 22.07.1999 – 4 N 1598/93 –, ZfBR 2000, 194 (195); *M. Redeker,* in: Redeker/v. Oertzen, VwGO, 2004, § 47 Rn.213), oder ob § 47 Abs.2 S.1 VwGO insoweit die gegenüber § 61 Nr.3 VwGO speziellere Vorschrift ist und damit Behörden schon kraft Bundesrechts beteiligtenfähig sind (so *Ziekow,* in: Sodan/Ziekow, VwGO, 2006, § 47 Rn.264; *Gerhardt/Bier,* in: Schoch/Schmidt-Aßmann/Pietzner, VwGO, Stand März 2008, § 47 Rn.82).

4 Die Begriffe »Antragsbefugnis« und »Antragsberechtigung« werden im Folgenden synonym gebraucht.

(als Behörde) uneingeschränkt die Bebauungspläne anderer Kommunen einer oberverwaltungsgerichtlichen Kontrolle unterziehen lassen kann.

Bei näherem Hinsehen erweist sich ein solcher Schluss jedoch als verfehlt. Popularklagen sind dem deutschen Rechtsschutzsystem, insbesondere dem Verwaltungsprozessrecht, wesensfremd. Entsprechend kann nicht davon ausgegangen werden, dass gerade die Bemühung der Oberverwaltungsgerichte keinen zusätzlichen Hürden unterliegen soll. Nach wohl allgemeiner Auffassung sind Behörden im Rahmen einer Normenkontrolle nach § 47 VwGO daher prinzipiell nur dann antragsbefugt, wenn die in Rede stehende Rechtsvorschrift bei der Wahrnehmung *ihrer* Aufgaben zu beachten ist.[5]

Überträgt man dieses Prinzip auf die Nachbargemeinde, deren Verwaltung den Bebauungsplan einer anderen Kommune mit einem Normenkontrollantrag angreifen möchte, so wird schnell deutlich, dass in dieser Konstellation die Antragsbefugnis *als Behörde* im Sinne des § 47 Abs.2 S.1 VwGO fehlt. Denn die unmittelbaren Rechtswirkungen eines Bebauungsplanes sind auf das Gebiet der Gemeinde beschränkt, die ihn erlassen hat. Eine Nachbargemeinde leidet allenfalls unter den mittelbaren Folgen einer solchen Planung; von einer Aufgabenwahrnehmung durch die Nachbargemeinde kann insoweit also keinesfalls die Rede sein.

Nichts anderes gilt im Ergebnis hinsichtlich des Umstandes, dass die Nachbargemeinde den neuen Bebauungsplan einer anderen Kommune wiederum ihrerseits bei ihren weiteren Bauleitplanungen gemäß § 2 Abs.2 S.1 BauGB in Verbindung mit § 1 Abs.7 BauGB zu berücksichtigen hat. Zwar gehört die Aufstellung neuer Bauleitpläne – einschließlich der

5 *BVerwG,* Beschl. v. 15.03.1989 – 4 NB 10.88 –, BVerwGE 81, 307 (310); *BVerwG,* Beschl. v. 11.08.1989 – 4 NB 23.89 –, NuR 1991, 68 (68); *OVG Koblenz,* Urt. v. 30.10.2003 – 1 C 10100/03 –, NuR 2004, 189 (190); *VGH Mannheim,* Beschl. v. 05.08.1998 – 8 S 1906/97 –, NVwZ 1999, 1249 (1250); *Gerhardt/Bier,* in: Schoch/Schmidt-Aßmann/Pietzner, VwGO, Stand März 2008, § 47 Rn.78; *Ziekow,* in: Sodan/Ziekow, VwGO, 2006, § 47 Rn.266; *M. Redeker,* in: Redeker/v. Oertzen, VwGO, 2004, § 47 Rn.34; *Zimmerling,* NVwZ 1992, 122 (124); *Grziwotz,* DVBl 1988, 768 (770). Ob dieses Ergebnis dogmatisch durch eine Auslegung des Behördenbegriffes in § 47 Abs.2 S.1 VwGO oder aber durch die Verneinung des (allgemeinen) Rechtsschutzbedürfnisses der Behörde getragen wird, ist umstritten, braucht hier aber nicht weiter vertieft zu werden; vgl. zum Streitstand nur die Nachweise bei *Ziekow,* in: Sodan/Ziekow, VwGO, 2006, § 47 Rn.266 Fn.382.

Berücksichtigung nachbargemeindlicher Belange im Rahmen der Abwägung – zu den Aufgaben einer Gemeinde, jedoch liegt auf der Hand, dass nicht jede Änderung der tatsächlichen und rechtlichen Umwelt, also des Abwägungsmaterials, eine gesonderte »Aufgabe« begründet.

Im Ergebnis ist somit festzuhalten, dass die Verwaltung einer Gemeinde im Hinblick auf den Bebauungsplan einer anderen Gemeinde keine Antragsbefugnis als Behörde besitzt, sondern nur eine Antragsbefugnis in der Eigenschaft der Gemeinde als juristische Person[6] in Betracht kommen kann.[7]

b) Geltendmachung einer Rechtsverletzung

Die Nachbargemeinde muss (als juristische Person) gemäß § 47 Abs.2 S.1 VwGO geltend machen, »durch die Rechtsvorschrift oder deren Anwendung in ihren Rechten verletzt zu sein oder in absehbarer Zeit verletzt zu werden«. Diese Voraussetzung ist – ähnlich wie bei den Anforderungen an die Klagebefugnis nach § 42 Abs.2 Alt.1 VwGO bei einer Anfechtungsklage – erfüllt, wenn die klagende Nachbargemeinde Tatsachen vorträgt, die die Verletzung eines eigenen subjektiv-öffentlichen Rechtes zumindest möglich erscheinen lassen.[8]

Für eine mögliche Verletzung der interkommunalen Abstimmungsverpflichtung bedeutet das im Einzelnen:

aa) Berufung auf § 2 Abs.2 S.2 Hs.1 BauGB

Ein subjektiv-öffentliches Recht der klagenden Nachbargemeinde kann sich zunächst aus § 2 Abs.2 S.2 Hs.1 BauGB in Verbindung mit einem

---

6 Dass auch juristische Personen des öffentlichen Rechts dem § 47 Abs.2 S.1 VwGO unterfallen, ist unstreitig; vgl. nur *Ziekow,* in: Sodan/Ziekow, VwGO, 2006, § 47 Rn.262 mwN.

7 So im Erg. auch *BVerwG,* Beschl. v. 15.03.1989 – 4 NB 10.88 –, BVerwGE 81, 307 (310); *OVG Koblenz,* Urt. v. 24.06.1992 – 10 C 12780/90 –, BauR 1993, 204 (205); *VGH Mannheim,* Urt. v. 27.02.1987 – 5 S 2472/86 –, NVwZ 1987, 1088 (1088); *Ziekow,* in: Sodan/Ziekow, VwGO, 2006, § 47 Rn.266.

8 Vgl. nur *BVerwG,* Urt. v. 24.09.1998 – 4 CN 2.98 –, DVBl 1999, 100 (101); *Uechtritz,* in: Spannowsky/Uechtritz, BauGB, 2009, § 2 Rn.48; *W. Schrödter,* in: Schrödter, BauGB, 2006, § 2 Rn.54; *Ziekow,* in: Sodan/Ziekow, VwGO, 2006, § 47 Rn.148; *Hug,* Gemeindenachbarklagen im öffentlichen Baurecht, 2008, S.183.

funktionszuweisenden Ziel der Raumordnung ergeben. Es wurde insoweit bereits ausgeführt, dass der eigentliche Regelungsgehalt des § 2 Abs.2 S.2 Hs.1 BauGB gerade darin besteht, die ohnehin objektiv-rechtlich bestehende Zielanpassungspflicht nach § 1 Abs.4 BauGB gleichsam zu Gunsten von Nachbargemeinden zu »subjektivieren«.[9] Im Anwendungsbereich des § 2 Abs.2 S.2 Hs.1 BauGB hat die durch ein funktionszuweisendes Ziel der Raumordnung begünstigte Gemeinde also grundsätzlich einen Anspruch auf Beachtung dieser Festlegung des Raumordnungsplanes;[10] ihr steht ein subjektiv-öffentliches Recht zu.

Dabei kommt es im Übrigen auch nicht darauf an, ob § 2 Abs.2 S.2 Hs.1 BauGB noch zum Schutzbereich der kommunalen Selbstverwaltungsgarantie aus Art.28 Abs.2 S.1 gehört,[11] oder es sich (nur) um eine einfachgesetzliche Erweiterung der kommunalen Rechte handelt.[12] Der Charakter des § 2 Abs.2 S.2 Hs.1 BauGB als subjektiv-öffentliches Recht der begünstigten Gemeinde hängt keinesfalls davon ab, ob der in dieser Vorschrift verbriefte Anspruch noch zusätzlich verfassungsrechtlich abgesichert ist.

Hinsichtlich der konkreten Geltendmachung einer Rechtsverletzung ist zunächst einmal festzustellen, dass auch im Hinblick auf das subjektiv-öffentliche Recht aus § 2 Abs.2 S.2 Hs.1 BauGB die Zulässigkeitsanforderung des § 47 Abs.2 S.1 VwGO in ihrer Strenge hinter den Anforderungen an die Begründetheit des Normenkontrollantrages zurückbleibt.[13] Während für die Antragsbefugnis im Sinne des § 47 Abs.2 S.1 VwGO die *Möglichkeit* einer Verletzung des § 2 Abs.2 S.2 Hs.1 BauGB ausreicht, kommt es für die Begründetheit des Rechtsbehelfes darauf an, dass ein Recht *tatsächlich verletzt ist.*[14] Die Kriterien, die auch sonst für die Geltendmachung einer Rechtsverletzung im Sinne der §§ 42 Abs.2 Alt.1 und 47 Abs.2 S.1

---

9 Siehe oben S.35 ff.

10 Etwas anderes kann nur bei Auswirkungen einer Bauleitplanung gelten, die die Grenzen des Raumordnungsplanes überschreiten; siehe dazu oben S.68 ff.

11 So *Berkemann,* in: Berkemann/Halama, Erstkommentierungen BauGB 2004, 2005, § 2 Rn.41; *Zierau,* DVBl 2009, 693 (701); tendenziell wohl auch *Schenke,* VerwArch 2007, 448 (452).

12 So *VGH Mannheim,* Urt. v. 27.09.2007 – 3 S 2875/06 –, BRS 71 Nr.41 Abs.25; *Kment,* NVwZ 2007, 996 (1000).

13 Vgl. *OVG Lüneburg,* Beschl. v. 27.11.2006 – 1 MN 148/06 –, ZfBR 2007, 157 (159).

14 Vgl. die Formulierung für die Begründetheit einer Anfechtungsklage in § 113 Abs.1 S.1 VwGO.

VwGO gelten, lassen sich also auf den Fall des nachbargemeindlichen Rechtsschutzbegehrens grundsätzlich ohne weiteres übertragen.

Es besteht auch nicht das Erfordernis, das Kriterium der »Möglichkeit einer Rechtsverletzung« im Hinblick auf § 2 Abs.2 S.2 Hs.1 BauGB noch weiter zu konkretisieren. Denn im Hinblick auf die materielle Rechtslage ist es nach der hier vertretenen Auffassung nicht erforderlich, dass die Beeinträchtigung der durch Ziele der Raumordnung zugewiesenen Funktionen eine – wie auch immer zu definierende – Mindestintensität erreicht.[15] Soweit daher in der Rechtsprechung für eine auf § 2 Abs.2 S.2 Hs.1 BauGB gestützte Antragsbefugnis von Nachbargemeinden eine spürbare Beeinträchtigung der raumordnerisch zugewiesenen Funktionen vorausgesetzt wird,[16] muss dies dahingehend verstanden werden, dass in einer solchen Konstellation die Antragsbefugnis *jedenfalls* zu bejahen ist. Für die Bejahung der Antragsbefugnis reicht aus, wenn zum einen nach dem substantiierten Vortrag der klagenden Nachbargemeinde eine – wie auch immer geartete – Beeinträchtigung ihrer raumordnerisch zugewiesenen Funktionen nicht offensichtlich ausgeschlossen erscheint, und sie zum anderen gegenüber dem Gericht darlegen kann, dass sie sich im Verfahren der Behördenbeteiligung nach § 4 BauGB gegenüber der planenden Gemeinde bereits ausdrücklich auf ihre raumordnerischen Funktionen berufen hat.[17]

bb) Berufung auf § 2 Abs.2 S.1 und S.2 Hs.2 BauGB

Da die nachbargemeindlichen Belange im Sinne des § 2 Abs.2 S.1 und S.2 Hs.2 BauGB ganz normal Berücksichtigung in der Abwägung gemäß § 1 Abs.7 BauGB finden, sind für die Geltendmachung einer Rechtsverletzung im Sinne des § 47 Abs.2 S.1 VwGO die Maßstäbe heranzuziehen, die auch

---

15 Siehe oben S.61 ff. Allerdings ist der Kreis der Ziele der Raumordnung, die überhaupt im Sinne des § 2 Abs.2 S.2 Hs.1 BauGB einen funktionszuweisenden Charakter haben, gerade im Hinblick auf das zentralörtliche Gliederungssystem begrenzt; siehe oben S.48 ff.

16 *OVG Lüneburg,* Beschl. v. 27.11.2006 – 1 MN 148/06 –, BRS 70 Nr.61 S.354 f; *VGH Mannheim,* Urt. v. 27.09.2007 – 3 S 2875/06 –, BRS 71 Nr.41 Abs.26.

17 Dieses ist erforderlich, da ein fehlendes »Berufen« im Sinne des § 2 Abs.2 S.2 Hs.1 BauGB zu einem materiellen Rechtsverlust der Nachbargemeinde führt und somit die Möglichkeit einer Rechtsverletzung nicht mehr besteht; siehe dazu oben S.75 ff.

sonst für die Rüge eines Abwägungsmangels maßgeblich sind.[18] Die notwendige drittschützende Wirkung des Abwägungsgebotes wird dabei im Hinblick auf die betroffenen Nachbargemeinden ohne weiteres durch § 2 Abs.2 S.1 und S.2 Hs.2 BauGB selbst vermittelt.

cc) Berufung auf § 4 BauGB

Unbeschadet der materiellen Abstimmungsverpflichtung nach § 2 Abs.2 BauGB kann sich die Nachbargemeinde selbstverständlich auch auf äußere Verfahrensmängel, also Mängel bei der Beteiligung nach § 4 Abs.2 und § 4a Abs.3 BauGB, berufen. Dabei sind § 214 Abs.1 S.1 Nr.2 sowie § 215 Abs.1 S.1 Nr.1 BauGB zu beachten.

c) Relevanz des § 47 Abs.2a VwGO

Der die Antragsbefugnis von natürlichen und juristischen Personen einschränkende § 47 Abs.2a VwGO hat im Hinblick auf den Normenkontrollantrag einer Nachbargemeinde keine Bedeutung. Denn die Nachbargemeinde wird im bauleitplanerischen Verfahren als Trägerin öffentlicher Belange gemäß § 4 BauGB beteiligt und nicht – wie § 47 Abs.2a VwGO es voraussetzt – im Rahmen der Öffentlichkeitsbeteiligung.[19]

2. Reichweite der Begründetheitsprüfung

Sobald die klagende Gemeinde die Schwelle der Zulässigkeit überschritten hat, muss das Oberverwaltungsgericht bzw. der Verwaltungsgerichtshof auf der Begründetheitsebene den Bebauungsplan in umfassender Weise auf seine Rechtmäßigkeit hin überprüfen,[20] wobei die Fehlerfolgenregelungen

---

18 Vgl. dazu *BVerwG,* Urt. v. 24.09.1998 – 4 CN 2/98 –, NJW 1999, 592 (593); *Löhr,* in: Battis/Krautzberger/Löhr, BauGB, 2009, § 10 Rn.15; *Kalb,* in: Ernst u.a., BauGB, Stand Oktober 2008, § 10 Rn.235 ff.

19 Siehe oben S.123 ff.

20 Vgl. *BVerwG,* Beschl. v. 04.10.2006 – 4 BN 26.06 –, ZfBR 2007, 56 (56); *BVerwG,* Beschl. v. 06.12.2000 – 4 BN 59.00 –, ZfBR 2001, 202 (203); *BVerwG,* Beschl. v. 18.07.1989 – 4 N 3.87 –, BVerwGE 82, 225 (234); *Uechtritz,* in: Spannowsky/Uechtritz, BauGB, 2009, § 2 Rn.50; *Stüer,* Handbuch des Bau- und Fachplanungsrechts, 2005, Rn.4188 f; *Hug,* Gemeindenachbarklagen im öffentlichen Baurecht, 2008, S.185; *Beckmann,* BauR 2007, 773; *Blechschmidt,* ZfBR 2007, 120 (126).

der §§ 214 f BauGB allerdings auch im Hinblick auf § 2 Abs.2 BauGB Anwendung finden.[21] Anders als im Grundsatz[22] bei der Anfechtungsklage gegen einen Verwaltungsakt ist das Normenkontrollgericht also nicht darauf beschränkt, den angegriffenen Bebauungsplan nur an solchen Normen zu messen, die eine drittschützende Wirkung zu Gunsten der klagenden Nachbargemeinde entfalten. Vielmehr wird zum Beispiel die Zielanpassungspflicht gemäß § 1 Abs.4 BauGB auch insoweit zum Prüfungsmaßstab, als die Ziele der Raumordnung nicht auf der Grundlage des § 2 Abs.2 S.2 Hs.1 BauGB eine Subjektivierung erfahren. Es wurde bereits an anderer Stelle darauf hingewiesen, dass dieser weite Prüfungsmaßstab auf der Ebene der Begründetheit des Normenkontrollantrages die Diskussion über die Frage, ob eine Verletzung des § 2 Abs.2 S.2 Hs.1 BauGB konkrete Beeinträchtigungen von raumordnerisch zugewiesenen Funktionen voraussetzt,[23] in ihrer Bedeutung deutlich relativiert.

II. Nachlaufender Rechtsschutz gegen Flächennutzungspläne

1. Zulässigkeit einer Normenkontrolle

Wie beim Bebauungsplan kann man auch im Hinblick auf den Flächennutzungsplan zunächst an eine Normenkontrolle im Sinne des § 47 VwGO denken.

a) Statthaftigkeit einer Normenkontrolle – Normativer Charakter des Flächennutzungsplanes

Der Flächennutzungsplan ist weder eine Satzung im Sinne des § 47 Abs.1 Nr.1 VwGO noch hat er den Charakter einer »sonstigen Rechtsvorschrift« im Sinne des § 47 Abs.1 Nr.2 VwGO. Eine Normenkontrolle gegen seine

---

21 Siehe oben S.131 ff; a.A. *Hug,* Gemeindenachbarklagen im öffentlichen Baurecht, S.172 ff.

22 Besonderheiten gelten hier bei einer Anfechtungsklage gegen einen Planfeststellungsbeschluss. Hier kann der mit einer enteignungsrechtlichen Vorwirkung betroffene Grundstückseigentümer sich prinzipiell auch auf die Nichtbeachtung öffentlicher Belange berufen; vgl. *BVerwG,* Urt. v. 18.03.1983 – 4 C 80.79 –, BVerwGE 67, 74 (76 f); *Stüer,* Handbuch des Bau- und Fachplanungsrechts, 2005, Rn.4300.

23 Siehe dazu oben S.56 f.

Darstellungen ist daher grundsätzlich nicht statthaft.[24] Etwas anderes gilt nach der neueren Rechtsprechung des *Bundesverwaltungsgerichts* nur dann, wenn der Gesetzgeber eine planende Gemeinde durch gesetzliche Regelungen wie § 35 Abs.3 S.3 BauGB in die Lage versetzt, mittels Darstellungen im Flächennutzungsplan die bauliche Entwicklung privilegierter Vorhaben im Außenbereich *planerisch* zu steuern. Da in einer solchen Konstellation die planersetzende Regelung in § 35 Abs.1 BauGB nur nach Maßgabe der gemeindlichen Planungsvorstellungen zum Tragen kommt, geht das *Bundesverwaltungsgericht* hier von einer entsprechenden Anwendbarkeit des § 47 Abs.1 Nr.1 VwGO aus.[25]

Fraglich ist jedoch, ob dieser in der neueren Rechtsprechung angenommene »Analogiefall« auch im interkommunalen Verhältnis zum Tragen kommen kann. Denn die vom *Bundesverwaltungsgericht* zu beurteilende Situation bezog sich ausschließlich auf einen Eigentümer, für dessen Grundstücke die bauplanungsrechtliche Zulässigkeit von Windenergieanlagen durch Ausweisung von Konzentrationszonen an anderer Stelle im Gemeindegebiet ausgeschlossen wurde. Gegenüber einer Nachbargemeinde hat die Ausweisung einer Konzentrationszone im Sinne des § 35 Abs.3 S.3 BauGB hingegen – wie auch sonst im Anwendungsbereich des § 2 Abs.2 BauGB – keine unmittelbare (vorhabenssteuernde) Wirkung. Vielmehr kann eine Nachbargemeinde (nur) dergestalt mittelbar betroffen sein, dass sich mit dem Flächennutzungsplan das Abwägungsmaterial ändert und sie bei ihren Bauleitplanungen ihrerseits die Ausweisung der Konzentrationszone berücksichtigen muss. Mit der Situation des unmittelbar in seiner Eigentümerstellung betroffenen, potentiellen Bauherren ist diese Sachlage kaum vergleichbar.

Gestützt wird diese Überlegung zunächst auch durch einen Blick auf die konkreten Wirkungen des § 35 Abs.3 S.3 BauGB selbst. Die Darstellung einer Konzentrationszone beschränkt sich in ihrer Wirkung darauf, dass die

---

24 Vgl. *BVerwG*, Beschl. v. 20.07.1990 – 4 N 3/88 –, NVwZ 1991, 262 f; *BVerwG*, Urt. v. 26.04.2007 – 4 CN 3.06 –, BVerwGE 128, 382 (386, Abs.15); *VGH Kassel*, Urt. v. 16.08.2002 – 4 N 3272/01 –, NuR 2003, 115 (117); *Söfker*, in: Ernst u.a., BauGB, Stand Oktober 2008, § 2 Rn.136 und § 5 Rn.9; *Löhr*, in: Battis/Krautzberger/Löhr, BauGB, 2009, § 5 Rn.46.

25 *BVerwG*, Urt. v. 26.04.2007 – 4 CN 3.06 –, BVerwGE 128, 382 (386 f, Abs.15 f); ebenso *Hug*, Gemeindenachbarklagen im öffentlichen Baurecht, 2008, S.305 ff; *Schenke*, VerwArch 2007, 448 (468 ff).

dargestellten Vorhaben außerhalb der Konzentrationszone unzulässig sind. Der Tatbestand, aus dem sich positiv die grundsätzliche Zulässigkeit des Vorhabens ergibt, bleibt hingegen die gesetzliche Planersatzvorschrift des § 35 Abs.1 Nr.2 bis Nr.6 BauGB. Auf der anderen Seite wird bei einem qualifizierten Bebauungsplan die bauplanungsrechtliche Zulässigkeit eines Vorhabens zwar ebenfalls erst durch die gesetzliche Bestimmung des § 30 Abs.1 BauGB »vermittelt«, jedoch sind die genehmigungsfähigen Sachverhalte bereits in dem Bebauungsplan selbst angelegt. Auch hierin zeigt sich, dass die Rechtswirkungen eines Flächennutzungsplanes auch im Anwendungsbereich des § 35 Abs.3 S.3 BauGB eben nur (partiell) mit denen des Bebauungsplanes vergleichbar sind. Liest man die maßgebliche Entscheidung des *Bundesverwaltungsgerichts* in diesem Zusammenhang genauer, so fällt auf, dass dem Flächennutzungsplan an keiner Stelle ausdrücklich der Charakter einer Rechtsnorm zugesprochen wird. Vielmehr finden sich nur mehrfach Aussagen, die darauf abstellen, dass »der Flächennutzungsplan (im Anwendungsbereich von § 35 Abs.3 S.3 BauGB) (…) mithin eine dem Bebauungsplan vergleichbare Funktion (erfüllt)«[26] oder dass »der Gesetzgeber Darstellungen des Flächennutzungsplanes im Anwendungsbereich des § 35 Abs.3 S.3 BauGB nach ihrem materiellrechtlichen Inhalt und ihrem Regelungsanspruch Rechtswirkungen beigelegt hat, die der Bindungswirkung von Festsetzungen eines Bebauungsplanes gleichkommen«.[27]

Doch selbst wenn das *Bundesverwaltungsgericht* auch die vorgenannten Darstellungen in Flächennutzungsplänen nicht ausdrücklich als Rechtsnormen einstuft, weist es doch gleichzeitig zu Recht darauf hin, dass solche Darstellungen mit den Rechtswirkungen des § 35 Abs.3 S.3 BauGB im Sinne des Art.14 Abs.1 S.2 GG den Inhalt und die Schranken des Eigentums bestimmen.[28] Da Inhalts- und Schrankenbestimmungen im Sinne des Art.14 Abs.1 S.2 GG aber ausschließlich durch eine Rechtsnorm

26 *BVerwG*, Urt. v. 26.04.2007 – 4 CN 3.06 –, BVerwGE 128, 382 (387, Abs.16).

27 *BVerwG*, Urt. v. 26.04.2007 – 4 CN 3.06 –, BVerwGE 128, 382 (388 f, Abs.19).

28 *BVerwG*, Urt. v. 26.04.2007 – 4 CN 3.06 –, BVerwGE 128, 382 (387, Abs.16); ebenso bereits *BVerwG*, Urt. v. 17.12.2002 – 4 C 15.01 –, BVerwGE 117, 287 (303 f); *BVerwG*, Urt. v. 21.10.2004 – 4 C 2.04 –, BVerwGE 122, 109 (115 f).

– gleich welcher Stufe – erfolgen können,[29] lässt sich daraus auch folgern, dass in dieser Konstellation die Darstellungen des Flächennutzungsplanes auf Grund der verfassungsrechtlichen Anforderungen einen rechtsnormativen Charakter haben müssen.

Diesem Befund lässt sich auch nicht entgegenhalten, dass das *Bundesverwaltungsgericht* in der Entscheidung zu § 35 Abs.3 S.3 BauGB den § 47 Abs.1 Nr.2 VwGO ausdrücklich für nicht einschlägig erklärt[30] und stattdessen auf eine analoge Anwendung des § 47 Abs.1 Nr.1 VwGO zurückgegriffen hat. Denn unabhängig von der Frage, wann eine materielle Rechtsnorm zugleich eine Rechtsvorschrift im Sinne des § 47 Abs.1 Nr.2 VwGO ist,[31] liegt der eigentliche Grund für die Annahme einer Unanwendbarkeit des § 47 Abs.1 Nr.2 VwGO wohl ausschließlich darin, dass damit der Rechtsschutz gegen einen Flächennutzungsplan im Anwendungsbereich des § 35 Abs.3 S.3 BauGB von einer landesrechtlichen Eröffnung im Sinne des § 47 Abs.1 Nr.2 VwGO unabhängig bleibt.[32]

Darüber hinaus erscheint durchaus fraglich, ob ein und dieselbe Darstellung in einem Flächennutzungsplan in dem Sinne einen »Doppelcharakter« haben kann, dass sie sich im Hinblick auf den betroffenen Grundstückseigentümer als »rechtsnormativ« erweist, wohingegen es sich für die Nachbargemeinde weiterhin um eine hoheitliche Maßnahme eigener Art ohne Rechtsnormcharakter handelt.[33] Zwar wird auch in der Rechtsprechung eine derartige Relativität von hoheitlichen Maßnahmen durchaus anerkannt,[34] jedoch sieht sich diese Sichtweise in erheblichem Maße dogmatischen Bedenken ausgesetzt.[35]

Im Ergebnis wird man daher wohl davon ausgehen müssen, dass Darstellungen in einem Flächennutzungsplan mit den Rechtswirkungen des

---

29 Siehe nur *BVerfG,* Beschl. v. 10.07.1958 – 1 BvF 1/58 –, BVerfGE 8, 71 (79); *BVerfG,* Beschl. v. 16.06.1959 – 1 BvR 71/57 –, BVerfGE 9, 338 (343); *Jarass,* in: Jarass/Pieroth, GG, 2009, Art.14 Rn.37.

30 *BVerwG,* Urt. v. 26.04.2007 – 4 CN 3.06 –, BVerwGE 128, 382 (384, Abs.11).

31 Siehe dazu ausführlich *Hug,* Gemeindenachbarklagen im öffentlichen Baurecht, 2008, S.230 ff.

32 Vgl. *BVerwG,* Urt. v. 26.04.2007 – 4 CN 3.06 –, BVerwGE 128, 382 (389, Abs.20).

33 So aber *Uechtritz,* in: Spannowsky/Uechtritz, BauGB, 2009, § 2 Rn.52.

34 Vgl. *BVerwG,* Urt. v. 14.04.1989 – 4 C 21/88 –, NVwZ 1990, 260 (261); *VGH Mannheim,* Urt. v. 03.08.1995 – 5 S 3563/94 –, NVwZ-RR 1996, 306.

35 Siehe nur *Hug,* Gemeindenachbarklagen im öffentlichen Baurecht, 2008, S.213.

§ 35 Abs.3 S.3 BauGB gegenüber jedermann, also auch gegenüber einer Nachbargemeinde, normativ wirken. Dieses führt dann zwangsläufig auch hier zur grundsätzlichen Statthaftigkeit einer Normenkontrolle in entsprechender Anwendung des § 47 Abs.1 Nr.1 VwGO.[36] Außerhalb des Anwendungsbereiches von § 35 Abs.3 S.3 BauGB und vergleichbarer Vorschriften[37] bleibt es hingegen bei dem Befund, dass eine Normenkontrolle gegen einen Flächennutzungsplan unstatthaft ist.[38]

b) Antragsbefugnis der Nachbargemeinde

Eine andere Frage ist jedoch, ob und inwieweit eine Nachbargemeinde im Sinne des § 47 Abs.2 S.1 VwGO geltend machen kann, durch Darstellungen in einem Flächennutzungsplan, die die soeben skizzierten Kriterien erfüllen, »in ihren Rechten verletzt zu sein oder in absehbarer Zeit verletzt zu werden«.

Eine Antragsbefugnis der Nachbargemeinde wird man wohl kaum pauschal mit dem Argument ablehnen können, dass sich auch in Fällen des § 35 Abs.3 S.3 BauGB die eigentliche Privilegierung des Vorhabens weiterhin aus § 35 Abs.1 BauGB ergibt. Denn auch wenn man diesem Ansatz im Hinblick auf den benachbarten Grundstückseigentümer gegebenenfalls noch folgen mag,[39] weil er nur mittelbar durch den Flächennutzungsplan berührt wird, lässt sich dies nicht ohne weiteres auf die Nachbargemeinde übertragen. Eine Verletzung des Gebotes zur interkommunalen Abstimmung ist nämlich immer – auch beim Bebauungsplan – dadurch gekennzeichnet, dass die Auswirkungen einer Planung auf die Nachbargemeinde mittelbarer Natur sind.

---

36 Ebenso *Hug,* Gemeindenachbarklagen im öffentlichen Baurecht, 2008, S.272 f; *Schenke,* VerwArch 2007, 448 (468 ff).

37 Vgl. zu möglichen weiteren Fällen, in denen eine analoge Anwendung des § 47 Abs.1 Nr.1 VwGO auf Darstellungen im Flächennutzungsplan in Betracht kommt, *Jaeger,* in: Spannowsky/Uechtritz, BauGB, 2009, § 5 Rn.10.1 ff.

38 A.A. wohl *Berkemann,* in: Berkemann/Halama, Erstkommentierungen BauGB 2004, 2005, § 2 Rn.48, soweit funktionszuweisende Ziele der Raumordnung in Rede stehen.

39 *Stüer,* BauR 2007, 1495 (1502); im Erg. auch *Löhr,* in: Battis/Krautzberger/Löhr, BauGB, 2009, § 5 Rn.46, der das Rechtsschutzbedürfnis des benachbarten Grundstückseigentümers verneint.

Ob aus den normativen Darstellungen eines Flächennutzungsplanes eine Antragsbefugnis von Nachbargemeinden folgt, kann – wie beim Bebauungsplan – somit nur davon abhängen, ob die streitgegenständliche Ausweisung einer Konzentrationszone im Sinne des § 35 Abs.3 S.3 BauGB[40] entweder eine Beeinträchtigung von raumordnerisch zugewiesenen Funktionen (§ 2 Abs.2 S.2 Hs.1 BauGB)[41] oder aber eine Nichtberücksichtigung bzw. nicht hinreichende Berücksichtigung von städtebaulichen Belangen der Nachbargemeinde (§§ 2 Abs.2 S.1 und S.2 Hs.2 BauGB in Verbindung mit § 1 Abs.7 BauGB) möglich erscheinen lässt.[42]

c) Reichweite der Begründetheitsprüfung

Selbst wenn man eine Normenkontrolle im Hinblick auf die Darstellungen in einem Flächennutzungsplan nach Maßgabe der vorstehenden Ausführungen für statthaft erachtet und (ausnahmsweise) auch die Antragsbefugnis einer Nachbargemeinde zu bejahen ist, dürfte sich die gerichtliche Begründetheitsprüfung jedoch nicht auf die Rechtmäßigkeit des Flächennutzungsplanes insgesamt erstrecken. Denn anders als der in Gestalt einer Satzung beschlossene Bebauungsplan hat der Flächennutzungsplan – wie ausgeführt – nur insoweit einen rechtsnormativen Charakter als seine Darstellungen die bauliche Entwicklung von Vorhaben planerisch steuern. Dieses dürfte es rechtfertigen, auch die Begründetheitsprüfung auf diese normativen Darstellungen und die damit untrennbar zusammenhängenden Fragen zu beschränken.[43] Das Verfahren nach § 47 VwGO bleibt – erst recht wenn es nur aufgrund einer analogen Anwendung des § 47 Abs.1 Nr.1 VwGO statthaft ist – ein *Normen*kontrollverfahren.

---

40 Auf andere Fälle als § 35 Abs.3 S.3 BauGB kann hier nicht weiter eingegangen werden; vgl. dazu Fn.37.

41 Denkbar wäre hier zB, dass der Nachbargemeinde durch freiraumschützende Festlegungen mit dem Charakter von Zielen der Raumordnung bestimmte Erholungsfunktionen zugewiesen werden, die durch Ausweisung einer Konzentrationszone am Rande der planenden Gemeinde konterkariert werden.

42 Im Erg. ebenso *Hug,* Gemeindenachbarklagen im öffentlichen Baurecht, 2008, S.310 f.

43 Ähnlich *Löhr,* in: Battis/Krautzberger/Löhr, BauGB, 2009, § 5 Rn.46; *Stüer,* BauR 2007, 1495 (1503); a.A. wohl *Hug,* Gemeindenachbarklagen im öffentlichen Baurecht, 2008, S.312, der davon ausgeht, dass »die Rechtslage (...) sich insoweit im Ergebnis nicht von der zum Rechtsschutz gegen Bebauungspläne (unterscheidet)«.

2. Zulässigkeit sonstiger Rechtsbehelfe

Soweit Darstellungen in einem Flächennutzungsplan keinen normativen Charakter haben oder man bereits die Statthaftigkeit eines nachbargemeindlichen Kontrollantrages selbst im Hinblick auf normative Darstellungen eines Flächennutzungsplanes verneint,[44] stellt sich die Frage, ob für eine Nachbargemeinde noch sonstige Rechtsschutzoptionen gegen einen Flächennutzungsplan bestehen. Wirft man zur Beantwortung dieser Frage einen Blick auf die Rechtsprechung, so wird man dort – soweit ersichtlich – nicht fündig. Allerdings finden sich in der Literatur in neuerer Zeit Stimmen, die im Hinblick auf eine mögliche Verletzung des § 2 Abs.2 BauGB die Zulässigkeit einer allgemeinen Leistungsklage – gerichtet auf die Beseitigung der nicht oder nicht hinreichend abgestimmten Darstellungen – jedenfalls prinzipiell befürworten.[45] Auch die Zulässigkeit einer Feststellungsklage – gerichtet auf die Feststellung der Nichtberechtigung zur Ausweisung der nicht oder nicht hinreichend abgestimmten Darstellungen[46] – sowie einer Verpflichtungsklage – gerichtet auf ein Einschreiten der Kommunalaufsicht[47] – werden diskutiert.

Auch wenn auf die Frage, welche der vorstehend genannten Rechtsschutzoptionen im Einzelfall tatsächlich in Betracht kommt, im Rahmen des vorliegenden Überblickes nicht näher eingegangen werden kann,[48] muss doch zumindest konstatiert werden, dass der Flächennutzungsplan durch die Nachbargemeinde im Hinblick auf eine mögliche Verletzung des § 2 Abs.2 BauGB auch unabhängig von einem normativen Charakter seiner Darstellungen wohl in jedem Fall unmittelbar gerichtlich angreifbar sein muss. Ein anderes Ergebnis wäre – selbst wenn man die Möglichkeit eines

44 So *Uechtritz,* in: Spannowsky/Uechtritz, BauGB, 2009, § 2 Rn.52; vgl. zu der Überlegung, einem Hoheitsakt im Hinblick auf verschiedene Rechtssubjekte eine unterschiedliche Rechtsnatur beizumessen soeben oben S.145 ff.

45 *Hug,* Gemeindenachbarklagen im öffentlichen Baurecht, 2008, S.313 ff; *Schenke,* VerwArch 2007, 448 (460 ff); zustimmend auch *Löhr,* in: Battis/Krautzberger/Löhr, BauGB, 2009, § 5 Rn.46b.

46 *W. Schrödter,* in: Schrödter, BauGB, 2006, § 2 Rn.56; *Berkemann,* in: Berkemann/ Halama, Erstkommentierungen BauGB 2004, 2005, § 2 Rn.48; *Kuschnerus,* Der sachgerechte Bebauungsplan, 2004, Rn.267.

47 *Uechtritz,* in: Spannowsky/Uechtritz, BauGB, 2009, § 2 Rn.52; *Berkemann,* in: Berkemann/Halama, Erstkommentierungen BauGB 2004, 2005, § 2 Rn.48.

48 Hierzu ausführlich *Hug,* Gemeindenachbarklagen im öffentlichen Baurecht, 2008, S.313 ff; *Schenke,* VerwArch 2007, 448 (460 ff).

inzidenten Rechtsschutzes in Betracht zieht[49] – mit den materiellen Abstimmungspflichten aus § 2 Abs.2 BauGB, die unstreitig auch für den Flächennutzungsplan gelten, schwerlich zu vereinbaren. Dieses gilt umso mehr, wenn man sich wiederum das grundlegende Bestreben des Gesetzgebers und des *Bundesverwaltungsgerichts* vor Augen hält, die Position von Nachbargemeinden im bauleitplanerischen Verfahren zu stärken.

III. Vorbeugender Rechtsschutz gegen Bauleitpläne

Mit Blick auf entsprechende Ausführungen des *Bundesverwaltungsgerichts* in der »Krabbenkamp-Entscheidung«[50] wird zumindest im Hinblick auf den Bebauungsplan häufig eine vorbeugende Unterlassungsklage[51] oder aber eine vorbeugende Feststellungsklage[52] der Nachbargemeinde, die sich in ihren Rechten aus § 2 Abs.2 BauGB verletzt wähnt, für zulässig erachtet.[53] Auch eine Anfechtungsklage gegen die gegebenenfalls[54] erforderliche Genehmigung des Bauleitplanes wird diskutiert.[55]

Es erscheint jedoch zweifelhaft, ob die Nachbargemeinde in dieser Phase der Bauleitplanung bereits ein Rechtsschutzinteresse haben kann. Wenn man nämlich die Rechtsschutzmöglichkeiten sowohl im Hinblick auf den schon in Kraft getretenen Bebauungsplan als auch im Hinblick auf den schon in Kraft getretenen Flächennutzungsplan betrachtet, so wird man – gerade unter Berücksichtigung der Optionen des vorläufigen Rechtsschutzes – die Nachbargemeinde durch diese nachlaufenden Verfahren als

---

49 Eine inzidente gerichtliche Überprüfung des Flächennutzungsplanes kommt insbesondere im Rahmen der Kontrolle des aus ihm entwickelten Bebauungsplanes in Betracht; vgl. *Hug,* Gemeindenachbarklagen im öffentlichen Baurecht, 2008, S.334 ff.

50 *BVerwG,* Urt. v. 08.09.1972 – IV C 17.71 –, BverwGE 40, 323 (324).

51 *VGH München,* Urt. v. 04.09.1984 – 1 B 82 A.439 –, NVwZ 1985, 837 (837); *Battis,* in: Battis/Krautzberger/Löhr, BauGB, 2009, § 2 Rn.25; *Wagner,* ZfBR 2000, 21 (23).

52 *Fingerhut,* Die planungsrechtliche Gemeindenachbarklage, 1976, S.123 f und 148 f.

53 Zu der noch weitergehenden Überlegung, eine vorbeugende Normenkontrolle gegen einen noch nicht in Kraft getretenen Bebauungsplan für zulässig zu erachten, vgl. zutreffend ablehnend *Hug,* Gemeindenachbarklagen im öffentlichen Baurecht, 2008, S.185 ff.

54 Während das Genehmigungserfordernis für den Flächennutzungsplan obligatorisch ist (§ 6 Abs.1 BauGB), besteht es beim Bebauungsplan nur in den in § 10 Abs.2 S.1 BauGB genannten Fällen.

55 Vgl. *Brosche,* DVBl 1980, 213 (217).

hinreichend geschützt ansehen müssen.[56] Dieses gilt unabhängig davon, ob man als Ziel einer vorbeugenden Klage die Verhinderung der gegebenenfalls erforderlichen Genehmigung des Bauleitplanes oder aber schlicht die Verhinderung des Erlasses des Bauleitplanes ansieht.

B. Rechtsschutz gegen Baugenehmigungen

Soweit das *Bundesverwaltungsgericht* für Vorhaben im unbeplanten Innenbereich und im Außenbereich aus § 2 Abs.2 BauGB bzw. aus § 1 Abs.3 BauGB ein Planungsbedürfnis ableitet,[57] stellen sich keine hier relevanten Rechtsschutzfragen.[58] Denn in einem solchen Fall beruft sich die betroffene Nachbargemeinde letztlich nicht auf eine Verletzung des § 2 Abs.2 BauGB, sondern vielmehr auf eine Nichtanwendung von § 1 Abs.3 BauGB oder eine rechtswidrige Anwendung von § 35 BauGB.[59]

Eine andere Frage ist, ob und inwieweit eine Nachbargemeinde gegen eine Baugenehmigung klagen kann, die ihrerseits auf einem nicht oder zumindest nicht hinreichend abgestimmten Bauleitplan beruht. Hier gilt zunächst einmal – ohne Abweichung von allgemeinen Grundsätzen –, dass die Statthaftigkeit eines gegen den Bebauungsplan gerichteten Normenkontrollantrages nach § 47 VwGO eine etwaige Anfechtungsklage gegen die Baugenehmigung nicht sperrt.[60] Die etwaige Unwirksamkeit des Bebauungs-

56 So auch *Uechtritz,* in: Spannowsky/Uechtritz, BauGB, 2009, § 2 Rn.51; *Jäde,* in: Jäde/Dirnberger/Weiß, BauGB/BauNVO, 2007, § 2 BauGB Rn.16; *Hug,* Gemeindenachbarklagen im öffentlichen Baurecht, 2008, S.200 ff und 347 f; *Schenke,* VerwArch 2007, 448 (456, 464 f). Auch das *BVerwG* weist in seiner »Krabbenkamp-Entscheidung« selbst darauf hin, dass für einen vorbeugenden Rechtsschutz dort kein Raum ist, »wo und solange der Betroffene zumutbarerweise auf den von der Verwaltungsgerichtsordnung als grundsätzlich angemessen und ausreichend angesehenen nachträglichen Rechtsschutz verwiesen werden kann«, BVerwGE 40, 323 (326).

57 Siehe dazu oben S.18 ff.

58 Zu diesen Konstellationen ausführlich *Hug,* Gemeindenachbarklagen im öffentlichen Baurecht, 2008, S.476 ff; *Schenke,* VerwArch 2007, 561 (561 ff, 578 ff).

59 So im Erg. auch *Uechtritz,* in: Spannowsky/Uechtritz, BauGB, 2009, § 2 Rn.53 f; *Kment,* NVwZ 2007, 996 (1002). Vgl. ferner *BVerwG,* Urt. v. 17.09.2003 – 4 C 14.01 –, BVerwGE 119, 25 (35); *VGH Kassel,* Beschl. v. 18.08.2005 – 9 ZU 1170/05 –, BRS 69 Nr.176 (S.806); *VGH Mannheim,* Beschl. v. 19.11.2007 – 8 S 1820/07 –, BRS 71 Nr.32 (S.159 f).

60 *BVerwG,* Beschl. v. 10.10.2006 – 4 BN 29.06 –, ZfBR 2007, 149 (150); *BVerwG,* Beschl. v. 08.04.2003 – 4 B 23/03 –, JURIS-Rn.4: *Kalb,* in: Ernst u.a., BauGB, Stand Oktober 2008, § 10 Rn.291; *W. Schrödter,* in: Schrödter, BauGB, 2006, § 10 Rn.33.

planes wird in einem solchen Fall gleichsam als Vorfrage (inzident) geprüft; wird sie bejaht, führt das zwangsläufig zur Unwirksamkeit der Baugenehmigung und damit zu ihrer Aufhebung.[61] Allerdings unterscheidet sich die Reichweite der gerichtlichen Begründetheitsprüfung: Während im Rahmen der Normenkontrolle der Bebauungsplan umfassend auf seine Rechtmäßigkeit hin überprüft wird, beschränkt sich die Inzidentkontrolle im Rahmen der Anfechtungsklage auf Normen, die den Kläger schützen. Einer klagenden Nachbargemeinde kommen hier daher nur die in § 2 Abs.2 BauGB verbrieften Rechte zu Gute.

Ob darüber hinaus auch eine inzidente Überprüfung von nicht oder nicht hinreichend interkommunal abgestimmten Flächennutzungsplänen im Rahmen der Anfechtung einer Baugenehmigung durch die Nachbargemeinde in Betracht kommt, erscheint hingegen zweifelhaft. Denn soweit aus dem Flächennutzungsplan ein (qualifizierter) Bebauungsplan entwickelt wurde, der gemäß § 30 Abs.1 BauGB die Grundlage für die planungsrechtliche Zulässigkeit des Vorhabens bildet, wird damit entweder der Mangel des Flächennutzungsplanes perpetuiert oder aber – durch eine jetzt hinreichende interkommunale Abstimmung – geheilt. In jedem Fall wird das Bauvorhaben ausschließlich an dem Bebauungsplan gemessen und nur der Bebauungsplan unterliegt der gerichtlichen Inzidentkontrolle; der Flächennutzungsplan erlangt keine eigenständige Bedeutung.[62] Etwas anderes kann allenfalls dann gelten, wenn aus dem Flächennutzungsplan kein (qualifizierter) Bebauungsplan entwickelt wurde und der Flächennutzungsplan daher zum Beispiel über § 35 Abs.3 S.1 Nr.1 oder Abs.3 S.3 BauGB selbst Steuerungswirkungen entfaltet. Diese Frage kann hier jedoch nicht vertieft werden.[63]

---

61 *Söfker,* in: Ernst u.a., BauGB, Stand Oktober 2008, § 2 Rn.136; vgl. auch *VGH Mannheim,* Beschl. v. 03.04.2007 – 8 S 2835/06 –, VBlBW 2007, 310 (311).

62 Vgl. *Schenke,* NVwZ 2007, 134 (139).

63 Vgl. hierzu aber *Hug,* Gemeindenachbarklagen im öffentlichen Baurecht, 2008, S.317 ff und S.554 ff; *Schenke,* NVwZ 2007, 134 (139); *drs.*, VerwArch 2007, 448 (462).

Fünfter Teil: Zusammenfassung

I. Ausgangspunkte der Untersuchung

(1) Gemeindegebietsübergreifende Auswirkungen einer Bauleitplanung haben sich insbesondere durch eine zunehmende Mobilität der Bevölkerung sowie durch massive Veränderungen im Konsum- und Freizeitverhalten verstärkt. Gemeinden sind zu Wettbewerbern in dem Bemühen um Bindung von Kaufkraft geworden.

(2) Aufgrund der Wettbewerbssituation kommt freiwilligen Kooperationsformen – sowohl institutionalisiert als auch projektbezogen – nur eine geringe Bedeutung zu. Entsprechendes gilt wegen der vergleichsweise engen gesetzlichen Voraussetzungen für eine zwangsweise Zusammenarbeit.

II. Anwendungsbereich des Abstimmungsgebotes

(3) Der § 2 Abs.2 S.1 BauGB ist von seinem Wortlaut her insoweit missverständlich, als nicht Bauleit*pläne,* sondern vielmehr Bauleit*planungen* die Abstimmungspflicht auslösen. Aus § 2 Abs.2 S.1 BauGB folgt grundsätzlich keine Pflicht, Bauleitpläne erstmals aufzustellen oder existente Bauleitpläne zu ändern.

(4) Bei der Zulassung von Einzelvorhaben auf der Grundlage der §§ 29 ff BauGB ist eine interkommunale Abstimmung im Sinne des § 2 Abs.2 BauGB nicht möglich.

(5) Soweit die Rechtsprechung aus § 1 Abs.3 S.1 BauGB bzw. aus dem Rechtsgedanken des § 2 Abs.2 BauGB ein förmliches Planungserfordernis für Vorhaben im unbeplanten Innenbereich und im Außenbereich hergeleitet hat, handelt es sich nicht um einen tatbestandlichen Anwendungsfall des interkommunalen Abstimmungsgebotes. Entsprechendes gilt für die Regelung in § 34 Abs.3 BauGB.

III. Inhaltliche Anforderungen an die Abstimmung

(6) Die inhaltlichen Anforderungen an die interkommunale Abstimmung nach § 2 Abs.2 BauGB lassen sich nicht innerhalb des Gebotes der Erforderlichkeit der Bauleitplanung (§ 1 Abs.3 S.1 BauGB) abarbeiten.

(7) Durch § 2 Abs.2 S.2 Hs.1 BauGB wird raumordnerischen Interessen (fiktiv) der Status von städtebaulichen Belangen verliehen.

(8) Die Bindungswirkungen der Ziele der Raumordnung nach § 1 Abs.4 BauGB werden im Rahmen des § 1 Abs.4 BauGB grundsätzlich nicht modifiziert. Die planende Gemeinde kann berufungsfähige Funktionszuweisungen an Nachbargemeinden im Falle einer Beeinträchtigung also prinzipiell nicht im Wege der Abwägung überwinden.

(9) Etwas anderes gilt allerdings wohl dann, wenn die Auswirkungen einer Bauleitplanung die Grenzen eines Raumordnungsplanes überschreiten. Hier stellen die den Nachbargemeinden raumordnerisch zugewiesenen Funktionen (nur) abwägungsrelevante Belange dar. Soweit jedoch die maßgeblichen Ziele der Raumordnung für den Grenzraum weitgehend homogen sind, wird man aus jeder grenzüberschreitenden Funktionsbeeinträchtigung bereits die Unzumutbarkeit bzw. Rücksichtslosigkeit der Bauleitplanung ableiten können.

(10) Die Aussage, dass die interkommunale Abstimmung im Sinne des § 2 Abs.2 S.1 BauGB eine besondere Ausprägung des Abwägungsgebotes darstellt, erscheint missverständlich. Es handelt sich vielmehr wohl (nur) um die besondere Betonung eines abwägungserheblichen Belanges. Die von § 2 Abs.2 S.1 BauGB vorausgesetzte Abwägung vollzieht sich im Rahmen des § 1 Abs.7 BauGB.

(11) Bezugspunkt des § 2 Abs.2 S.2 Hs.1 BauGB sind nicht die bloßen Funktionszuweisungen an Gemeinden, sondern vielmehr die an diese Funktionszuweisungen anknüpfenden, konkretisierten Ge- und Verbotstatbestände.

(12) Der Ge- oder Verbotstatbestand, auf den sich die Nachbargemeinde im Rahmen des § 2 Abs.2 S.2 Hs.1 BauGB beruft, muss die Nachbargemeinde selbst in Bezug nehmen. Die bloße Missachtung eines Kongruenzgebotes durch die planende Gemeinde, die auf die raumordnerisch zugewiesenen (Versorgungs-)Funktionen der Nachbargemeinde keinerlei negativen Einfluss haben kann, bleibt daher irrelevant.

(13) Die Missachtung eines Kongruenzgebotes durch die planende Gemeinde hat aber erhebliche Indizwirkung im Hinblick auf eine negative Beeinflussung der den Nachbargemeinden raumordnerisch zugewiesenen (Versorgungs-)Funktionen. Insbesondere diese Indizwirkung sowie die

Verpflichtung der Gerichte, im Rahmen der Normenkontrolle den Bebauungsplan umfassend auf seine Rechtmäßigkeit hin zu überprüfen, relativiert die Beschränkung des Kreises der im Rahmen des § 2 Abs.2 S.2 Hs.1 BauGB für Nachbargemeinden berufungsfähigen Ge- und Verbotstatbestände in ihrer praktischen Bedeutung ganz erheblich.

(14) Die Frage, ob und inwieweit raumordnerische Festlegungen zur Steuerung des großflächigen Einzelhandels überhaupt den Charakter von Zielen der Raumordnung haben, ist kein originäres Problem der interkommunalen Abstimmung und beeinflusst die Auslegung des § 2 Abs.2 S.2 Hs.1 BauGB daher nur mittelbar. Im Übrigen ist der Anwendungsbereich des § 2 Abs.2 S.2 Hs.1 BauGB nicht auf Funktionszuweisungen im Rahmen des so genannten zentralörtlichen Gliederungsprinzipes beschränkt.

(15) Auf die Qualität bzw. Intensität der Beeinträchtigung einer Funktionszuweisung kommt es im Rahmen des § 2 Abs.2 S.2 Hs.1 BauGB nicht an.

(16) Der Kaufkraftabfluss ist ein grundsätzlich geeignetes Kriterium, um die Vereinbarkeit einer Bauleitplanung mit raumordnerisch den Nachbargemeinden zugewiesenen Versorgungsfunktionen zu prüfen und die unbestimmten Rechtsbegriffe in den raumordnerischen Ge- und Verbotstatbestände insoweit mit Leben zu füllen. Im Rahmen des § 2 Abs.2 S.2 Hs.1 BauGB können sich Prozentwerte, die zukünftig von der Rechtsprechung benannt werden, bei einer Eindeutigkeit und Einheitlichkeit der Bezugsgrößen, von Richtwerten zu verbindlichen Grenzwerten weiterentwickeln.

(17) Das »Berufen« im Sinne des § 2 Abs.2 S.2 Hs.1 BauGB verlangt der Nachbargemeinde ein aktives Handeln und eine ausdrückliche Geltendmachung der raumordnerisch zugewiesenen Funktion ab. Bleibt die Nachbargemeinde untätig, verliert sie ihr materielles Recht aus § 2 Abs.2 S.2 Hs.1 BauGB.

(18) Macht die Nachbargemeinde eine ihr raumordnerisch zugewiesene Funktion geltend und legt sie Tatsachen dar, die die Beeinträchtigung dieser Funktion zumindest möglich erscheinen lassen, obliegt es der planenden Gemeinde, die Wahrung des maßgeblichen zielförmigen Ge- oder Verbotstatbestandes nachzuweisen.

(19) Der Schutz zentraler Versorgungsbereiche erfolgt bereits auf der Grundlage des § 2 Abs.2 S.1 BauGB. Der § 2 Abs.2 S.2 Hs.2 BauGB hat daher nur eine deklaratorische Bedeutung.

(20) Der § 2 Abs.3 BauGB hat das materiell-rechtliche Abwägungsgebot des § 1 Abs.7 BauGB nicht verändert. Der § 2 Abs.3 BauGB führt aber dazu, dass die Phasen des Ermittelns und Gewichtens bzw. Bewertens der abwägungsrelevanten Belange fiktiv zugleich als (äußere) Verfahrensanforderungen angesehen werden müssen.

(21) Als (abstrakt) abwägungserhebliche Belange der Nachbargemeinde kommen in Betracht in Bauleitplänen manifestierte Entwicklungsvorstellungen, Bauleitplanungen nach einem förmlichen Aufstellungsbeschluss, hinreichend verfestigte Planungsabsichten und informelle Planungen sowie auch faktische Zustände, zum Beispiel in der Gestalt der Existenz von zentralen Versorgungsbereichen.

(22) Wann ein nachbargemeindlicher Belang im Einzelfall konkret abwägungserheblich ist, bestimmt sich nach den Kriterien, die auch sonst im Rahmen des Abwägungsgebotes (§ 1 Abs.7 BauGB) maßgeblich sind. Es kommt also darauf an, dass der generell schützwürdige, nicht nur geringwertige und erkennbare nachbargemeindliche Belang durch die Bauleitplanung mehr als geringfügig betroffen wird. Hingegen ist die Grenze der konkreten Abwägungserheblichkeit – entgegen der früheren Formel des *Bundesverwaltungsgerichts* – nicht erst dann überschritten, wenn eine Bauleitplanung »unmittelbare Auswirkungen gewichtiger Art« für das Gebiet der Nachbargemeinde entfaltet.

(23) Das Kriterium des Kaufkraftabflusses hat für die Frage, ob ein nachbargemeindlicher Belang in konkret abwägungserheblicher Weise betroffen ist, indizielle Bedeutung.

(24) Das Merkmal »benachbart« aus § 2 Abs.2 S.1 BauGB hat sowohl im Rahmen des § 2 Abs.2 S.2 Hs.1 BauGB als auch bei der Anwendung des § 2 Abs.2 S.1 BauGB selbst keine eigenständige Bedeutung. Die Reichweite der Abstimmungsverpflichtung bestimmt sich ausschließlich auswirkungsbezogen.

(25) Bei der Gewichtung der als (konkret) abwägungserheblich identifizierten Belange kommt es auch darauf an, ob und in welcher Qualität die nachbargemeindlichen Interessen eine planerische Absicherung erfahren haben.

(26) Eine Überwindung nachbargemeindlicher Belange im Wege der Abwägung erweist sich dann als disproportional, wenn die planende

Gemeinde ihre Gestaltungsfreiheit *rücksichtslos* zum Nachteil der Nachbargemeinde ausübt bzw. wenn die städtebaulichen Belange der Nachbargemeinde in *unzumutbarer* Weise beeinträchtigt werden.

(27) Wann eine Rücksichtslosigkeit bzw. Unzumutbarkeit im vorstehenden Sinne vorliegt, lässt sich nicht unabhängig vom Einzelfall pauschal beurteilen. Der Blick auf die Zielstellung der Bauleitplanung und auf die mittelbaren Folgen der Bauleitplanung ermöglicht hier nur eine Eingrenzung des Problemes. Gleiches gilt für das grundsätzlich auch in diesem Zusammenhang nutzbare Kriterium des Kauftkraftabflusses.

(28) Die verfahrensmäßige Absicherung des interkommunalen Abstimmungsgebotes aus § 2 Abs.2 BauGB erfolgt im Wesentlichen auf der Grundlage des § 4 BauGB.

IV. Folgefragen

(29) Verstößt ein Bauleitplan gegen Ziele der Raumordnung, die einer Nachbargemeinde im Sinne des § 2 Abs.2 S.2 Hs.1 BauGB Funktionen zuweisen, so kann dieser Mangel prinzipiell mittels einer Zieländerung oder einer Zielabweichungsentscheidung als ergänzendes Verfahren im Sinne des § 214 Abs.4 BauGB geheilt werden.

(30) Aus der Zuordnung von § 2 Abs.2 S.1 und Abs.2 S.2 Hs.2 BauGB zum Abwägungsgebot des § 1 Abs.7 BauGB folgt, dass bei einer fehlerhaften Abstimmung im Rahmen dieser Vorschriften die auch sonst bei Abwägungsfehlern geltenden Fehlerfolgenregelungen der §§ 214 und 215 BauGB Anwendung finden.

(31) Für Mängel des (äußeren) Verfahrens bei der interkommunalen Abstimmung – insbesondere bei Verstößen gegen § 4 BauGB – gelten ebenfalls uneingeschränkt die allgemeinen Fehlerfolgenregelungen.

(32) Eine Nachbargemeinde kann Beeinträchtigungen von Funktionen, die ihr im Sinne des § 2 Abs.2 S.2 Hs.1 BauGB raumordnerisch zugewiesen sind, sowie Abwägungsfehler im Rahmen von § 1 Abs.7 BauGB in Verbindung mit § 2 Abs.2 S.1 und Abs.2 S.2 Hs.2 BauGB mit einer Normenkontrolle gegen den Bebauungsplan gerichtlich geltend machen. Für ihre Antragsbefugnis als juristische Person gelten die allgemeinen Kriterien des § 47 Abs.2 S.1 VwGO. Entsprechend den materiell-rechtlichen Anforderungen muss insbesondere der Grad der Beeinträchtigung von raumordne-

risch zugewiesenen Funktionen kein Mindestmaß erreichen, sondern es genügt die (einfache) Möglichkeit einer Funktionsbeeinträchtigung.

(33) Hat eine Nachbargemeinde mit ihrem Normenkontrollantrag die Schwelle der Zulässigkeit überwunden, muss das Gericht – wie auch sonst bei Normenkontrollen nach § 47 VwGO – den Bebauungsplan umfassend auf seine Rechtmäßigkeit hin überprüfen. Hier werden also auch solche Ziele der Raumordnung zum Prüfungsmaßstab, die der Nachbargemeinde nicht im Sinne des § 2 Abs.2 S.2 Hs.1 BauGB Funktionen zuweisen.

(34) Darstellungen in einem Flächennutzungsplan sind einer Normenkontrolle in analoger Anwendung des § 47 Abs.1 Nr.1 VwGO zugänglich, wenn eine gesetzliche Regelung wie § 35 Abs.3 S.3 BauGB die planende Gemeinde in die Lage versetzt, die bauliche Entwicklung von Vorhaben im Außenbereich mit diesen Darstellungen – ähnlich wie durch einen Bebauungsplan – planerisch zu steuern. Auch für eine Nachbargemeinde ist in einer solchen Konstellation eine Normenkontrolle statthaft, allerdings kann hier die Antragsbefugnis zweifelhaft sein.

(35) Soweit gegen Darstellungen in einem Flächennutzungsplan nach den vorstehend skizzierten Kriterien ein Normenkontrollantrag analog § 47 Abs.1 Nr.1 VwGO statthaft ist und die Nachbargemeinde auch die erforderliche Antragsbefugnis besitzt, beschränkt sich die gerichtliche Kontrolle auf die Darstellungen des Flächennutzungsplanes, die – zum Beispiel über § 35 Abs.3 S.3 BauGB – unmittelbare Außenwirksamkeit und damit einen normativen Charakter erlangen.

(36) Ob und in welchem Verfahren Darstellungen in einem Flächennutzungsplan ohne normativen Charakter einer unmittelbaren gerichtlichen Kontrolle unterliegen, bleibt offen. Es sprechen allerdings gewichtige Gründe dafür, die Zulässigkeit eines solchen Rechtsbehelfes zu bejahen.

(37) Vorbeugender Rechtsschutz gegen nicht oder nicht hinreichend interkommunal abgestimmte Bauleitpläne dürfte mangels Rechtsschutzbedürfnisses im Regelfall unzulässig sein.

(38) Eine Nachbargemeinde kann eine auf der Grundlage eines (qualifizierten) Bebauungsplanes erteilte Baugenehmigung unter Berufung auf eine Verletzung des § 2 Abs.2 BauGB bei der Aufstellung des Bebauungsplanes anfechten. Die Wirksamkeit des Bebauungsplanes wird in diesem Fall inzident als Vorfrage geprüft.

Literaturverzeichnis

Acorella, Donato/*Fürst,* Urs Christoph/*Seimetz,* Hans-Jürgen: Factory Outlet Center in Deutschland – Das Fallbeispiel »Designer Outlet Zweibrücken«, IzR 1998, 89 ff

Backhaus, Susanne: Die Gemeinden in der Landesplanung unter Berücksichtigung der Neuregelung des Raumordnungsrechts, Würzburg 2001, zit.: Backhaus, Gemeinden in der Landesplanung

Battis, Ulrich/*Krautzberger,* Michael/*Löhr,* Rolf-Peter: Baugesetzbuch – BauGB –, 11. Aufl., München 2009, zit.: Bearb., in: Battis/Krautzberger/Löhr, BauGB

Battis, Ulrich/*Krautzberger,* Michael/*Löhr,* Rolf-Peter: Baugesetzbuch – BauGB –, 8. Aufl., München 2002, zit.: Bearb., in: Battis/Krautzberger/Löhr, BauGB, 8. Aufl.

Beckmann, Martin: Präklusion und Normenkontrolle – Editorial, BauR 2007, 773

Berkemann, Jörg/*Halama,* Günter: Erstkommentierungen zum BauGB 2004, Bonn 2005, zit.: Bearb., in: Berkemann/Halama, Erstkommentierungen BauGB 2004

Bielenberg, Walter u.a.: Raumordnungs- und Landesplanungsrecht des Bundes und der Länder – Ergänzbarer Kommentar und systematische Sammlung der Rechts- und Verwaltungsvorschriften, Bd.2, Bielefeld, Stand 2008, zit.: Bearb., in: Bielenberg u.a., Raumordnungs- und Landesplanungsrecht

Bienert, Michael Leonhard: Standortmanagement – Methoden und Konzepte für Handels- und Dienstleistungsunternehmen, Wiesbaden 1996

Blechschmidt, Rolf: BauGB-Novelle 2007: Beschleunigtes Verfahren, Planerhaltung und Normenkontrollverfahren, ZfBR 2007, 120 ff

Blotevogel, Hans Heinrich: Zentrale Orte, in: ARL (Hg.), Handwörterbuch der Raumordnung, 4. Aufl., Hannover 2005, S.1307 ff, zit.: Blotevogel, in: ARL (Hg.), Handwörterbuch der Raumordnung

BMVBW (Hg.): Novellierung des Baugesetzbuchs – Bericht der Unabhängigen Expertenkommission, Bonn 2002

Bönker, Christian: Planung und Genehmigung von Factory-Outlet-Centern – dargestellt anhand der Rechtslage in Nordrhein-Westfalen, BauR 1999, 328 ff

Brohm, Winfried: Öffentliches Baurecht – Bauplanungs-, Bauordnungs- und Raumordnungsrecht, 3. Aufl., München 2002

Brosche, Hartmut: Voraussetzungen und Umfang der Anpassungspflicht der Bauleitplanung an die Ziele der Raumordnung und Landesplanung sowie die Abstimmung der Bauleitpläne benachbarter Gemeinden, DVBl 1980, 213 ff

Brügelmann, Hermann (Begr.): Baugesetzbuch – Kommentar, Stuttgart, Stand April 2009, zit.: Bearb., in: Brügelmann, BauGB

Bunzel, Arno: Weiterungen des interkommunalen Abstimmungsgebots, ZfBR 2008, 132 ff

Bunzel, Arno/*Reizig,* Frank/*Sander,* Robert: Interkommunale Kooperation im Städtebau, Berlin 2002, zit.: Bearb., in: Bunzel/Reizig/Sander, Interkommunale Kooperation im Städtebau

Burgi, Martin: Die Planfeststellung umweltrelevanter Vorhaben im Schnittpunkt von Planung und Verhaltenssteuerung, JZ 1994, 654 ff
Christaller, Walter: Die zentralen Orte in Süddeutschland, Jena 1933
Dolde, Klaus-Peter: Das ergänzende Verfahren nach § 215a Abs.1 BauGB als Instrument der Planerhaltung, NVwZ 2001, 976 ff
Dreier, Horst: Grundgesetz – Kommentar, Band II, Art.20 – 82, 2. Aufl., Tübingen 2006, zit.: Bearb., in: Dreier, GG
Dreier, Johannes: Die normative Steuerung der planerischen Abwägung – Strikte Normen, generelle Planungsleitbegriffe, Planungsleitlinien und Optimierungsgebote, Berlin 1995
Dürr, Hansjochen: Die Entwicklung der Rechtsprechung zur Antragsbefugnis bei der Normenkontrolle von Bebauungsplänen, NVwZ 1996, 105 ff
El Bureiasi, Achmed: Landesplanerische Beurteilung des großflächigen Einzelhandels – Eine Untersuchung am Beispiel des nordrhein-westfälischen Landesrechts, Münster 2005
Erbguth, Wilfried: Öffentliches Baurecht, 5. Aufl., München 2009
Erbguth, Wilfried: Abwägung auf Abwegen? – Allgemeines und Aktuelles, JZ 2006, 484 ff
Erbguth, Wilfried: Rechtsschutzfragen und Fragen der §§ 214 und 215 BauGB im neuen Städtebaurecht, DVBl 2004, 802 ff
Ernst, Werner u.a.: Baugesetzbuch – Kommentar, München, Stand Oktober 2008, zit.: Bearb., in: Ernst u.a., BauGB
Fickert, Hans Carl/*Fieseler,* Herbert: Baunutzungsverordnung – Kommentar, 11. Aufl., Stuttgart 2008, zit.: Fickert/Fieseler, BauNVO
Fingerhut, Reinhard: Die planungsrechtliche Gemeindenachbarklage, Siegburg 1976
Finkelnburg, Klaus: Die Änderungen des Baugesetzbuchs durch das Europarechtsanpassungsgesetz Bau, NVwZ 2004, 897 ff
Franßen, Everhardt: Geleitwort, in: Driehaus/Birk (Hg.), Baurecht aktuell – Festschrift für Felix Weyreuther , Köln u.a. 1993, S.VI
Gaentzsch, Günter: Änderungen im System der Fehlerfolgen im Rahmen der Bauleitplanung, in: Spannowsky/Krämer (Hg.), BauGB-Novelle 2004 – Aktuelle Probleme des Planungs- und Umweltrechts, Köln u.a. 2004, S.131 ff, zit.: Gaentzsch, BauGB-Novelle 2004
Gaentzsch, Günter: Bauleitplanung, Fachplanung, Landesplanung – Zur »Konfliktbewältigung« zwischen verschiedenen Planungsträgern, WiVerw 1985, 235 ff
Gelzer, Konrad/*Bracher,* Christian-Dietrich/*Reidt,* Olaf: Bauplanungsrecht, 7. Aufl., Köln 2004, zit.: Bearb., in: Gelzer/Bracher/Reidt, Bauplanungsrecht
Gelzer, Konrad/*Bracher,* Christian-Dietrich/*Reidt,* Olaf: Bauplanungsrecht, 6. Aufl., Köln 2001, zit.: Bearb., in: Gelzer/Bracher/Reidt, Bauplanungsrecht
Goppel, Konrad: Ziele der Raumordnung, BayVBl 1998, 289 ff
Goppel, Konrad/*Schreiber,* Robert: Das neue Bayerische Landesplanungsgesetz – ausgewählte rechtliche Aspekte, BayVBl 2005, 353 ff
Gräf, Horst/*Henneke,* Joachim: Landesplanerische und städtebauliche Implikationen von Einzelhandelsgroßprojekten, ZfBR 1980, 218 ff

Grziwotz, Herbert: Die Antragsbefugnis einer Gemeinde im verwaltungsgerichtlichen Normenkontrollverfahren, DVBl 1988, 768 ff

Halama, Günter: Die Metamorphose der »Krabbenkamp«-Formel in der Rechtsprechung des Bundesverwaltungsgerichts, DVBl 2004, 79 ff

Hatzfeld, Ulrich/*Janning,* Heinz: Ansiedlung großflächiger Einzelhandelsbetriebe, Städte- und Gemeindebund 1990, 109 ff

Heemeyer, Carsten: Zur Abgrenzung von Zielen und Grundsätzen der Raumordnung, UPR 2007, 10 ff

Heemeyer, Carsten: Flexibilisierung der Ziele der Raumordnung – Aktuelle Rechtslage und Ausblick auf alternative Steuerungsmodelle, Münster 2006

Heilshorn, Torsten/*Seith,* Sebastian: Zulassung und Planung großflächiger Einzelhandelsbetriebe – Zu den Neuregelungen durch die BauGB-Novelle 2004, VBlBW 2004, 409 ff

Heinritz, Günter/*Rauh,* Jürgen: Gutachterliche Stellungnahmen über Factory Outlet Center – Eine kritische Betrachtung, RuR 2000, 47 ff

Hendler, Reinhard: Raumordnungsziele als landesplanerische Letztentscheidungen, UPR 2003, 256 ff

Hoppe, Werner: Das raumordnungsrechtliche Kongruenzgebot für Einzelhandelsvorhaben, NVwZ 2006, 1345 ff

Hoppe, Werner: Die »grundsätzliche« Formulierung von Raumordnungszielen (§ 3 Nr.2 ROG) als Soll-Vorschriften im Bayerischen Landesplanungsgesetz (Art.3 Abs.2 S.2 BayLplG 2004) – ein »wichtiges bayerisches Anliegen im Verhältnis zum Bundesrecht«, BayVBl 2005, 356 ff

Hoppe, Werner: Das zentralörtliche Gliederungsprinzip – Keine Basis für Gemeindenachbarklagen und für ein klagebewehrtes raumordnungsrechtliches Kongruenzgebot, NVwZ 2004, 282 ff

Hoppe, Werner: Entwicklung von Grundstrukturen des Planungsrechts durch das BVerwG, DVBl 2003, 697 ff

Hoppe, Werner: Kritik an der textlichen Fassung und inhaltlichen Gestaltung von Zielen der Raumordnung in der Planungspraxis, DVBl 2001, 81 ff

Hoppe, Werner: Raumordnungsrechtliche Beschränkungen großflächiger Einzelhandelsbetriebe, DVBl 2000, 293 ff

Hoppe, Werner: »Ziele der Raumordnung« (§ 3 Nr.2 ROG 1998) und »Allgemeine Ziele der Raumordnung und Landesplanung« im Landesentwicklungsprogramm – LEPro – des Landes Nordrhein-Westfalen, NWVBl 1998, 461 ff

Hoppe, Werner/*Bönker,* Christian/*Grotefels,* Susan: Öffentliches Baurecht – Bauplanungsrecht mit seinen Bezügen zum Raumordnungsrecht, Bauordnungsrecht, 3. Aufl., München 2004, zit.: Bearb., in: Hoppe/Bönker/Grotefels, Öffentliches Baurecht

Hoppe, Werner/*Bunse,* Benno: Zentralörtliches Gliederungsprinzip und Bauleitplanung, WiVerw 1984, 151 ff

Hoppe, Werner/*Otting,* Olaf: Zur Erweiterung der Planungshoheit und der gemeindenachbarlichen Klagebefugnisse in § 2 Abs.2 S.2 BauGB 2004 um raumordnungsrechtliche Belange, DVBl 2004, 1125 ff

Hug, Christian: Gemeindenachbarklagen im öffentlichen Baurecht, Berlin 2008

Jäde, Henning/*Dirnberger,* Franz/*Weiß,* Josef: Baugesetzbuch – Baunutzungsverordnung, 5. Aufl., Stuttgart u.a. 2007, zit.: Bearb., in: Jäde/Dirnberger/Weiß, BauGB/BauNVO

Jahn, Ralf: Abwehransprüche von Gemeinden bei der Ansiedlung von Factory-Outlets, BayVBl 2000, 267 ff

Jahn, Ralf: Einkaufen auf amerikanisch? – Zur bauplanungsrechtlichen Zulässigkeit sog. »Factory-Outlet-Center«, GewArch 1997, 456 ff

Jahn, Ralf: Ansiedlung von Einzelhandelsgroßprojekten in den neuen Bundesländern, LKV 1991, 258 ff

Jahn, Ralf: Einzelhandelsgroßprojekte und zentralörtliches Gliederungssystem in Bayern – Zur Einflussnahme des Landesplanungsrechts auf die Standortwahl im Einzelhandel, BayVBl 1989, 294 ff

Janning, Heinz: Rechtsschutz benachbarter Gemeinden, insbesondere gegen Einzelhandelsgroßprojekte, in: Jarass (Hg.), Öffentlichkeitsbeteiligung und Rechtsschutz in der Raumordnung, Münster 2002, zit.: Janning, in: Jarass (Hg.), Öffentlichkeitsbeteiligung und Rechtsschutz in der Raumordnung

Janning, Heinz: Gemeindenachbarlicher Rechtsschutz gegen rechtswidrige Einzelhandelsgroßprojekte, Städte- und Gemeinderat 12/1999, 35

Jarass, Hans D.: Die materiellen Voraussetzungen der Planfeststellung in neuerer Sicht – Dogmatische Grundlagen und praktische Folgen, insb. im Verkehrswegebereich, DVBl 1998, 1202 ff

Jarass, Hans D./*Pieroth,* Bodo: Grundgesetz für die Bundesrepublik Deutschland – Kommentar, 10. Aufl., München 2009, zit.: Bearb., in: Jarass/Pieroth, GG

Kment, Martin: Die Bedeutung raumordnungsrechtlicher Zielfestlegungen im Rahmen des § 2 Abs.2 S.2 BauGB, NVwZ 2007, 996 ff

Kment, Martin: Zur Europarechtskonformität der neuen baurechtlichen Planerhaltungsregelungen, AöR 2005, 570 ff

Kment, Martin: Das Gebot der interkommunalen Abstimmung als Abwehrrecht – zur Problematik des neuen § 2 Abs.2 BauGB, UPR 2005, 95 ff

Kment, Martin: Nationale Unbeachtlichkeits-, Heilungs- und Präklusionsvorschriften und Europäisches Recht, Berlin 2005

Kment, Martin: Unmittelbarer Rechtsschutz von Gemeinden gegen Raumordnungspläne, DÖV 2003, 349 ff

Kment, Martin: Rechtsschutz im Hinblick auf Raumordnungspläne, Münster 2002

Kniep, Klaus: Sind die Landesvorschriften in Baden-Württemberg über Einzelhandelsgroßprojekte reformbedürftig?, VBlBW 1985, 291 ff

Koch, Hans-Joachim/*Hendler,* Reinhard: Baurecht, Raumordnungs- und Landesplanungsrecht, 5. Aufl., Stuttgart 2009

Kopf, Hannes: Rechtsfragen bei der Ansiedlung von Einzelhandelsgroßprojekten, Berlin 2002

Krautzberger, Michael/*Stüer,* Bernhard: Städtebaurecht 2004: Was hat sich geändert?, DVBl 2004, 781 ff

Kriener, Peter Georg: Die planungsrechtliche Gemeindenachbarklage, BayVBl 1984, 97 ff

Kuschnerus, Ulrich: Der sachgerechte Bebauungsplan – Handreichungen für die kommunale Planung, 3. Aufl., Bonn 2004

Leder, Walter: Rechtsfragen bei der Ansiedlung von Einkaufszentren und großflächigen Einzelhandelsbetrieben und sonstigen in ihren Auswirkungen vergleichbaren Handelsbetrieben, Siegburg 1987

Lerche, Peter: Grenzen der Wehrfähigkeit kommunaler Planungshoheit, in: Maunz (Hg.), Verwaltung und Rechtsbindung – Festschrift zum hundertjährigen Bestehen des Bayerischen Verwaltungsgerichtshofes, München 1979, S.223 ff, zit.: Lerche, Festschr. VGH München

Liesche, S.: Auswirkungen und Entwicklungsdynamik im Einzelhandel im Naheinzugsbereich des CentrO, dargestellt am Beispiel der Innenstadt Bottrop, Diplomarbeit am Lehrstuhl Prof. Klaus-Achim Bender an den Geographischen Instituten der Rheinischen Friedrich-Wilhelm Universität, Bonn 1999

Moench, Christoph: Die Planungspflicht der Gemeinde, DVBl 2005, 676 ff

Moench, Christoph: Neue Formen des großflächigen Einzelhandels in der Bauleitplanung, in: Erbguth u.a. (Hg.), Planung – Festschrift für Werner Hoppe zum 70. Geburtstag, München 2000, S.459 ff

Moench, Christoph/*Sandner,* Wolfram: Die Planung und Zulassung von Factory Outlet Centern, NVwZ 1999, 337 ff

Otting, Olaf: Factory Outlet Center und interkommunales Abstimmungsgebot, DVBl 1999, 595 ff

Peine, Franz-Joseph: Öffentliches Baurecht – Grundzüge des Bauplanungs- und Bauordnungsrechts unter Berücksichtigung des Raumordnungs- und Fachplanungsrechts, 4. Aufl., Tübingen 2003

Peine, Franz-Joseph: Die Präklusion öffentlicher Belange, in: Ziekow (Hg.), Beschleunigung von Planungs- und Genehmigungsverfahren, Berlin 1998, S.249 ff

Paul, Matthias: Rechtliche Bindungen und Steuerungsmöglichkeiten der Gemeinde bei der Ansiedlung von Einkaufszentren in der Innenstadt, NVwZ 2004, 1033 ff

Pieper, Hans-Gerd: Teilweiser Abschied von der materiellen Abwägungsfehlerlehre im EAG-Bau – Folgen für die Rechtmäßigkeit des Bebauungsplans, Jura 2006, 817 ff

Quaas, Michael/*Kukk,* Alexander: Neustrukturierung der Planerhaltungsbestimmungen in §§ 214 ff BauGB, BauR 2004, 1541

Rauch, Bernhard: Die planungsrechtliche Gemeindenachbarklage, BayVBl 1980, 612 ff

Redeker, Konrad: Entwicklungen und Probleme verwaltungsgerichtlicher Rechtsprechung, in: Achterberg/Krawietz/Wyduckel (Hg.), Recht und Staat im sozialen Wandel – Festschrift für Hans Ulrich Scupin zum 80. Geburtstag, Berlin 1983, S.861 ff

Redeker, Konrad/*von Oertzen,* Hans-Joachim (Begr.): Verwaltungsgerichtsordnung – Kommentar, 14. Aufl., Stuttgart 2004, zit.: Bearb., in: Redeker/v. Oertzen, VwGO

Reidt, Olaf: Sicherung zentraler Versorgungsbereiche, in: Jarass (Hg.), Neue Entwicklungen des Bauplanungsrechts – Symposium des Zentralinstituts für Raumplanung an der Universität Münster am 11. Juni 2007, Münster 2007, S.59 ff, zit.: Reidt, in: Jarass (Hg.), Sicherung zentraler Versorgungsbereiche

Reidt, Olaf: Zentrale Versorgungsbereiche auf Grund von (informellen) Planungen – interkommunale Abstimmung und weitere Anforderungen nach § 34 Abs.3 BauGB, NVwZ 2007, 664

Reidt, Olaf: Das Gebot der interkommunalen Abstimmung bei der Genehmigung von Factory-Outlet-Centern, BauR 2002, 562 ff

Reidt, Olaf: Einkaufszentren und großflächige Einzelhandelsbetriebe in der interkommunalen Abstimmung – Materieller Inhalt und Rechtsschutzmöglichkeiten, LKV 1994, 93 ff

Rieger, Wolfgang: Bedeutung und Rechtsfolgen der Regelung in § 215a Abs.1 BauGB über das ergänzende Verfahren zur Behebung von Satzungsmängeln, UPR 2003, 161 ff

Runkel, Peter: Factory-Outlet-Center – Eine neue Dimension von Einkaufszentren als Bedrohung lebendiger Innenstädte, UPR 1998, 241 ff

Sachs, Michael (Hg.): Grundgesetz – Kommentar, 5. Aufl., München 2009, zit.: Bearb., in: Sachs, GG

Schenke, Wolf-Rüdiger: Rechtsschutz gegen Flächennutzungspläne, NVwZ 2007, 134 ff

Schenke, Wolf-Rüdiger: Der Rechtsschutz von Nachbargemeinden im Bauplanungsrecht – Teil II, VerwArch 2007, 561 ff

Schenke, Wolf-Rüdiger: Der Rechtsschutz von Nachbargemeinden im Bauplanungsrecht – Teil I, VerwArch 2007, 448 ff

Schlichter, Otto u.a. (Hg.): Berliner Kommentar zum Baugesetzbuch, Köln u.a., Stand Mai 2009, zit.: Bearb., Schlichter u.a., BK-BauGB

Schlichter, Otto/*Stich,* Rudolf: Berliner Kommentar zum Baugesetzbuch, 2 Aufl., Köln u.a 1995, zit.: Bearb., in: Schlichter/Stich, BK-BauGB, 2. Aufl.

Schmitz, Holger/*Federwisch,* Christof: Einzelhandel und Planungsrecht, Berlin 2004

Schmitz, Holger: Raumordnerisch und städtebaulich relevante Rechtsfragen der Steuerung von Factory-Outlet-Center, ZfBR 2001, 85 ff

Schmitz, Holger: Multiplex-Kinos und interkommunale Abstimmung, LKV 1997, 345 ff

Schneider, Johan: Bauplanungsrechtliche Zulässigkeit von Factory Outlet Centern, Kiel 2003

Schneider, N.: Räumliche und marketingorientierte Anpassungsstrategien des mittelständischen Einzelhandels bei Realisierung eines Einzelhandelsgroßprojektes, dargestellt am Beispiel der Innenstadt von Oberhausen, Diplomarbeit am Lehrstuhl K.-A. Boesler an den Geographischen Instituten der Rheinischen Friedrich-Wilhelms-Universität, Bonn 1999

Schoch, Friedrich/*Schmidt-Aßmann,* Eberhard/*Pietzner,* Rainer (Hg.): Verwaltungsgerichtsordnung, Kommentar, Stand März 2008, München, zit.: Bearb., in: Schoch/Schmidt-Aßmann/Pietzner, VwGO

Schoen, Hendrik: Die Planfeststellung zwischen Kontrollerlaubnis und Planungsentscheidung – Zur Dogmatik eines janusköpfigen Rechtsinstituts, Münster 2003

Schrödter, Hans (Begr.): Baugesetzbuch – Kommentar, 7. Aufl., München 2006, zit.: Bearb., in: Schrödter, BauGB

Schrödter, Hans (Begr.): Baugesetzbuch – Kommentar, 6. Aufl., München 1998, zit.: Bearb., in: Schrödter, BauGB, 6. Aufl.

Schrödter, Wolfgang/*Habermann-Nieße,* Klaus/*Lehmberg,* Frank: Umweltbericht in der Bauleitplanung, Bonn 2004

Schulze-Fielitz, Helmuth: Das Flachglas-Urteil des Bundesverwaltungsgerichts, Jura 1992, 201 ff

Siegel, Thorsten: Die Behördenpräklusion und ihre Vereinbarkeit mit dem Verfassungsrecht und dem Gemeinschaftsrecht, DÖV 2004, 589 ff

Siegel, Thorsten: Die Verfahrensbeteiligung von Behörden und anderen Trägern öffentlicher Belange, Berlin 2001

Sodan, Helge/*Ziekow,* Jan (Hg.): Verwaltungsgerichtsordnung – Großkommentar, 2. Aufl., Baden-Baden 2006, zit.: Bearb., in: Sodan/Ziekow, VwGO

Spannowsky, Willy: Raumordnungsrechtliche Steuerung der Ansiedlung großflächiger Einzelhandelsbetriebe – 2. Teil, NdsVBl 2001, 32 ff

Spannowsky, Willy: Raumordnungsrechtliche Steuerung der Ansiedlung großflächiger Einzelhandelsbetriebe – 1. Teil, NdsVBl 2001, 1 ff

Spannowsky, Willy/*Uechtritz,* Michael: Baugesetzbuch – Kommentar, München 2009, zit.: Bearb., in: Spannowsky/Uechtritz, BauGB

Stelkens, Ulrich: Planerhaltung bei Abwägungsmängeln nach dem EAG Bau – zugleich Versuch einer Abgrenzung zwischen § 1 Abs.7 und § 2 Abs.3 BauGB, UPR 2005, 81 ff

Stüer, Bernhard: Normenkontrolle von Bauleitplänen – Der Flächennutzungsplan auf Wanderschaft zur Rechtsnorm, BauR 2007, 1495 ff

Stüer, Bernhard: Handbuch des Bau- und Fachplanungsrechts, 3. Aufl., München 2005, zit.: Stüer, Handbuch des Bau- und Fachplanungsrechts

Stüer, Bernhard: Handbuch des Bau- und Fachplanungsrechts, 2. Aufl., München 1998, zit.: Stüer, Handbuch des Bau- und Fachplanungsrechts, 2. Aufl.

Stüer, Bernhard/*Rude,* Stefan: Planreparatur im Städtebaurecht – Fehlerheilung nach § 215a BauGB, ZfBR 2000, 85 ff

Stühler, Hans-Ulrich: Gemeindenachbarrecht und zwischengemeindliches Abstimmungsgebot bei der Aufstellung von Bebauungsplänen, VBlBW 1999, 206 ff

Uechtritz, Michael: § 34 Abs.3 BauGB – Klarstellungen und offene Fragen, NVwZ 2007, 660 ff

Uechtritz, Michael: Die Änderungen im Bereich der Fehlerfolgen und der Planerhaltung nach § 214 ff BauGB, ZfBR 2005, 11 ff

Uechtritz, Die Gemeinde als Nachbar – Abwehransprüche und Rechtsschutz von Nachbargemeinden gegen Einkaufszentren, Factory-Outlets und Großkinos, BauR 1999, 572 ff

Vietmeier, Hans: Die Steuerung des großflächigen Einzelhandels nach §§ 2 und 34 BauGB, BauR 2005, 480 ff

Wagner, Volkmar: Das interkommunale Abstimmungsgebot im Lichte der neueren Rechtsprechung, ZfBR 2000, 21 ff

Wagner, Volkmar: Die Pflicht benachbarter Gemeinden zur Abstimmung ihrer Bauleitpläne, BWGZ 1999, 62 ff

Weyreuther, Felix: Das bebauungsrechtliche Gebot der Rücksichtnahme und seine Bedeutung für den Nachbarschutz, BauR 1975, 1 ff

Zierau, Egle: Das Gebot der interkommunalen Abstimmung als Rechtsprinzip, DVBl 2009, 693 ff

Zimmerling, Wolfgang: Die Anhörung der Standortgemeinde einer Abfallentsorgungsanlage bei der Aufstellung eines Abfallentsorgungsplans, NVwZ 1992, 122 ff

Sachverzeichnis

(Hauptfundstellen sind fett gedruckt)

DER JURISTISCHE VERLAG
lexxion
BERLIN

www.lexxion.de

Die Schriftenreihe *„Beiträge zum Raumplanungsrecht“* des Zentralinstituts für Raumplanung an der Universität Münster wird herausgegeben von Professor Dr. Hans D. Jarass, LL.M. In der Schriftenreihe werden seit 1972 die Ergebnisse der wissenschaftlichen Untersuchungen des Instituts veröffentlicht.

Bislang sind im Lexxion Verlag u.a. erschienen:

Hans D. Jarass (Hg.)
Städtebauliche Verträge und Vergaberecht
Symposium des Zentralinstituts für Raumplanung an der Universität Münster am 24. Juni 2009
VIII, 90 Seiten · 2010 · ISBN: 978-3-86965-129-3 · Band 239

Cornelia Wellens
Rechtsfragen zu Business Improvement Districts
XXVI, 438 Seiten · 2009 · ISBN: 978-3-939804-75-8 · Band 238

Hans D. Jarass (Hg.)
Wechselwirkungen zwischen Raumplanung und Wasserwirtschaft
Neue Vorschriften im Raumordnungsrecht und Wasserrecht
Symposium des Zentralinstituts für Raumplanung an der Universität Münster und des Instituts für das Recht der Wasser- und Entsorgungswirtschaft an der Universität Bonn am 30. Mai 2008
VIII, 148 Seiten · 2008 · ISBN: 978-3-939804-68-0 · Band 237

Christina Kamp
Kommunale Steuerung der Bebaubarkeit durch Verträge und dingliche Rechte
XXIV, 302 Seiten · 2008 · ISBN: 978-3-939804-60-4 · Band 236

Kerstin Lahme
Der regionale Flächennutzungsplan
Eine Untersuchung am Beispiel des nordrhein-westfälischen Landesrechts
XXIII, 429 Seiten · 2008 · ISBN: 978-3-939804-48-2 · Band 235

Hans D. Jarass (Hg.)
Neue Entwicklungen des Bauplanungsrechts
Innenentwicklung, Zentrale Versorgungsbereiche, Private Initiativen
Symposium des Zentralinstituts für Raumplanung am 11. Juni 2007
VIII, 115 Seiten · 2007 · ISBN: 978-3-939804-33-8 · Band 234

Tim Uschkereit
Der Bestandsschutz im Bau- und Immissionsschutzrecht
XXIV, 440 Seiten · 2007 · ISBN: 978-3-939804-32-1 · Band 233

Carsten Heemeyer
Auswirkungen des Hochwasserschutzgesetzes auf Raumordnungs- und Bauleitpläne
XIII, 92 Seiten · 2007 · ISBN: 978-3-939804-20-8 · Band 232

Hans D. Jarass (Hg.)
Bestandsschutz bei Gewerbebetrieben – Vorgaben des Baurechts und des Verfassungsrechts
Symposium des Zentralinstituts für Raumplanung am 16. Oktober 2006
VIII, 95 Seiten · 2007 · ISBN: 978-3-936232-98-1 · Band 231

Beatrix Real
Die Landesplanungsgesetze im Vergleich
Eine Bilanz nach acht Jahren ROG 1998
XXI, 134 Seiten · 2007 · ISBN: 978-3-936232-97-4 · Band 230

Carsten Heemeyer
Flexibilisierung der Erfordernisse der Raumordnung
Aktuelle Rechtslage und Ausblick auf alternative Steuerungsmodelle
XXVI, 352 Seiten · 2006 · ISBN: 978-3-936232-93-6 · Band 229

Nicoline Cathérine Faber
Rechtsfragen der Planung von Flughäfen
XXXVI, 519 Seiten · 2006 · ISBN: 978-3-936232-76-9 · Band 228

Hans D. Jarass (Hg.)
Weiterentwicklung der Landesplanung
Symposium des Zentralinstituts für Raumplanung am 14. November 2005
VIII, 118 Seiten · 2006 · ISBN: 978-3-936232-75-2 · Band 227

Hans D. Jarass (Hg.)
Europäisierung der Raumplanung
Symposium aus Anlass des 40-jährigen Bestehens des Zentralinstituts für Raumplanung am 30. September 2004
VIII, 133 Seiten · 2005 · ISBN: 978-3-936232-53-0 · Band 226

Jens Christoph Luckas
Sanierungsplanung nach dem Bundes-Bodenschutzgesetz
Zur Einordnung des bundeseinheitlichen Verfahrensinstruments der Altlastensanierung
XXVII, 391 Seiten · 2005 · ISBN: 978-3-936232-50-9 · Band 225

Ein Gesamtverzeichnis der Schriftenreihe (früher unter dem Titel: Beiträge zum Siedlungs- und Wohnungswesen und zur Raumplanung) kann im Internet unter folgender Adresse eingesehen werden: *http://www.uni-muenster.de/jura.zir.*